빈야드 30년 이야기외 3권
(헌신의 댓가, 밝게 타라, 치유)

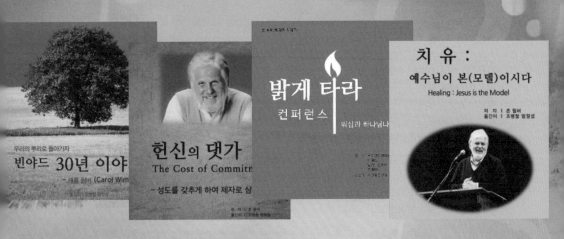

저 자 | 존 앤 캐롤 윔버, 브라이언 앤더슨   옮긴이 | 조병철 엄정섭

빈야드 30년 이야기외 3권

초판 1쇄 발행 2019년 2월 5일
저　　자 캐롤 윔버
옮긴이 조병철, 엄정섭
편　　집 박은혜
출　　판 하나님나라빌더스 / 컨템포러리 목회원
출판등록 2010년 4월 16일
주　　소 한국: 서울 송파구 신천 7동 장미아파트 19-906
　　　　　미국: 450 S. Grand View St. Apt.1110 Los Angeles, CA 90057
전　　화 미국: 001-1-213-380-3398

홈페이지 www.21cmi.com
이 메 일 cbc1419@hanmail.net

ISBN 979-11-950939-7-7

Contents 목차

빈야드 30년 이야기

헌신의 댓가

밝게 타라

치유:예수님이 모델이다

부록

존 윔버/빈야드 시리즈

우리의 뿌리로 돌아가자 :

빈야드 30년 이야기

- 캐롤 윔버 (Carol Wimber)

옮긴이 ㅣ 조병철 엄정섭

21cmi.com
컨템포러리 목회원 / 하나님나라빌더스

빈야드 30년 이야기
(Stories of The Vineyard)

초판 1쇄 발행 2019년 2월 5일
저   자 캐롤 윔버
옮긴이 조병철, 엄정섭
편   집 박은혜
출   판 하나님나라빌더스 / 컨템포러리 목회원
출판등록 2010년 4월 16일
주   소 한국: 서울 송파구 신천 7동 장미아파트 19-906
            미국: 450 S. Grand View St. Apt.1110 Los Angeles, CA 90057
전   화 미국: 001-1-213-380-3398

홈페이지 www.21cmi.com
이 메 일 cbc1419@hanmail.net

ISBN 979-11-950939-7-7

1980년대부터 세계적 부흥을 주도한

빈야드 30년 이야기

우리의 뿌리를 다시 언급한다

(빈야드 운동 30년 회고 대담)

대　담 | **캐롤 윔버**(Carol Wimber, 고 존 윔버의 부인)

호스트 | **게리 베스트**(Gary Best, 빈야드교회 목사)

옮　김 | 컨템포러리 목회원(www.21cmi.com)

빈야드 30년 이야기

우리의 뿌리를 다시 언급한다

빈야드 운동 30년 회고 대담

- 캐롤 윔버 -

(1980년대부터 세계적 부흥을 주도한 존 윔버의 부인과의 대담)

1. 서론

게리 베스트 :

캐롤, 당신과 존이 세계가 언급하게 된 빈야드 운동을 주도한지 거의 28년이 지났습니다. 그 후, 당신이 아는 것처럼 그 운동이 극적으로 퍼져 미국 뿐 만이 아니라 전 세계로 확산되었습니다. 그러나 이렇게 놀라운 성장과 함께 위험도 다가왔지요. 그 위험이란, 실제로 우리가 누구이며, 하나님께서 우리를 일으키셔서 바람직한 존재가 되기를 원하셨던 우리의 역사와 뿌리를 잊어버릴 가능성이 있다는 것입니다. 그래서 오늘 우리가 우리의 역사로 돌아가서 그 뿌리를 다시 상기시키려고 하는 것이 오늘 인터뷰의 목적입니다. 어떤 운동이 크게 일어난 후 그 운동의 처음 이야기를 상실하고, 더 이상 뿌리가 언급되지 않으면, 그 운동의 중요한 실체가 쇠퇴하기 시작합니다. 그래서 우리가 누구이며, 하나님께서 우리를 부르셔서 어떤 존재가 되기를 원하셨고, 왜 우리 모두를 부르셨는지... 그 처음 이야기를 말씀해 주시기 바랍니다. 물론 많은 이야기들이 존과 당신의 삶에 들어있는 것을 압니다. 그래서 오늘 당신과 함께 감격하는 것은 우리가 뿌리로 돌아가서 처음에 일어난 일을 다시 돌아보고, 그 엄청난 이야기를 다시 말씀해주시기 바랍니다.

이제 존이 사망한 후 얼마 지나지 않아 당신이 쓴 책, "있었던 그대로"(The Way It Was)라는 책에서 당신은 초기의 토양 – 성령에 의해서 빈야드 씨가 뿌려지고, 싹이 난, 그 토양 – 바로 빈야드교회 공동체에 함께 모였던 최초의 사람들의 마음과 태도에 대해서 말씀했습니다. 종종 빈야드 운동이 시작된 때를 생각하면, 우리는 소수의 젊고 뜨거운 마음을 가졌던 사람들이 비전과 기대와 믿음으로 충만해서 세상을 변화시키고 교회를 변화시킬 마음으로 순종했던 모습을 봅니다. 당신이 그렇게 글을 썼고, 다른 때에도 우리에게 말해주었지만, 실제는 매우 힘들었던 것으로 기억합니다. 그때 힘들었던 초기의 이야기를 좀 말씀해 주십시오.

2. 어떻게 시작되었습니까?

1) 부흥은 회개로 시작된다

캐롤 윔버 :

한 번은 우리가 외부에서 온 강사들과 점심 식사를 하러 나갔습니다. 빈야드 교회가 막 시작된 직후였는데, 그때 나눈 이야기 속에 우리의 시작된 모습이 들어있습니다. 우리는 아주 감격해서 존에게 물었습니다. 왜냐하면 아프리카 어떤 지역에서(남아프리카 공화국을 가리킨다 – 역자 주) 큰 부흥이 일어난 이야기를 들었기 때문이고, 존이 그 부흥에 큰 역할을 한 것을 알고 있었기 때문입니다. 그래서 난 존에게 물었지요. "어떻게 부흥이 시작되었습니까?" 그는 잠시 멈추더니 나를 바라보았습니다. 지금 당신이 나를 바라보는 것 같이 쳐다보며 말했습니다. "하나님의 놀라운 역사로 시작되었지요." 그래서 나는 재차 말했습니다. "나에게 그것을 말해주세요."하며 재촉했습니다. 그는 잠시 멈추더니 말했습니다. "그분이 나의 죄를 나에게 보여주셨어요." 그것은 마치 "꽝"하고 무엇이 폭발하는 것 같았습니다! "오, 그것이 부흥을 일으켰습니다. 바로 그것이 부흥이었습니다." 우리가 회개하였을 때 그런 부흥이 일어났던 것이 나의 경험이었고, 역시 그것이 존의 경험이었습니다. 그것은 우리가 소그룹으로 모여서 시작할 때 우리 멤버들이 경험한 것이었습니다. 그 밖의 어떤 것에도 기초하지 않았습니다. 소그룹으로 처음 시작하였을 때, 우리는 젊고, 승리감을 가지고 앞으로 나가는 성공적인 크리스천들이 아니었고, 중년의 성공적인 성경그룹 교사였고, 교회 제직일 뿐, 지쳐있던 사람들이었습니다. 우리는 상한 마음을 갖고 모인 소그룹이었을 뿐입니다. 한 가지 빼먹은 것은 우리가 그룹으로 모이기 시작하기 7년 전에 존이 먼저 성령으로 충만된 것을 알게 되었습니다. 나 때문에 존이 성령 충만의 모든 것을 말하지 않고 지냈습니다. 당시 내가 성령의 은사들을 반대했기 때문입니다. 그러나 예수님은 한결같은 분이라는 것을 알고, 그는 우리의 소그룹 모임을 계속하게 하였습니다. 그 후 겪은 나의 경험은 - 사람들이 우리 그룹에 계속 와서 수 백 배로 성장하게 된 것입니다. 그들은 그들이 어디서 하나님을 알았는지 알게 되었습니다. 그리하여 그들이 하나님을 경험하는 것이 규범, 혹은 표준이 되었습니다. 다른 어떤 것은 허용되지 않았습니다. 모든 멤버들이 한 마음으로 이 모든 것에 일치했습니다.

2) 존이 풀러 신학교로 떠나다

그러나 가슴 아팠던 것은 존이 목회하던 우리를 떠나 풀러 신학교, 교회성장원으로 가게 된 것입니다. 우리가 사람들을 주께로 인도하여 교회가 놀랍게 시작됐지만 이제 그가 떠나게 되어 사람들은 실망하고 흩어졌습니다. 참 가슴 아픈 경험이었습니다. 그러는 동안에 몇 년이 지난 후, 존은 교회성장원 사역으로 여행을 많이 해서 몹시 지쳤습니다. 어떤 문제 때문이 아니고, 그냥 그가 지친 것입니다. 우리가 지난 7년 동안 힘써 성장시킨 그룹이 흩어지는 것을 바라보며 나는 실망했습니다. 그때 우리 자체의 건물을 가지고 있지 않았고 형제교회에 속해있었으나, 사람들이 흩어져 성경공부반 모임이 줄어든 것입니다. 그때 존이 생각했습니다. "주님, 만일 주께서 거기 계시다면, 내가 거기 있든지, 혹 없든지 무슨 차이가 있겠습니까? 만일 주님이 거기 계시다면, 그 모임이 계속되어야 하지 않습니까? 사람들이 어느 한 사람에 그들의 신앙을 의지하는 것은 옳지 않습니다."

3) 캐롤 – 꿈속에서 방언을 하며 잠을 깨다

존이 이렇게 생각하고 있을 때, 나는 개인적으로 하나님을 체험하게 되었는데, 어느 날 밤 잠을 자다가 꿈속에서 내가 방언을 하면서 깨어난 것입니다. 그것은 나를 놀라게 했습니다. 왜냐하면 나는 정말 방언을 믿지 않았고, 내가 방언을 한다는 사실은 사람들로부터 나의 모든 신뢰를 잃게 만든다고 생각했기 때문입니다. 그래서 방언을 하지 않은 채 사람들의 많은 신뢰를 받고 빈야드를 시작하게 되었습니다. 나의 개인적 생각으로 내가 방언을 한다는 사실이 알려지면 사람들의 신뢰를 잃을 것 같았습니다. 이런 생각을 가지고 존에게도 이런 생각을 말하지 않았습니다. 왜냐하면 7년 전에 비해 성령에 대한 생각이 바뀌어서 존에게 심한 혼동을 주지 않기 바랐기 때문입니다. "그러나 그것은 주님이 하신 일이었어... 라고 생각하면서, 만일 주께서 이런 일을 하셨으면, 존도 이런 것을 경험하겠지. 나의 도움이 필요 없어도...."라고 믿었습니다. 그때 존은 지쳐서 약해졌고, 마음이 상해서 실망하고 있었습니다. 존이 실망했음에도 불구하고, 그는 항상 그가 처음 구원받았을 때를 생각하며 놀라운 일이 일어날 것이라는 믿음을 가지고 있었습니다. 하나님께서는 수많은 다른 방법으로 우리를 터치하십니다. 그것은 마치 실망 중에도 "잠시 기다려봐. 그게 아니지, 그게 아니야."하며 소망을 갖는 것입니다. 14년 후에도 처음처럼 우리는 느꼈습니다. 우리는 처음에 주님에 대해서 몹시 감격했고, 지금도 여전히 감격합니다.

3. 하나님나라 :
이미 왔으나, 아직 완성되지 않았다
(The Already, but Not Yet)

1) 지금 하나님나라를 경험한다

존은 조지 래드가 쓴 하나님나라의 복음에 대해서 읽었습니다. 제목은 생각나지 않으나, '하나님나라가 이미 왔으나, 아직 완성되지 않았다'라는 견해였습니다. 하나님의 나라는 (우리에게) 오고 있으며, 히브리서에서 말하고 있는 것처럼, 오는 시대의 능력을 체험합니다. 그러나 마지막 날에 하나님의 나라가 성취될 것이고 - 교회가 아닌, 그리스도의 통치가 이루어질 것입니다. 그분은 지금 다스릴 권세를 가지고 계십니다. 바로 이것을 존이 중요하게 생각했습니다. 어느 날 그는 풀러에서 마가복음을 읽다가 끝까지 다 읽게 되었습니다. 그분이 다스릴 권세를 가지고 있다는 사실이 그를 사로잡았습니다. 그렇다면 우리가 해야 할 일은 하나님께 구하는 것입니다. 우리가 구하지 않으므로 받지 못한다고 하셨기 때문입니다. 그는 분명하게 이 사실을 우리에게 말했습니다. "우리는 구해야 합니다." 누가 병들면 우리는 왕이 오셔서 이런 상황을 다스려주시기를 요구할 권리를 갖고 있습니다. 우리는 하나님의 메시지, 하나님나라의 복음을 전할 권리와 책임을 갖고 있고, 또한 우리는 왕을 모시고 그분의 권세로 역사할 권한을 갖고 있습니다. 우리가 할 일을 그대로 방치할 필요가 없습니다(예: 치유 같은 것). 우리는 하나님나라를 지금 경험할 수 있으며, 오는 시대의 능력을 경험할 수 있습니다. 그래서 그는 심령으로 그 능력에 대한 기본적인 이해를 갖게 되었고, 이 모든 일이 일어나기 시작했습니다. 그것은 확실히 증명되었습니다.

2) "Tell and Show" – 치유가 일어나다(능력이 임함)

우리가 작은 성경공부 모임으로 모였을 때 여러 주제를 공부했습니다. 한번은 절름발이가 고침을 받았습니다. 그는 성경 말씀에서 가르쳤고, 그다음 왕이 오셔서 치유하시기를 간구했습니다. 그때 거기서 그 절름발이 소녀가 고침을 받았습니다. 그리고 우리가 집으로 와서 그날 일어난 것을 생각했습니다. 조용한 충격이었습니다. 그것은 우리가 처음 경험한 치유 중의 하나였기 때문에 더욱 놀랐습니다.

* 윔버 : 진동을 체험하다

그때 그가 일어난 것을 말하는 순간 - 부엌에서 그는 들고 있던 컵의 우유를 바닥에 흘리며 말했습니다. "캐롤, 우리가 여기서 좋은 일이 있을 것 같아." 계속 그는 말했습니다. "내가 예수님에 대한 기사를 말한 후, 그분이 오시기를 간구했을 때, 그분이 오셔서 치유하신거야. 마치 보이며 말한 것(show and tell)이라기보다, 말하고 보여준 것(tell and show) 같이 하셨지." "내가 예수님에 대한 기사를 말한 후에, 그분이 오셔서 치유하신 거야."라고 말하는 순간에 성령께서 그를 강타하셨고, 백만 볼트의 전기같이 강력하게... 그래서 몸에 진동이 일어나 손에 들고 있던 컵의 우유를 엎지르며 부엌 카운터를 잡고 몸을 지탱하였습니다. "캐롤, 우리가 여기서 좋은 일이 있을 것 같아."하고 말하는 순간에 그런 일이 일어났습니다. 그 일은 매우 단순한 깨달음이었으나, 하나님께서 능력으로 그에게 나타내셨습니다.

4. 하나님나라의 대결 : "성령이여 오소서!"

1) 사역자들을 세우다 – "능력을 주소서"

시간이 지나면서 우리는 관심을 갖게 되었습니다. 예수님의 비유에서, 다른 도시에서 여러분에게 찾아온 친구가 있는데, 여러분은 그에게 줄 것이 없어서 이웃에게 가서 먹을 것을 얻어다 줍니다. 그것처럼 다른 도시에서 우리에게 찾아오는 친구들이 있습니다. 바로 그들이 병이 들었기 때문에 우리에게 오는 사람들입니다. 치유가 시작되었습니다. 그것이 중점은 아니지만 – 치유가 일어났습니다. 왜냐하면 예수님이 거기 계셨기 때문입니다. 여기서 우리는 능력으로 무장할 필요가 있습니다. 그분은 우리에게 할 일을 주셨으나, 우리는 어떻게 해야 할지를 정말 모릅니다. 그런 일을 어떻게 해야 할지를 몰랐습니다. "주여, 우리는 교회입니다. 당신께서 우리 보고 나가서 병든 자를 고치고, 귀신을 쫓아내고, 가난한 자들에게 복음을 전하며, 벗은 자를 입히라고 말씀하신 것처럼 – 우리는 우리의 일(jobs)을 해야 합니다. 우리는 능력을 받아야 합니다. 그래서 우리는 간구합니다." 그런데 그때는 이미 존이 능력을 받았던 것으로 기억합니다. 그는 "나이 든 사람들"을 나오라고 했습니다. 모두 17명의 성인이 나왔습니다. 지금 생각하면 우습기도 하지만, 존은 그들의 이마, 오른쪽 귀, 오른손 엄지손가락, 오른쪽 엄지발가락에 기름을 발랐습니다. 기름을 붓는 예식 같은 것인데 − 지금은 기억하지 못합니다만, 구약성서 어디에서 기름을 붓고 깨끗이 하는 기사가 나옵니다. 그는 기름으로 문둥병을 깨끗이 하는 기사를 읽었습니다. 그는 우리를 다 나오게 하고 이마, 귓불, 오른손 엄지손가락, 오른발 엄지발가락에 기름을 바르고 말했습니다. "그러므로 문둥병(한센 병)이 없을지어다." 물론 우리 중에 문둥병을 앓는 사람은 한 사람도 없었습니다만, 주께서 예전에 이런 일을 하셨습니다. 그리고 우리 모두는 어떤 치유의 능력으로 역사하기를, 기대하고, 우리가 간구할 때 하나님께서 오신다는 사실을 깨달았습니다. 교회가 성장하면서 모든 사람들이 치유사역에 가담해야 된다는 것을 분명히 알게 되었습니다.

2) 누구나 사역해야 한다

* 로니(Lonnie)가 오다 - "Come Holy Spirit!"

누구나 참여해야 합니다. 성령이 우리에게 주신 약속은 장로나 제직들에게만 약속한 것이 아니고, 모든 남자와 여자, 어린이들을 향한 약속입니다. 만일 여러분이 크리스천이고 그리스도께서 여러분 안에 계시면, 여러분이 이런 일을 해야 합니다. 성품이 큰 문제가 아닙니다. 거룩한 사람들만이 성령의 능력으로 역사할 수 있다는 것이 아니고, 누구나 성령을 받아 능력으로 역사해야 한다는 말입니다. 바로 그럴 때 로니(Lonnie)가 우리 교회에 왔습니다. 그가 "성령이여, 오소서!"라고 간구했을 때에 엄청난 능력이 부어져서 사람들이 놀라 문밖으로 뛰어나갔습니다. 실제로 그들은 성경을 집어 들고 문밖으로 뛰어나갔습니다. 동시에 다른 사람들은 뛰어 들어왔습니다. 그리고 수 백 명의 사람들이 바닥에 쓰러져 누웠습니다. 그때 우리는 학교 체육관에서 2,000명가량이 모였는데, 그들이 다 바닥에 누워 칠면조같이 방언을 했습니다. 엄청난 성령의 능력에 흠뻑 젖었습니다. 이들 중여러 사람들은 병 고치기 위해 능력 받고 돌아다니는 사람들이 아니었습니다. 그러나 누구나 사역해야 합니다(everyone gets to play, 모든 사람이 사역해야 한다). 우리는 톰, 딕, 해리 같은(영희와 철수 같은) 보통 크리스천들로 누구나 성령의 능력으로 역사했습니다. 애들이나 10대들도 - 우리는 사람들이 바닥에 누워 진동할 때, 무슨 일이 일어났는지 몰랐습니다. 우리가 나중에 이것을 알게 되었지만, 우리는 이 땅에서 전도 사역하기 위해 능력을 받으려고 예수님의 성령의 부어주심을 위해서 기도했습니다. 우리는 그런 식으로 기도했습니다. 오랫동안 그렇게 기도했습니다. 마침내 - 우리의 기도가 이렇게 응답된 것입니다. 그러나 우리가 생각한 모습이 아니었습니다. 우리에게도 개인적으로 성령의 현상이 나타났지만 - 이렇게까지는 나타나지 않았습니다. 너무 놀랍고 두려웠습니다(그날 밤 집에 와서 존은 밤새껏 성경과 교회 부흥사 책을 뒤지며 이런 현상을 찾아봤습니다).

3) "그것은 나다"

다음 날 아침(콜로라도 덴버에 있는) 톰 스팁스로부터 전화가 걸려왔는데, 그가 말하기를 "존, 요바린다에서 무슨 일이 일어났는지 모르겠지만, 주께서 나에게 전화를 걸어 말하라고 하셨어요. '그것은 나다(It's me).'" 그 전화가 위로가 되었습니다. 존은 그것이 그분이 하신 일이라는 것을 알게 되었기 때문입니다.

4) 나타나는 현상에 관심 갖지 않다

우리는 나타나는 여러 가지 현상을 무시하는 것을 배웠습니다. 왜냐하면 우리가 실제로 이해하지 못할 것을 알았기 때문입니다. 우리는 그런 현상을 몰랐고, 알 필요도 없었습니다. 우리는 이런 현상에 대해 그것이 무슨 의미인가, 포효하는 것도 무슨 의미인가 등에 대해 어떤 모양으로나 이론화하는 것을 원하지 않았습니다. 우리는 그런 현상이 나타나는 결과에 대해 상관할 것이 아니었습니다. 아기가 태어날 때에는 더럽혀지는 일이 많이 생깁니다. 그러나 여러분이 태어난 아기에 대해서 쓰지, 아기가 태어난 후에 이것은 무슨 뜻이고, 저것은 무슨 뜻이라고 더럽혀진 것에 대해서는 쓰지 않습니다. 그래서 우리는 의식적으로 그런 것을 무시하고, "이것의 의미는 무엇이고" 혹은 "저것의 의미는 무엇이다."라고 이름 붙이지 않으려고 합니다. 그러나 가끔 귀신이 튀어나오는 현상도 있었는데, 우리가 쫓아냈습니다. 우리가 그런 사람으로부터 쫓아낸 것은 ─ 우리의 소명이었기 때문이었습니다. 그래서 귀신을 직면할 때마다, 우리는 귀신이 떠나게 했습니다. 그런 후, 우리는 귀신을 쫓아내는 방법을 알게 되었습니다. 성경에서 분명히 언급된 것으로, 정말 성령과 귀신의 대결이었습니다.

언제나 성령이 능력으로 역사할 때면, 어둠의 영이 튀어나와 드러냈습니다. 때로는 그것을 다루기가 무섭고 고통스럽지만, 귀신이라는 결론에 도달하면, 사람들은 이것이 예언적 춤이나 나타난 현상이라고 생각하고, 귀신들린 사람이 큰 소리를 지르면, 귀신을 쫓아냈습니다. 이 불쌍한 사람에게 평안을 주십시오. 하며 그것이 우리의 소명입니다.

5. 사역을 이전시키다 : 주님의 목적을 위하여 능력을 입히다

1) "자연스럽게 초자연적인 방법으로"

초대교회에 속했던 모든 남자와 여자와 어린아이들도 그들의 소명이 가장 높은 목사님의 소명과 다르지 않다고 이해했습니다. 사실 초대교회는 "목사님"이라는 말조차 사용하지 않았습니다. 우리는 "존, 샘, 톰" 이름을 서로 불렀습니다. 그래서 만일 하나님께서 초자연적 방법으로 여러분을 터치하셨고, 여러분이 크리스천이라면, 능력을 받기 위해서 기도하고, 사역을 해야 합니다. 여러분은 할 일이 있습니다. 능력을 받으면 일을 감당하기가 훨씬 쉽습니다. 왜냐하면 어린아이들이나 어른들이 사람에게 다가가서 그에 대한 지식의 말씀을 전해 줄 수 있습니다. 그들은 이렇게 말하기도 합니다. "내가 이해하기로는, 당신의 어머니가 한 달 반 전에 돌아가셨는데, 하나님께서 당신의 고통을 아십니다. 내가 당신을 위해 기도해드릴까요?" 그러면 그들이 실제로 마음을 엽니다. 그런 사람들이 너무 많이 있습니다. 혹은 "내가 당신의 등에 있는 그 문제를 위해서 기도하겠습니다." 혹은 지식의 말씀이 있으나, "내가 주께로부터 무슨 말씀을 받았습니다."라고 말하지 않고, "자연스럽게 초자연적인 방법으로"(naturally supernatural way) 그들에게 다가가서 말을 건네며 기도합니다. 이렇게 지식의 말씀, 지혜의 말씀 또는 어떤 성령의 은사, 치유의 은사 등을 가지고 그들은 많은 사람들을 주께로 인도했습니다. 그런 방법으로 인도했습니다. 왜냐하면 이렇게 해서 전도하는 것이 그들의 일이라고 이해하였기 때문입니다.

2) 틴에이저나 어른들도 모두 사역에 동참하다

그래서 우리가 틴에이저 그룹이나 어른들 – 모두가 이렇게 전도 사역을 했습니다. 피터 와그너가 그들을 가리켜 조크로 말하기를 "우리의 훈련받은 치유자들"이라고 했으나, 그들은 전혀 훈련받지 않은 사람들이었습니다. 교회 출석한지 2주일밖에 안 된 사람들도 있었습니다. 그들은 훈련받은 치유자들이 아니었으나, 모두 크리스천들이었고, 성령으로 충만해서, 하나님나라 복음에 대한 소명을 깨달았습니다. 그리고 우리는 받은 것을 나눠줄 필요가 있습니다. 그것은 모두 전 세계에 속한 것으로, 첫째는 모든 교회요, 그다음은 우리가 만나는 모든 사람에게 속한 것입니다. 우리는 과거에 복음이 불완전하게 제시되었던 것을 너무나 잘 알고 있습니다. 왜냐하면 복음을 깊은 영적 차원에서 제시하지 않았기 때문입니다. 그렇게 오래 지속되었습니다. 우리는 심지어 그것을 전도라고 부르지 않았습니다.

3) 능력 사역이 나타나게 된 동기 : 주님의 말씀을 따랐을 뿐이다

> 주님의 말씀 : * "내가 내 방식으로 하겠다"
> * "내가 내 사역을 보여주리라"
> * "존, 그런 은혜의 일들이 거기서 오는 거다"

존이 한 달 넘게 걸려서 획기적으로 전도에 대한 것을 썼고, 이제 완성을 해서 사람들에게 제시하려고 했습니다. 그때 주님이 말씀하셨습니다. "그런 것을 다 집어치워라. 내가 내 방식으로 전도하겠다." 그래서 존이 쓴 모든 노트를 쓰레기통에 던져버렸습니다. 그런 일이 반복해서 일어났는데, 그가 자신이 무엇을 하려고 할 때마다 하나님께서는 말씀하셨습니다. "존. 그것을 그만둬라. 나를 성가시게 말라. 내가 내 방식으로 그것을 하겠다." 실제로 주님은 이렇게 말씀하시기 시작하셨습니다. "존, 내가 너의 사역(목회)을 쭉 보아왔다. 이제 내가 너에게 나의 것(나의 사역)을 보여주리라." 하나님께서 보여주신 것은 모두 그분이 성령으로 역사하는 것이었고, 우리가 우리의 생각을 가지고 육적으로 교회의 일을 시도하려는 많은 일들과는 달랐습니다. 그래서 외부인이 보기에는 다음과 같이 보였습니다. "그 사람들은 어떻게 합니까? 그들은 그냥 마음 편하게 좋은 시간을 가지고 모이는 거지요. 그런데 거기서 이런 놀라운 일들이 일어나지요." "존, 그런 은혜의 일들이 거기서 오는 거다. 내가 너의 사역을 보았는데, 이제 내가 나의 것을 보여주리라."

그렇게 해서 하나님의 능력 사역이 일어나게 되었습니다. 그것이 바로 우리가 능력 사역을 하게 된 동기입니다.

누가 존에게 와서 물었습니다. "존, 컨퍼런스를 어떻게 준비하십니까? 어떤 크고 거룩한 일을 기대하면서." "네, 나는 보통 6시 뉴스를 보면서 다이어트 펩시를 마십니다." 그러나 그는 사실 그대로를 말한 것입니다. 그들은 "조크 하시네요."라며 웃었습니다. 그러나 그것이 정말 사실이었습니다. 정말 사실이지요. 한 번은 그가 나에게 말했습니다. — 그때 우리는 영국에서 집회를 인도하려고 준비하며, 나는 내 지갑과 코트를 집어 들고, 막 컨퍼런스 센터를 향해 걸어가려고 할 때였습니다. 나는 물었습니다. "존, 오늘 밤에 무엇을 가르칠 것이에요?" 그가 대답하기를 "나는 모릅니다. 몰라요." 내 머리가 곤두섰습니다. 평소의 존이 아니었기 때문입니다. 그는 말했습니다. "오. 주께서 나에게 무엇인가 말씀하실 거예요." 그러면서 "먼저 화장실에 다녀오겠다."라고 말하고 다녀오더니 나에게 말했습니다. "주께서 나에게 말씀하셨어요." 그래서 내가 말했습니다. "참 빠르군요." 그는 말했습니다. "주님께서 나에게 '하인들이 알더라.'(요 2:7)고 말해 주셨어요." 그날 그 제목으로 말씀을 전했는데 그것은 그가 가장 잘 훌륭하게 가르친 것 중의 하나였습니다. "하인들이 알더라." 그것은 교회가 하인들이 되어야 한다고 우리가 터득한 것과 딱 맞는 주제였습니다.

6. 가난한 자를 기억하라 : 우리는 서로서로 필요하다

1976년 7월인가 8월에, 피터 와그너와 다른 몇 사람과 존이 하나님의 교회 교단(오순절 교단)의 모든 목회자와 장로들이 모인 큰 컨퍼런스를 인도했습니다. 집회를 마치고 늦은 밤에 존은 나에게 전화를 걸어 말했습니다. "캐롤"이라고 나를 부른 후 그는 울고 있었습니다. "캐롤, 우리가 가난한 사람들을 위해 무엇인가를 해야겠어요." 그래서 내가 대답했습니다. "좋습니다. 어떤 일이라도 하지요?" 그는 말했습니다. "내가 컨퍼런스 집회에 있었는데, 한 나이 많은 전도자가 자기 음성을 잃어서 말도 잘 못하고, 여러 해 동안 너무 목청을 많이 사용해서 목소리도 잘 나오지 않았는데, 그가 거기 모인 사람들 보고 가난한 사람들을 돌보라고 요청했어요. 그가 자기의 가난했던 출신을 이야기하며, 그가 문전 방문을 통해 사람들을 돕고, 애들을 씻겨주고, 집을 청소해 주고, 옛날에 그들 자신들 보다 더 가난한 사람들이 되어 그들의 작은 집을 개방하고 찾아오는 모든 사람들을 도와주었대요. 그것이 그들의 출신 배경이라고 말했어요." 그리고 계속 말하기를 "이제 여러분은 차도 갖고 있고, 큰 빌딩도, 큰 집도 갖고 있으나, 가난한 사람들은 어떻습니까? 가난한 사람들은 어떻습니까?"라고 했답니다. 그 나이 많은 전도자가 쉰 목소리로 말할 때, 사람들이 그 순간 다 일어났어요. 한 5~6000명은 돼요. 그는 지금이 추수 때 같다고 말할 때, 모두 일어선 사람들이 성령의 능력 아래 몸을 앞뒤로 흔들고 있었어요. 마치 밀밭으로 부는 바람결에 흔들리는 것 같다고 말했습니다. 존은 "나도 그중의 한 사람이었는데 몹시 강력한 역사였어요."라고 말하며, "만일 우리가 교회를 다시 시작하면, 또한 하나님께서 교회를 시작하신다면, 가난한 사람들에게 관심을 둬야겠어요."라고 말했습니다. 그래서 내가 "아주 좋아요. 존"이라고 말했습니다. 그리고 그 생각이 결코 – 그를 떠나지 않았습니다. 교회를 다시 시작한 이래, 그 일이 사역의 한 부분이 되었습니다. 마침내 교회가 다시 시작되고, 몇 달인가, 몇 년이 지났을 때도 그 생각이 그의 마음에 있었습니다. 그때 어느 날 몬티와 브랜디(Monty and Brandy)가 와서 말했습니다. "우리 이웃에 가난한 사람들이 있어서 브랜디가 자기들의 담요와 음식을 모두 그들에게 주었습니다." 존이 대답했습니다. "잘 하셨습니다. 계속해서 그렇게 하세요." 그런 후, 브랜드와 몬티가 그것을 다른 사람에게도 알려, 동참하는 사람들이 멈추지 않고 계속 돕는 일을 했습니다. 가난한 사람들이 항상 우리와 함께 할 것입니다. 그래서 우리는 가난한 사람들이 필요하다고 생각합니다. 우리는 다른 사람들과 똑같이 가난한 사람들이 필요합니다. 그들은 크리스천들이 필요하고, 우리는 그들이 필요합니다. 우리는 우리의 구원을 이웃에게 전해야 합니다. 두 종류의 사람들이 있는데 가진 자들과 못 가진 자들입니다. 만일 우리들이 돕는 일을 싫어한다면, 우리는 못 가진 자들이 되는 것입니다. 그것이 우리의 깨달음입니다. 우리가 어느 한쪽에 속해있는데 – 우리가 가진 자라면 – 우리는 이웃에게 주는 위치에 있게 됩니다. 우리 모든 크리스천의 삶도 이와 같습니다. 우리가 가진 것을 갖지 못한 사람들에게 줍니다. 그러면 우리는 가진 자가 됩니다. 그런 후, 그들이 이웃에게 나눠주면, 마침내 전 세계로 이런 일이 퍼질 것입니다.

7. 워십(예배) : 오직 예수님 한 분만을 위하여

1) "다 내다 버리려고 해"

우리의 찬양이 어떻게 시작되었습니까? 존은 1963년에 회심하고 크리스천이 되었습니다. 그는 음악인이었는데, 훌륭한 곡을 여러 곡 썼습니다. 그는 편곡가였고 작곡가였습니다. 존은 그 곡들을 모두 박스에 넣고, 파일에 보관하고 있었습니다. 그리고 하나님께서 그를 부르셨을 때, 그분만을 위해서 달려갈 줄 알았습니다. 그래서 그는 "모두 목표를 향하여 정조준 하여, 모두 사격 개시!"라고 우리의 선생님이 사수에게 말하는 것처럼, "나는 목회자나 교회 리더로 부름받았다."라고 결코 생각한 적이 없었습니다. 그는 "나는 예수님께 부름받았습니다. 내 삶에 그밖에 다른 것은 아무것도 없습니다. 그분이 나로 하여금 다른 삶을 살도록 부르십니다."라고 생각할 뿐이었습니다. 그래서 그는 결심하고 우리의 오래된 스테이션 웨건에 – 애들 4명이 있었지요. – 벽장과 사무실로 쓰던 곳에 두었던 그의 모든 박스를 끄집어내고, 좋은 편곡이 담긴 박스들을 모두 끄집어내서 스테이션 웨건 뒤에 실었습니다. 그래서 내가 말했습니다. "당신, 지금 무얼 하는 거예요?" 그는 말했습니다. "다 내버리려고 해." 무슨 일이 생겼구나. 했지만, 그는 모든 것을 싣고 내버릴 작정이었습니다. 거기 있는 그랜드 피아노만 차에 싣지 못했지, 모든 것을 차에 싣고 우리 애들 중 한, 두 애를 데리고, 쓰레기장으로 가서 다 버리고 집으로 돌아왔습니다. 그러면서 그는 "이 모든 것을 제물로 드렸으니 하나님께서 축복하시는 것을 우리가 보게 될 거야."라고 생각하지도 않았습니다. 다만 하나님께서 다 버리기를 원하신다고 그가 느꼈기 때문에 그렇게 한 것뿐입니다. 다른 이유가 없었습니다. 그때 이후로 그는 하나님께서 그에게 말씀하시는 것을 하기 원했습니다. 더하고 적게 하지도 않았습니다. 그는 그렇게 버리면서 울지도 않았습니다. 나는 그 모습을 보고 울었으나 그는 울지 않았습니다. 그는 "캐롤, 이제 그것은(세상 음악 하는 일) 다 끝났어, 다 끝났어."라고 말했습니다. 잘한 일 같았습니다.

2) 하나님께서 새 찬송을 주시기 시작하시다 - 빈야드 찬송의 시작

그러나 나는 그때까지도 "당신은 그것을 다 끝냈겠지만, 하나님께서는 그것을 다 끝내지 않으시지."라고 생각한 것을 기억합니다. 그 후 시간이 지나면서 한 번도 그런 것을 생각지 못했는데, 하나님께서 그에게 찬송을 주기 시작하셨습니다. 교회에서 부르곤 하던 것인데, 그의 친구들과 성경공부를 위해서 훌륭한 찬송을 썼고, 후에는 예배 중에 사람들을 주제로 인도하기 위한 찬송을 쓰게 되었습니다. 여러 해에 걸쳐 많은 아름답고 아름다운 찬송을 썼으나, 연주 행사나 그 밖의 다른 것을 위해 쓴 것이 아닙니다. 내 말은 그것이 뿌려진 씨가 되어 나중에 빈야드 찬양이 되었다고 생각합니다. 그러나 그것이 실제적으로 어떻게 시작되었을까요? 교회는 이미 여러 세기에 걸쳐 위대한 신앙의 찬송가를 불러왔습니다. 이미 어디에서나 불러졌고, 그들은 이미 다 녹음되었습니다. 그러나 어느 누구도 예수님을 개인적이고, 친밀하게(intimate) 경배 드리지 못하는 것처럼 보였습니다. 내 말은 우리가 이미 그것을 뒷받침하는데 중요한, 좋은 찬송을 갖게 되었다는 뜻입니다. 그래서 나는 기성교회의 뒷받침이 없었으면 오늘의 빈야드 찬송이 될 수 없었을 것이라고 생각합니다. 나는 지금도 그렇게 믿고 있습니다. 우리는 모든 교회의 뒷받침이 있었기 때문에, 우리가 한 방향에 초점을 둔 찬양을 만들 수 있었습니다.

3) Intimate Worship Song - "Only to Him"-21세기 축복

그래서 우리는 오직 그분에게만 찬양 드리는 것 같이, 어느 누구나 그분에게만 찬양 드릴 수 있다고 생각했습니다. 내 말의 뜻, 만일 모든 교회가 예수님 한 분에게만 찬양 드리기 시작한다면 어떻게 될까요? 그래서 기도했습니다. "주여, 우리에게 찬송을 주옵소서. 주님만을 향한(to the Lord) 찬송을 주시옵소서. 주님에 대해서(about the Lord)가 아니고, 주님에 대해서 우리끼리 서로에게 찬송 부르는 것 말고요, 오직 주님만을 향한 찬송을 주옵소서." 그때부터 아름답고 친밀한 찬송을 주시기 시작하셨습니다. 그것이 멈췄다고 생각하지 않습니다. 그렇게 되어 빈야드 찬양이 시작되었습니다.

4) 새 스타일의 예배 : 빈야드 워십
- 워십 리더 : 사람들을 주님 앞으로 인도한다

우리가 무엇을 시작하려고 새로운 형태의 예배(워십) 같은 것을 시작하려고 한 것이 아니었습니다. 그냥 우리 문화에서 우리에게 자연스럽게 느껴지는 그릇 안에서 찬양을 부르자고 한 것입니다. 그러나 찬양이 옛날 소리로 들리게도, 더 이상 오르간을 사용하지 않는 사람들처럼도 하지말자. 그러면 어떻게 할까? 우리는 오늘의 악기(media)를 사용해서 찬양한 것뿐입니다. 우리는 진정한 찬양을 보호해야 한다는 것을 잘 알게 되었습니다. 왜냐하면 어떤 그룹의 교회나 조직에서는 교회가 무엇을 시작하는 것을 사람들에게 알리기 위해서 찬송을 부르거나, 헌금 때 찬송을 불러 지금 진행되고 있는 것에 대하여 생각할 수 없게 만들거나, 혹은 교인들을 준비시키거나, 흥을 돋우기 위하거나 활기차게 하기 위해서 찬송가를 사용하기 때문입니다. 실제로 성령께서 우리에게 하나님과의 친밀함의 중요성을 깨닫게 하시기 시작하면서 – 우리는 그런 모든 이해와 실행을 던져버렸습니다. 그래서 우리는 결코 사람들을 워밍업 하기 위해 워십 송을 부르지 않았습니다. 혹은 사람들을 조용하게 하기 위하여, 혹은 성령의 역사를 위해 준비하는 순서로도조차 워십 송을 사용하지 않았습니다. 여러분들은 존이 랩타임(laptime, 도중에서) 클리닉이라고 부르는 것을 기억하시죠(너무 흥분해서 찬양을 부르면, 중간에 잠시 쉬었다 다시 예배를 계속하였음). 그래서 사람들은 과자를 입에 물고 다시 예배당에 들어옵니다. 그러면 다시 그가 말합니다. "자, 여러분. 모두 자리에 앉으세요." 존은 사람들을 너무 감정적으로 만들기 위해 어떤 찬송도 사용하지 않았습니다. 그는 단순히 말합니다. "자, 여러분. 모두 앉으세요. 우리는 지금 주께서 오시기를 기도하겠습니다." 그런 후 말합니다. "주 예수여. 성령으로 오시옵소서." 그러면 놀랍게도 성령님이 오셨습니다. 그러나 그는 다른 어떤 것을 위해서 워십 송을 사용하거나 결코 이용하지 않았습니다. 워십은 예수님을 향한 것이고, 오직 예수님만을 향한 것이었습니다. 왜냐하면 그분만 찬양받으시기에 합당하신 분이기 때문입니다. 우리가 말할 것이 있어서가 아니라, 그분만이 합당하신 분이라서, 우리는 그분을 찬양하며 사랑합니다. 바로 그것은 우리가 보호해야 할 것입니다. 그러므로 찬양팀에 있는 음악인들은 찬양팀을 위한 음악인입니다. 워십 리더는 그가 워십을 인도한다는 의미에서 리더이지, 어떤 특별한 다른 리더가 아닙니다. 여러분의 이름을 내려는 장소도 아닙니다. 로큰롤 스타를 위한 은퇴 장소도 아닙니다. 그런 일들을 위한 장소가 절대로 아닙니다. 그들은 매우 중요한 소명을 갖고 있는데, 사람들을 주님 앞으로 인도하는 매우 거룩한 소명을 갖고 있습니다. 존은 그것을 좋아했습니다. 그래서 찬양이 "다른 불"(strange fire) 같이 다른 것을 위해서 사용될 때, 존은 그 자신이 음악인으로서, 찬양 리더들이 그들 자신에게 초점을 두려고 할 경우, 그 점을 야단치는데 주저하지 않았습니다.

8. 존이 늘 뭐라고 말했습니까? : "하나님께서는 그분의 방법대로 하실 거예요."

1) "내가 너무 오래했어요... 길을 비켜줘야겠어요"

그는 여러 가지 일이 진행되고 있는 모습에 실망하지 않았습니다. 그보다 더 간단했습니다. 나는 그런 일들을 생각하며 말했습니다. "존, 나는 그런 일이 영원히 존속할 것 같은데, 다르네요." 그는 머리를 저으며 말했습니다. "캐롤, 당신은 이상주의자입니다." 그는 말하기를 "하나님이 행하신 참된 것들이 영원히 계속되지요. 그러나 당신이 그런 일의 한 부분이 아닐 수도 있어요. 나도 그것의 한 부분이 아니지요. 이들 중의 아무도 그것의 한 부분이 아니에요. 다만 하나님만이 그분의 방법대로 하실 거예요." 그는 계속해서 말했습니다. "바람은 왔다가 가지요." "사람들이 일으킨 운동은 20년은 갑니다. 만일 우리가 기도한다면, 그분의 임재가 항상 우리와 함께 하신다는 의미에서 당신은 그것의 한 부분이 될 수 있어요. 그러나 늘 똑같은 방법은 아닐 것입니다. 그러나 당신이 한 가지 방법을 깨달았다고 해서 마음에 낙심하지 마세요." 그는 말했습니다. "하나님이 행하시는 것을 축복하세요. 그분이 어디로 가시든지, 질투하지도 마세요. 하나님이 행하시는 것을 축복하세요. 그분이 어디서 그것을 행하시든지, 그리고 사물은 변할 것입니다. 그것이 바로 하나님께서 인생을 계획하신 방법이에요. 그래서 그것은 항상 놀라운 것입니다. 그러나 당신이 알거나 좋아하는 똑같은 놀라운 것이 아닐 것입니다." 그는 언제나 나의 이상주의와 부딪쳤습니다. 그러나 그는 매우 실제적이었습니다. 존은 매우 실제적이었습니다. 그는 ‑ 마지막에 말했습니다. "하나의 문제는 내가 너무 오래 했어요." 그는 말했습니다. "내가 길을 비켜주어야겠어요. 그래야 다른 사람들이 하고, 다른 사람들이 인계받아 그들이 할 일을 할 수 있을 것입니다." 그러면 내가 말했죠. "오, 그런 말 하지 마세요. 다시는…" 그러나 그는 내가 말하는 것을 알고 있었습니다.

9. 캐롤의 격려 : 예수님을 사랑하기

1) 참된 회개 : 예수님의 사랑에 빠지게 하다

물론 우리가 미처 알지 못하고 행했던 모든 운동이 하나의 운동이었습니다. 우리는 나이 먹은 교사들의 소그룹이었으나 어디서 그런 운동이 일어났는지도 몰랐습니다. 우리가 무슨 운동을 시작하려고 한 것이 아니고, 단순히 하나님께서 그분의 계획대로 하시도록 따라간 것뿐이었습니다. 우리가 함께 모여 예배드렸을 때 그런 운동의 현상이 처음 나타났는데 ‑ 그것은 우리의 죄와 교만을 깨닫게 하는 회개가 우리 가운데 일어난 것이고, 우리가 깨달은 것은 하나님께 말은 많이 하지만, 하나님께서 우리에게 말씀하실 기회를 전혀 드리지 않았다는 것입니다. 만일 그분이 우리에게 말씀하실 기회를 갖지 못하셨다면, 그것은 잘못된 것인데, 우리가 그것을 몰랐습니다. 그래서 우리 마음이 몹시 상했고, 우리가 과녁을 맞히지 못한 것입니다. 참된 회개가 있었습니다. 우쭐해 하기보다는 오히려 깊은 침묵이 우리 그룹에 찾아왔습니다. 그런 현상이 나타나서 우리가 무슨 거룩한 웃음을 웃은 것이 아니라, 참으로 울고, 배가 뒤틀릴 정도로 깊이 울었습니다. 그런 일이 있은 후부터 모든 사람들이 다시 예수님과 사랑에 빠졌습니다. 시간을 내어 예수님과 조용한 시간을 갖기 원했습니다. 우리가 그것에 대해 많은 것을 말하려 하지 않았는데, 그것은 옛날 퀘이커 교도들이 내면적으로 생각하고 체험한 것을 너무 많이 말하는 부작용 같은 것을 크게 두려워했기 때문입니다. 여하튼 우리는 우리의 말은 최소한하고, 예수님과 우리 사이에 친밀한 사랑의 관계를 유지했습니다. 그러나 이런 모든 현상으로부터 내가 알게 된 것은 – 사람들이 다시 예수님과 사랑에 빠진 것입니다. 나는 지금도 예수님을 사랑하며 그 사랑이 어떻게 나타나든지 간에 밖에 나가 주님이 원하시는 일들을 하기 원합니다. 지금 나는 매주 수요일 교회에서 배고픈 사람들을 먹이는 일을 하고 있습니다. 나로서는 내 머리 안에 있는 실린더가 활활 타고 있지 않기 때문에 그 일이 나에게 딱 맞습니다. 요즘에 무엇을 오래 생각하지 못하고 깜박하고 잊어버리기 때문입니다. 그러나 나는 아직도 가난한 사람들을 먹일 수 있고, 그들을 위해서 기도할 수 있습니다. 기도하는 것은 머리의 전혀 다른 부분에서 오는 것이기 때문에, 그들의 필요에 따라 – 치유든, 귀신들린 것이든, 마약 문제든 – 그들을 위해 소망을 가지고 기도할 수 있습니다. 벌써 여러 해 동안 불쌍히 여기는 마음으로 그들을 돕습니다. 그들은 참으로 불쌍합니다. 하나님께서 오셔서 그들을 구원하지 않으시면 기회가 없는 사람들입니다. 그래서 내가 그들을 돕는 일이 기쁩니다. 왜냐하면 예수님이 늘 그러셨던 것처럼, 그들에게 역사하실 것을 온전히 기대하며 가기 때문입니다. 언제나 그들과 언어장벽이 있어 힘들지만, 때로 그들은 음식만을 위해서 오지 않습니다. 그들은 거기 와서 서성댈 때가 있습니다. 왜냐하면 주께서 우리와 함께 거기 계신다고 생각하기 때문입니다. 페니(캐롤의 언니)도 오고, 스테파니도 오면 우리가 기쁨으로 이 모든 일을 합니다. – 거기엔 어떤 직함도 없습니다. 그들은 내가 누구인지 모릅니다. 우리의 역사도 모릅니다. 다만 그들이 아는 것은 "우리들이 크리스천이고, 자기들을 도우며, 예수님을 전하는 사람들이다."라는 것뿐입니다. 나도 그런 모습으로 그들을 대하고 싶습니다. 나는 현재 내 삶에 만족합니다. 만일 내가 누구에게 어떤 유산을 남겨주기 원한다면, 모든 사람들이 내가 섬겼던 그 예수님의 사랑에 빠지기를 바랄 뿐입니다. 우리 모두가 예수님의 사랑에 빠진 그 사랑으로부터 사실상 빈야드의 모든 것이 시작되었습니다.

빈야드 30년 이야기

우리의 뿌리를 다시 언급한다

빈야드 운동 30년 회고 대담

- 캐롤 윔버

(1980년대부터 세계적 부흥을 주도한

존 윔버의 부인과의 대담)

1. "하인들은 알더라"(요 2:7–9)

내가 여러분에게 상기시키고 싶은 것은, 예수님의 가르침 중에서 – 제자들로 하여금 세상이나 그들의 주관자나 사람을 지배하는 것을 닮지 말고, 기본적으로 기꺼이 섬기는 자세를 가지라고 권고하신 것입니다. 만일 하나님나라에서 으뜸이 되고 큰 사람이 되고자 하면, 모든 사람의 종이 되어야 한다고 말씀하셨습니다. 그런 말씀을 통해, 그분은 모든 면에서 섬김을 받으러 오신 것이 아니라 섬기러 오셨다는 그분의 심적 상태와 일치하는 말씀을 하셨습니다. 우리가 이번 주에 언급한 빌립보서 2장을 생각하시면, 그 본문은 "너희 안에 이 마음을 품으라. 곧 예수 그리스도의 마음이니"라고 언급하고, 계속해서 예수님이 자신을 비우신 것을 말합니다. 그분은 그분 자신을 비우셨습니다. 그분은 하나님 위치에 그분이 계시다고 생각지 않으시고 기꺼이 낮아지셔서 자신을 비우는 위치로 내려와 인자(사람의 아들)가 되셨습니다. 그리하여 여러분과 내가 기뻐하는 구원을 받을 수 있었습니다. 그래서 예수님을 특징짓는 것이 있다면, 이는 기꺼이 낮아지고, 온유하시며, 종의 형상으로 종의 위치에 오신 것입니다. 만일 그분과 아버지를 특징짓는 것이 있다면, 하나님께서 우리를 사랑하사 기꺼이 주셨고, 계속 주시는 분이신 것입니다.

1) 우리는 무익한 종이다

그래서 예수님은 전하고자 하셨던 것을 언어 그림 같은 – 비유의 언어로 가르치십니다. 그래서 그 적용은 매우 쉽고 이해하기 쉽습니다. 그러므로 여러분에게 하라고 하신 모든 것을 다 행한 후, "우리는 무익한 종입니다. 다만 우리의 할 일을 한 것뿐입니다."라고 말해야 합니다. 우리가 그날에 행한 대로 심판을 받으면, 우리가 그 점을 기본으로 판단이 될 것입니다. "주여, 우리가 아무것도 행한 것이 없나이다. 다만 우리의 할 일을 했을 뿐입니다." 우리는 특별히 뛰어나지도 않고, 우리가 해서는 안 되는 일을 하지 않았습니다. 사실 우리는 해야 할 모든 일을 다 하지 못했습니다. 그러나 옳다고 생각해서 무엇을 했을 것입니다. 바로 그런 일을 하라고 여러분은 부름을 받았습니다. 그것이 바로 우리이고, 우리에 대한 모든 것입니다. 우리는 하라고 부름받은 일을 하는 사람들입니다. 오늘날 교회의 가장 큰 문제는 대체로 참 제자가 없는 교회라는 것입니다. 그리스도를 위하여 결단은 했으나 참으로 헌신하지 않고, 그분을 섬기지 않는 교회가 되었습니다. 나는 우리 교회에서 3가지 헌신에 대해서 여러 번 말했습니다. 그리스도에 헌신, 교회에 헌신, 그분의 목적에 대한 헌신입니다. 왜냐하면 나는 많은 사람들이 기도를 드리고, 고개를 숙여 경배하며, 손을 들고 새 삶을 시작하며 그리스도에게 헌신하면서도, 교회에 열심히 헌신하지 않는 것을 보았기 때문입니다. 그들은 교회가 꼭 필요한 것이 아니라고 생각합니다. 그들은 교회를 그들을 위한 어떤 것, 소비자의 견해로 교회를 바라봅니다. 사실 그들이 교회를 위한 존재라는 것을 망각하고 있습니다. 그러나 그리스도께서는 그분의 교회를 사랑하고, 그 안에서 섬기라고 우리를 부르셨습니다. 여러분, 그분이 교회를 위하여 다시 오실 그분의 교회입니다. 그 교회는 특별한 목적, 하나님과 인간을 화목하게 하시는 목적을 위하여 부름받은 것입니다. 내가 이번 주 초에 말한 것처럼, 우리는 이웃을 구원하라는 구원자가 되기 위하여 구원받은 것입니다. 그것이 우리의 운명이고, 주의 재림을 기다리면서 여기 이 땅에 사는 우리의 목적입니다.

2) 섬기는 사람이 되라 – "무슨 말을 하시든지 그대로 하라"

우리는 그분을 섬기는 사람이 되라고 부름을 받았습니다. 요한복음 2장으로 돌아갑니다. 이것은 내가 좋아하는 스토리 중의 하나인데 – 어쩌면 복음서 저자인 요한의 결혼식이었을 것입니다. 예수님이 아마 그의 사촌이십니다. 그분은 결혼식에 가족과 함께 참석하셨습니다. 결혼식이 시작되고 - 히브리인의 전통에 따라 신랑이 모든 것을 가져오고, 신부는 그냥 준비만 하면 되었습니다. 그래서 그녀는 거기 준비한 채 와 있고, 그들이 모든 것을 가져옵니다. 의복과 음식을 가져와 연회를 베풉니다. 중요한 기사는 포도주가 떨어진 것입니다. 아마 친척 아줌마가 되는 마리아가 예수님에게 와서 말합니다. "우리는 도움이 필요해요. 포도주가 떨어졌어요." 그녀가 3인칭으로 그분께 말합니다. "저희에게 포도주가 없다." 표면상 좀 까다로운 말로 들리지만, 예수님이 말씀하십니다. "여자여, 나와 무슨 상관이 있습니까? 내 때가 아직 이르지 못하였나이다." 여러분은 여기서 그분이 말씀하시는 때를 이해하셔야 하는데, 아마 그 말씀의 내용은 다음과 같을 것입니다. "만일 내가 어머니가 원하는 것을 내가 한다면, 내가 할 수밖에 없겠지요. 이유는 포도주가 다 떨어졌고, 주위에 포도주를 살만한 가게가 없기 때문입니다. 그러니 내가 만들어야겠지요. 그러나 내가 포도주를 만들면, 사람들이 내가 누구인 줄 알게 되는데, 지금은 그들이 내가 누구인 줄을 아는 때가 아직 아닌 것 같습니다. 그런데 어머니, 왜 나에게 이것을 요구하십니까?" 그러나 그분의 어머니는 그분이 무엇인가 하실 것이라고 믿고 있었던 것 같습니다. 그녀는 그분이 하실 것이라고 믿고, 망설이지 않았습니다. 그녀는 몸을 돌려 하인들에게 말했습니다. "너희에게 무슨 말씀을 하시던지 그대로 하라." 이제 여러분, 여러분이 만일 거기에 밑줄을 긋지 않으신다면, 여러분이 누구인지를 이해 못 할 것입니다. 여러분이 머리를 숙이고 죄를 회개하여, 그분의 자녀가 되지만, 또한 일생 동안 예수님과 동행하는 하인(종)이 된다는 것을 이해하십니다. 예수님의 어머니가 말합니다. "너희에게 무슨 말씀을 하시든지 그대로 하라." 그것은 종의 권고입니다. 당시 그들에게 좋은 권고일 뿐만 아니라, 오늘 여러분에게도 좋은 권고입니다. "너희에게 무슨 말을 하시든지 그대로 하라."

3) 그들의 손에서 역사가 일어나다

거기에 돌 항아리 여섯이 있었습니다. 유대인들이 씻는 의식을 위하여 사용하였습니다. 한 항아리는 약 20~30갤론(76~114리터)의 물이 들어갑니다. 예수께서 하인들에게 말씀하셨습니다. "항아리에 물을 채우라." 그들은 아귀까지 채웠습니다. 이제 무슨 은사로 요술을 부리는 것이 아닙니다(charis magic). 그분은 물로 항아리들을 채우십니다. 하인들은 우물로 가서 물을 길어다 채웠을 것입니다. 시간도 좀 걸렸고, 여러 일이 있었겠지요. 그런 다음 예수님이 말씀하십니다. "이제는 떠서 연회장에 갖다 주라." 여기서 아셔야 할 것은, 물이 변하여 포도주가 된 그 시간에 무엇을 터치한 하인들만 거기 있었던 것입니다. 결혼식에 온 하객들은 어떤 일도 하지 않았습니다. 신랑과 신부도 아무 일도 하지 않았습니다. 연회장도 아무 일을 안 했고, 예수님 자신도 그것을 터치하지 않으셨습니다. 하인들만 그것을 터치했습니다. 이해하시죠? 하인들만 이 일을 해야 합니다. 음식이 손에서 여러 배로 증가한 것도 종들의 손이었습니다. 물이 포도주로 변하게 한 것도 종들이었습니다. 그들이 이런 일을 할 때 그들의 손에서 역사가 일어난 것입니다. 본문을 자세히 보십시오. "이제 떠서 연회장에게 갖다 주라." 그들은 순종했고, 연회장은 물이 변하여 포도주가 된 것을 맛보았습니다. 그는 어디서 이 포도주가 났는지 몰랐습니다. 비록 물을 떠온 하인들은 알았지만, 무엇을? 무엇을? 무엇을? 알았어요? 그들은 알았습니다! 하인들은 그런 과정 안에 있습니다. 하인들은 일어난 일을 이해합니다. 그들이 그 모든 과정에 참여했기 때문입니다. 이렇게 머슴들이 하는 작은 일이지만, 거기에서 이런 위대한 일이 발생합니다.

4) 예기치 않게 기적이 일어난다

여러분은 우리가 이런 위대한 일이 일어난 이야기를 말하는 것을 이해하시죠? 사람들이 생각하기를, 하나의 위대한 일을 하기 시작해서 다른 또 하나의 큰일을 하고, 또 다른 큰일을 하는 것 같이, 껑충껑충 뛰는 것을 생각합니다. "산을 껑충 뛰어넘는 양같이" – 여러분이 바로 하인이 하는 많은 일들을 합니다. 단순히 순종함으로 하는데, 그런 과정에서 종종 주께서 능력으로 역사하셔서 "갑자기" 놀라운 기적이 전혀 예기치 못하게 일어날 때가 있습니다. 여러분은 그것이 일어날 줄을 몰랐습니다. 그래서 그들이 떠다 연회장에게 갖다 주니, 연회장이 물이 변하여 포도주가 된 것을 맛보았으나, 그것이 어디에서 왔는지 몰랐습니다. 그러나 물을 길어온 하인들은 알았습니다. 여러분 한 사람, 한 사람을 향한 내 마음의 소원을 말하겠습니다. 여러분이 이번 주에 우리 팀이 사역하는 것을 경험하지 못하였다면, 이들 중 어떤 사람들은 그들의 직장을 위해서 기도했으나 잘 되지 않았습니다. 한 사람은 이번 주에 차가 고장 났고, 또 한 사람은 직장 보스한테 호되게 야단맞고, 그는 급히 여기 와서 밤 11시 30분 혹은 11시까지 머물러 있었습니다. 그들은 사람들을 위해서 기도했는데, 이번 주 얼마나 많은 사람들에게 기도 사역을 했는지 물어보지 않아서 모르겠지만, 그들은 대개 이번 주에 20명 넘게 기도했으나, 큰 역사가 일어나지 않았으나, 21번째 사람에게 기도 사역을 했을 때 – "갑자기" 놀라운 기적이 일어났습니다. 그것은 마치 맛있는 땅콩 같아 – 먹기를 멈출 수 없습니다. 한 번 하나님의 능력을 맛보면, 하나님께서 기적을 베푸시는 것을 한 번 보게 되면 멈출 수 없습니다. 예를 들어 귀신을 내쫓는 일은 불쾌한 일이지만, 쫓아낸 다음에 치유된 것을 보면, 이는 세상에서 가장 아름답고 귀한 일 가운데 하나입니다. 여러분은 많은 사람들이 병 낫기를 위해서 기도 사역 하나 그들이 낫지 않으면. 믿음과 의심이 번갈아 생길 때도 있습니다. 그러나 여러분, 종의 도리를 취하지 않고, 여러분이 오직 할 수 있는 일만 한다는 내면의 호기심이 없으면. 실망하기 쉽습니다. 그러나 누가복음 17장의 이 사람처럼 말할 수 있어야 합니다. "우리는 무익한 종이라. 우리의 하여야 할 일을 한 것뿐이라."라는 자세입니다. 결과는 주께 맡기고 우리가 할 일은 일어나 나가 계속해서 그 일을 하는 것입니다. 여러분이 그 일을 할 때 하나님이 능력이 나타납니다. 기도 사역힐 때마다 하나님의 능력이 나타난다고 말씀드리고 싶습니다. 그러나 여러분이 기도 사역을 행하지 않으면, 그런 일이 절대 일어날 수 없습니다. 종이 주의 일을 할 때 주께서 함께 하십니다. 여러분은 겸손히 섬기는 역할로 감당해야 합니다. 거기에 역사가 일어납니다. 그것이 중요합니다.

5) 하인은 하인의 일을 해야 한다

연회에 참석한 나머지 사람들이 전혀 아무것도 파악하지 못한 것을 이해하시죠. 연회장도 전혀 몰랐습니다! 그러나 "하인들은 알았습니다." 그 하인들은 예수님이 기적을 행하신 것을 알았습니다. 사도들이 막 뛰어나가 산을 넘으며 역사해서 "와, 하나님이 행하신 것을 보세요."라고 말하지 않았습니다. 그들은 그것을 그냥 행할 뿐이었습니다. 그들은 예수님이 기적적으로 역사하신 것을 알았습니다. 여러분 이해하시죠? 사람들은 언제나 나에게 이렇게 요청합니다. "이 모든 것을 더 많이 기록해서 출판하세요. 치유며, 축귀 결과며 모두 써서 출판하세요." 솔직히 관심 없는 것도 아닙니다. 그러나 내가 관심 갖는 것은 일어난 일을 하인들이 아는 것에 관심을 갖습니다. 이해하시죠? 나는 우리 사역을 널리 홍보하고 무슨 이익을 얻는 것에 관심이 없습니다. 우리가 무슨 특별한 사역을 갖고 있는 것이 아닙니다. 우리가 하고 있는 사역은 예수님이 우리에게 행하라고 하신 사역일 뿐입니다. 그분의 사역입니다. 하인은 하인의 일을 해야 합니다. 그것을 기억하십시오. 여러분이 그것을 적어놓기 원할 것입니다.

2. 워십에 대한 몇 가지 생각

1) 워십은 그분만을 위한 것이다

여러 해 동안 목회를 하면서, 나는 이런 말을 많이 들었습니다. "오, 예배를 통해 아무것도 받지 못했습니다." 그러면 나는 온유하게 그들에게 말해줍니다. "당신은 예배로부터 무엇을 얻으려고 기대하지 마십시오. 예배드리면서 무엇인가를 드릴 것을 생각하세요. 예배는 당신을 위한 것이 아니고, 그분을 위한 것입니다." 여러 해 전에 내 친구 자녀의 친구의 생일파티에 간 적이 있었습니다. 아들은 6살이었는데, 8살 된 큰 딸이 몹시 화를 냈습니다. 왜냐하면 모든 생일파티에 다른 손님의 이름이 써져 있었기 때문이었습니다. 모든 생일파티는 그녀를 위한 것이었습니다. 집에다 그녀의 사진을 온통 걸어놓고, 파시오에도 걸어놓고, 큰 상과 선물도 그녀를 위해 준비되었습니다. 케이크도 그녀를 위한 것이었습니다. 어느 한 순간 그 자매가 몹시 화가 나서 꿈적도 않고 한 군데 서 있었습니다. 그녀의 어머니는 저쪽 끝에 있었는데, 지금도 기억합니다만, 조용히 그녀의 딸에게 말합니다. "오늘 생일파티는 너를 위한 것이 아니야. 너의 자매를 위한 거야. 오늘은 네 자매의 생일이지, 너의 생일이 아니야." 나는 그것을 결코 잊지 못합니다. 여러분이 그랬다는 것이 아니고, 말씀드리고 싶은 것은, 워십은 여러분에 대한 것이 아니고, 그분에 대한 것이라는 것입니다. 그것은 그분께 점점 가까이 가는 여러분에 대한 것입니다. 예수님의 피로, 하나님의 용서로, 그분께 가까이 가서, 그분을 경배하도록 하는 여러분에 대한 것입니다. 그래서 워십은 여러분을 위한 것이 아니고, 그분을 위한 것입니다. 이제 옆 사람에게 몸을 돌려 말하세요. "그것은 그분을 위한 것입니다."라고. 이제 여러분이 그것을 이해하셨으면, 바로 거기서 등록비를 충분히 보상받으신 것입니다. 왜냐하면 그것이 전부이니까요.

2) 나는 찬양을 좋아한다

나는 찬양을 좋아합니다. 찬양 중에 일어나는 것도 좋아하고. 찬양의 다이내믹, 심령에 느껴지는 감격도 좋아합니다. 내가 그것을 사랑한다는 말입니다. 그것이

내 삶의 중요한 부분이고, 중심입니다. 그것이 주님을 기쁘시게 합니까? 그것이 당신을 기쁘시게 합니까? 우리가 회중으로 함께 모여 경배 드리는 것이 당신을 기쁘시게 합니까? 이것이 주님을 송축하고 있습니까? 왜냐하면 마지막 그날에는 그렇게 경배만 드리기 때문입니다. 좋은(잘 된) 워십 서비스에는 두 가지 다이내믹이 있는데, 하나님께서 들어 받으시는 것과 여기 우리 가운데 일어나는 다이내믹이 있습니다. 여러분이 예배 마치고 나가면서 "참 좋은 예배야"라고 말하겠지만, 하나님께서는 "너는 입술로는 나를 가까이 하나, 네 마음은 내게서 멀도다."하실는지 모릅니다. 그런 것이 복음서에 나오는 것을 기억하시죠? 그래서 우리는 워십의 시작과 끝이 모두 하나님을 위한 것이라고 이해하는 것이 매우 중요합니다. 이것은 앞으로 올 그날의 경배를 위해 준비하는 것입니다.

여러 해 전에, 정확한 때는 기억하지 못하는데, 내가 손자의 방에 들어간 적이 있었습니다. 11명의 손자들 가운데 한 명인데, 그 애가 9살이었습니다. 오후에 그 애가 TV를 보고 있었는데, 고속도로 순찰대가 나오는 영화였습니다. 나는 그런 영화를 보지 않아 무슨 영화인지 정확하게 잘 모릅니다. 그때 나온 장면은 고속도로 순찰대가 어떤 사람을 체포하는 장면이었습니다. 총을 가진 경찰이 밖에 서 있고, 차에서 한 사람이 나오는데 이렇게 손을 들고 나왔습니다(모션). 손자 코트니가 나를 돌아보며 말합니다. "그 사람이 경배하고 있나요?" 이해하시죠? 이해하시죠? 그것이 바로 경배 드리는 모습입니다. "어제 내가 알았습니다. 주님은 바르시나, 나는 바르지 않습니다. 당신은 거룩하나 나는 거룩하지 않습니다! 당신께 복종합니다. 나 자신을 드립니다. 당신만 선하신 것을 이제 알았습니다. 주님만이 이 땅에서 내가 사는 목적입니다. 당신, 하나님만이 내 삶의 모든 것입니다. 모두 당신만을 위한 것입니다!"

3) 영원히 하나님을 경배할 것이다

"맞습니다. 우리가 어디를 가서 무엇을 해도 – 영원히 하나님을 경배하겠습니다! 커피 브레이크 타임도 없습니다." 바로 그것을 내가 여러분들에게 말씀드리고 있는 것입니다. 언제 우리가 무엇을 하든지 – 변명도 필요 없고, 늦어서도 안 되고, 여러분의 어머니로부터 노트도 필요 없이 _"오, 나는 오늘 경배 드리고 싶지 않네요!"라고 말한다면, 어떻게 하시겠습니까? 여러분은 거기서 경배 드려야 합니다. 이런 것을 알고 그 모든 것을 충분히 아셨으니, 이제는 여러분이 경배 드릴 준비를 시작하시기 바랍니다. 성경에는 이런 것이 너무 많이 나와 다 말씀드릴 수 없으나, 히브리서 한곳만 봐도 – 우리 개인의 삶에서 주님에 대한 준비를 해야 하는 것을 알 수 있습니다. 그러나 흔히 사람들은 주일예배에 참석하지만, 진정으로 경배 드릴 준비가 되어있지 않은 사람들이 많습니다. 어쩌면 그들은 교회에 오기 전 애들의 신발을 찾다가 부부가 언쟁을 했을지도 모릅니다. 그런 적이 없으십니까? 신발도 찾을 수 없고, 수표 책도 찾을 수 없고, 이것저것 찾지 못하다가 나중에 찾게 되는 경우처럼 – 그런 태도를 가지고 교회에 옵니다. "우리는 교회에 오면서 언쟁을 안 했습니다."라고 하면 – 애들이 뒤따라 들어오면서 말합니다. "예, 아빠와 엄마가 언쟁을 했어요. 내가 언쟁하는 소리를 들었어요. 예. 그들이 언쟁을 했어요." 그런 모습으로는 주님께 경배 드리는 준비가 되지 못합니다. 그래서 성경의 권면을 깨닫고 말씀드립니다. 그분이 주님이시고, 우리의 찬양, 경배와 칭송을 받으시기에 합당하신 분이라는 것을 깨닫고 주님 앞에 와야 합니다. 찬송을 몇 곡 부르고, 기도 조금 한다고 경배가 끝나는 것이 아닙니다. 경배가 결코 끝나는 것이 아닙니다. 어떤 의미에서 우리는 언제나 주님께 예배드립니다. 우리의 상황에서 우리 자신을 드리며 경배하고, 함께 성경공부를 하고, 그런 가운데 주님을 경배한 후 서로 사역을 하면서도 경배 드리고, 끝나면 오후 2~3시까지 가난한 사람들에게 음식을 나눠주고 집에 가서 쉽니다. 그러다가 주일에 다시 교회에 와서 예배드립니다. 내 말을 잘 들으시지요?

4) 경배드리는 모습 5가지

그래서 워십(예배)은 ─ 내가 후에 더 말하겠지만 ─ 그런 모든 것입니다. 여러분이 행하는 모든 것이 예배입니다. 어떻게 잘 운전하는가? 세금은 어떻게 잘 내는가? 어떻게 애들을 야단치며 바로 가르치는가? 등등. 여러분이 일상생활의 태도를 통해서 예배드리는 것입니다. 경배 드리는 모습에 5가지가 있는데 ─ 첫째는 하늘에서 모두가 경배 드립니다. 둘째는 여러분의 몸, 마음, 생각 등 우리 안의 모든 것, 우리의 삶과 음성을 가지고 하나님께 초점을 맞추고 경배 드립니다. 셋째는 하나님께 경배 드리는 것이고, 넷째는 하나님께 대한 것, 하나님을 향한 것이고, 마지막으로 ─ 우리가 영원히, 영원히 계속해서 경배 드리는 것입니다. 우리는 그렇게 예배드립니다. 언제나 예배드립니다. 결코 싫증 나지 않습니다. 그러므로 이제 잘 아셨으면, 지금 바로 경배 드리십시오.

3. 하나님의 나라

1) 하나님나라를 전하는데 말씀(words)과 역사(works)가 필요하다

하나님의 나라는 현재에 역사하시는 하나님의 통치(다스림)입니다. 그 나라(통치)가 이 악한 세대인 사탄의 나라(통치)에 쳐들어 온 것입니다. 그 하나님나라의 공격이 격렬히 일어날 때 흔히 표적과 기사가 거기서 발생합니다. 이 땅에서 하나님의 통치는 아담의 타락으로 방해받고, 그 결과 사탄과 그 세력의 지배를 초래하였습니다. 내 생각으로는 예수님은 아담의 신분을 회복시키려고 보냄을 받으셨습니다. 예수님이 잘못된 것을 바로잡으시려고 오셨습니다. 아담은 잘못했고, 심각한 범죄를 저질러 아담 이후 두 번째이자 마지막 아담이신 예수님이 인간의 대표로 오실 때까지 모든 세대는 죄로 오염되었습니다. 그래서 예수님은 아담의 잘못되고 병든 것을 바로 세우시려고 오셨습니다. 그리고 전혀 죄를 짓지 않으시고, 모든 면에서 아버지께 순종하시는 본이 되는 삶을 통해서 잘못된 것을 정정하셨습니다. 그리고 모든 선포하신 말씀은 주 예수 그리스도의 성육신을 이해하는 데 중요합니다. 그때 예수님이 오셨고, 시간이 지나 때가 되었을 때, 하나님나라를 선포하시며 이 땅 위에 그 나라를 갖고 오셨습니다. 막 1:14에는 예수님께서 오셔서 하나님나라를 선포하시는 것을 보게 됩니다. "하나님나라가 가까웠으니, 회개하고 복음을 믿으라." 나는 막 1:14은 예수님의 주제 성명서라고 이해합니다. 바로 그 선포가 있은 후, 그분이 말씀하시고 행한 모든 것은 그 주제 성명서를 더 명확히 해설하는 것입니다. 예수님이 가르치신 모든 것이 하나님나라에 대한 것이고, 거기에 중심을 두고 가르치셨습니다. 그리고 우리에게는 하나님나라와 주 예수 그리스도에 관해 충분히 메시지를 전하기 위해서 그분이 전한 말씀과 행하신 것, 이 둘이 모두 필요합니다. 하나님나라를 제시하는 것은 하나님을 잘 설명하는 것입니다(illumination). 하나님의 말씀이 없으면 우리가 이 세상에서 하나님을 전할 수 없습니다. 그러나 제시하고, 선포하는, 말씀을 가지고 우리는 잘 전할 수 있습니다. 또한 하나님의 역사(works)가 없으면 우리는 실례(illustration)를 알 수 없습니다. 그래서 우리는 설명하는 것(illumination)과 실례를 보여 주는 것(illustration), 이 둘이 모두 필요합니다. 즉, 우리가 예수 그리스도의 메시지를 온전히 잘 전하려고 하면 우리는 말씀(words)과 역사(works), 둘 다 필요합니다. 바로 그 점에 우리가 새롭고, 조금 다른 것을 여러분에게 말씀드리는 것입니다(말씀만 전하는 것이 아니라, 성령의 능력으로 역사하는 생동하는 복음을 전하기 때문에 혹 여러분에게 다르게 들릴 수 있다는 말입니다. - 역자 주). 그래서 여러분이 나와 같이 홀에 모여 사역을 할 때나, 거리에서 나를 만나 허그 하며 말했습니다. "이런 것이 참 좋습니다. 우리가 전에도 여기 왔었고, 작년에도 왔었습니다. 혹은 우리가 작년에 전도 나갔을 때도 함께 했지요. 우리는 하나님의 능력이 역사하는 것을 보았습니다. 사람들이 성령의 여러 가지 은사를 받고 체험하는 것을 보았습니다. 그 역사가 우리의 삶을 변화시켰습니다. 우리의 마음과 견해를 변화시켰고, 우리의 패러다임도 변화시켰습니다. 이제 우리는 사물을 다르게 보고 있습니다. 우리가 신약성서를 읽을 때, 사도들의 다양한 일이 일어나는 것을 보고, 예수님 주위의 사람들의 삶에서 다양한 변화가 일어난다는 것을 보면서, 이제 새로운 이해를 가지고 읽게 되었습니다."

2) 하나님나라가 지금도 우리와 함께 있다

그래서 하나님의 나라는 우리와 함께 있으며, 우리 안에 있고, 우리 위에 있습니다. 하나님나라는 오늘 여기, 이 악한 시대에 있습니다. 그러나 아직 완전히 임한 것이 아닙니다. 하나님나라는 오늘 모두 성취된 것이 아니고, 완성된 것이 아닙니다. 예수님의 초림과 함께 하나님나라가 오셨으나, 재림 때에 그 나라가 마침내 완성될 것입니다. 그리고 우리는 초림과 재림의 두 시간 사이에 살고 있습니다. 우리는 여기서 미래의 임재 안에 살고 있습니다. 하나님나라는 우리와 함께 있으나, 아직 다 완성되지 않았습니다. 하나님나라는 우리 위에 머물러 있으나, 아직 다 완성되지 않았습니다. 하나님나라가 우리 안에 있으나, 아직 다 완성되지 않았습니다. 하나님나라가 우리 가운데 운행하고 있으나, 아직 다 완성되지 않았습니다. 만일 예수님께서 하나님의 손가락으로, 하나님의 성령으로, 귀신을 쫓아내시면, 그 하나님나라가 우리를 터치한 것입니다. 그래서 우리는 지금 하나님나라가 지금 우리와 함께 있는 것을 깨달아야 합니다. 오늘 밤 여러분은 하나님의 손가락이 역사하시는 것을 보실 것입니다. 누가 무엇을 받는 것을 볼 때, 여러분은 말할 것입니다. "아, 여기 하나님의 손가락이 나타났구나. 또 나타나셨네. 하나님의 손가락이!" 때로는 하나님의 손이 우리 가운데 나타나 커다란 능력으로 역사하는 모습을 봅니다. 하나님나라가 나타나는 것입니다.

3) 우리는 "감추인 보화다"

마 13:44-46에는 두 비유가 나타나는데, 감추어진 보화와 진주에 대한 비유입니다. 히브리인의 사고방식으로는 평형이 되는 본문같이, 두 비유의 기사가 연속적으로 나옵니다. 그러나 그 두 비유의 기사가 실제로 여러분에게는 하나로 이해하게 합니다. 내가 성경을 읽겠습니다.

> "천국은 마치 밭에 감추인 보화와 같으니 사람이 이를 발견한 후 숨겨 두고 기뻐하며 돌아가서 자기의 소유를 다 팔아 그 밭을 사느니라"(마 13:44)

여기서 여러분이 그 의미를 오해하지 않도록, 그분은 곧 계속해서 또 하나의 비유를 말씀하십니다.

> "또 천국은 마치 좋은 진주를 구하는 장사와 같으니 극히 값진 진주 하나를 발견하매 가서 자기의 소유를 다 팔아 그 진주를 사느니라"(마 13:45-46)

이때 예수님은 그 말씀을 듣는 사람들에게 이런 의미로 전하십니다. "하나님의 나라" 즉, "하나님의 바른 통치는 밭에 감추인 보화와 같은데, 극히 값진 진주이고, 밭에서 발견된 그 보화는, 그것을 처음 발견한 장사가 매우 값진 것이라는 것을 알고, 그것을 아무도 모르게 숨겨두고 집으로 돌아가서 자기의 소유를 다 팔고, 다시 밭으로 돌아와서 그 진주를 갖기 위해서 그 밭을 샀느니라."라는 내용입니다. 그는 그 보화를 가지려고 밭 전체를 샀습니다.

예수 그리스도께서 오셔서 그분에게 기꺼이 오는 – 택한 백성들을 구하시려고 이 세상의 모든 죗값을 치루셨습니다. 택한 자들을 얻기 위하여 가지고 오는 모든 사람들의 죗값을 치루셨습니다. 그분은 그 밭을 산 장사와 아주 똑같으셨습니다. 장사는 보화를 얻으려고 밭을 샀습니다. 예수님도 모든 사람들의 죗값을 모두 지불하셨습니다. 그리하여 그분이 오래전에 십자가의 피로 여러분의 죄를 씻기시고, 죄를 짊어지셨습니다. 여러분은 보화입니다. 그리고 그분이 소유하신 여러분입니다. 여러분과 관계를 회복시키시려고 모든 죗값을 지불하셨습니다.

4) 우리는 "지극히 값진 진주다"

이 비유의 두 번째 부분은 "지극히 값진 진주"라고 상업적 표현을 추가하셨습니다. 우선 여러분은, 그 진주가 지극히 값진 것으로 모든 재산을 팔아 살 만큼 귀한 것이었습니다. 어떤 개인에게, 어떤 평신도나 일반 구매자가 아니라, 그 사람은 진주 장사였습니다. 여기서 이해하실 것은, 진주를 사는 진주 장사와 진주를 사는 여러분과 나 사이에 차이가 있는 것입니다. 우선 진주 장사는 언제나 진주를 찾고 바라봅니다. 언제나 진주를 바라보기 때문에 진주를 볼 줄 아는 안목을 가지고 있습니다. 그들은 우리가 볼 수 없는 것을 볼 수 있습니다. 그들이 우리를 가르쳐도 우리가 볼 수 없는 것을 그들은 볼 수 있습니다. 빛나는 모습도 보고, 이것도 보고, 저것도 보고, 모양도 보고, 그들은 우리가 볼 수 없는 것을 볼 수 있는 사람들입니다. 역시 매일 진주를 감정합니다. 두 번째로, 그들의 모든 삶은 진주를 찾는 데 소모합니다. 그래서 진주 장사가 되었습니다. 그들이 매일 행하고 교육받는 것은 진주를 발견하는 일에 관한 것입니다. 이 장사가 이렇게 극히 값진 진주를 발견했습니다. 자기 마음을 완벽하게 만족시키는 진주, 그래서 그는 그것을 손에 넣으려고 기꺼이 모든 재산을 팔아야 했습니다. 여기서 진주가 누구인지 알아맞혀 보십시오. 여러분입니다. 다시 이 비유의 목적은 여러분입니다. 하나님의 나라는 밭과 진주 장사와 같습니다. 예수께서 오셔서 여러분 안에 놀라운 아름다움과 완벽함을 발견하셨습니다. 그리고 그분은 모두 파셨습니다. 여러분을 얻기 위하여.

4. 사역의 모델(모범)

1) 사역 : 예수님이 모델이다

나는 내가 일생을 함께 할 모델을 원했습니다. 변명할 필요가 없는 확실한 모델을 원했습니다. 나에게 맞고, 내 성격에 맞는 모델을 원했고, 그 모델을 가지고 다른 사람들에게 복음을 전하며, 다른 사람들에게 전수할 수 있는 그런 모델을 오랫동안 찾았습니다. 그러던 중 신약성서에서 주 예수 그리스도의 모델을 발견했습니다. 나는 그분이 매우 효과적인 모델이 되는 것을 발견했습니다. 그 모델은 내가 쉽게 따라 할 수 있고, 쉽게 관계를 가질 수 있다고 생각했습니다. 어떤 사람들은 내가 예수님을 모델로 했다고 해서 화를 냅니다. 그러나 나는 그분이 그것을 위해서 오셨다고 생각합니다. 그것이 바로 오늘날 세상에서 역사하시는 그분의 사역의 본질입니다. 그분은 우리가 그분을 믿게 하기 위해서 오셨습니다. 성경 말씀이 그렇게 말합니다. 만일 여러분이 이것을 지지하는 것을 여러 서신의 본문을 주의 깊게 보시면 계속해서 예수님을 본(모델)으로 삼고 그분의 삶을 따라 살라고 권고합니다. 바울은 "내가 주를 본받았으니, 너희가 주와 같이 되기 원하면, 나를 본받으라."라는 의미로 말합니다. 그래서 바울이 첫 사도들 후에 사도가 되었기 때문에, 그 후 2세, 3세대를 보게 됩니다. 바울은 말합니다. "내가 주님을 본받는 자가 되었으니, 너희는 나를 본받으라." 그리고 "내가 그분과 닮았으므로, 너희도 그분을 닮을 수 있다."라는 내용의 말을 합니다. 그렇다면 하나님께서는 우리가 그 패턴을 따르기를 원하십니다. 이는 예수님의 모델을 따르는 것이고, 또한 그분의 가르침을 따르는 것입니다.

2) 성령의 능력으로 누구나 사역해야 한다 - 전도의 은사

그래서 우리는 모든 종류의 사역에 참여해야 합니다. 우리는 병든 사람도 고쳐야 하고, 귀신을 내어쫓으며, 불쌍한 사람들을 돕고, 배고픈 사람들을 먹이며, 과부와 고아와 이혼한 사람들을 돌봐야 합니다. 우리는 그리스도의 몸(교회) 안에서 양육이 필요한 사람들을 키우며 양육해야 합니다. 상담이 필요한 사람들을 섬기며 상담해 주어야 합니다. 잃은 자를 찾아 구원하고, 전도 현장에서 사역하고, 공동사회 안에 특별히 돌봄이 필요한 사람들을 돌봐야 합니다. 또한 하나님 앞에서 우리가 마땅히 행해야 할 역할이요, 의무요, 책임으로 이 모든 일을 해야 합니다. 그렇게 사역하는 중에, 때때로 성령의 축복과 나타남의 역사가 일어나는 것을 기대하고, 그런 역사가 우리 사역 중에 일어나 추수하는 일이 생길 것입니다. 우리가 그들의 영혼에 대해서 그들과 이야기할 때 – 예수님께서 특별한 통찰력을 여러분에게 주시면, 전도의 일을 효과적으로 할 수 있습니다. 나는 그것을 "전도의 은사"라고 부릅니다. 여러분이 병든 자를 위해서 사역할 때, 예수께서 여러분에게 기름부음으로 역사하시면, 초자연적인 능력으로 사역할 수 있을 것입니다. 상담 중에도 예수님은 여러분에게 지혜와 지혜의 말씀을 주십니다. 가르치는 중에 예수님은 여러분에게 가르침의 은사를 주셔서, 공부한 결과에 따라 사역하는 것과 그냥 누구나 읽고 쓰고 조금 생각해서 말씀을 이해하고 종합하는 것과는 다른 차원의 실질적인 가르침이 되게 할 것입니다. 그런 교육적 맥락에서 가르칠 때, 기름부음의 역사가 나타나면, 주일학교와 가정 성경공부모임에서 가르치거나, 혹은 정기적으로 설교하는 사람은 때로 갑자기 여러분이 여러분 자신의 가르침을 듣는 청중이 되는 자신을 발견합니다. 그런 기름부음 아래서, 여러분은 홀연히 여러분 자신을 듣고 말합니다. "음, 내가 잘 가르치는데, 정말 잘 가르치네. 펜이 있으면 적어놓으면 좋겠네." 사실 그것은 하나님의 성령이 여러분 안에서, 여러분을 통해 역사하신 것입니다. 그래서 여러분 모두가 때로 그와 같은 역사를 경험합니다. 여러분이 증거하면서 그것(성령께서 주신 말씀)을 말했습니다. 여러분이 사람들에게 말할 때 갑자기 듣는 사람의 마음을 쪼개는 한 마디 말을 하게 되는데, 그때 그 사람이 듣고 말합니다. "아! 당신이 그 말을 어떻게 알았습니까? 그 말씀이 나에게 필요한 말씀인 줄 어떻게 알았습니까?" 여러분은 몰랐습니다. 그러나 하나님의 성령이 마땅한 때에 그 말씀을, 작은 조각, 작은 깨달음을 여러분을 통해 전하게 해서 여러분의 말을 듣는 사람의 삶에 이런 놀라운 효과를 낳는 것입니다. 여러분 모두가 그런 경험을 하셨습니다. 여러분 모두가 성령의 기름부음을 체험하셨습니다. 그분은 여러분이 거듭났을 때 여러분에게 오셨으므로, 여러분 위에 계십니다. 하나님의 성령이 없이는 여러분들이 거듭날 수 없습니다. 하나님의 성령은 위로부터 거듭남을 체험하게 하는 분이며, 소생케 하시며, 밝게 하시며, 하나님의 것을 우리에게 주입시켜 주시는 분이십니다. 이 모든 역사는 예수 그리스도 안에서 새로운 피조물이 되는 놀라운 다이내믹을 기술하기 위해 신약성서에서 사용된 것과 같은 개념입니다. 여러분이 성령의 역사가 없으면, 그런 것을 할 수 없습니다. 성령의 역사가 없으면, 그런 것이 일어날 수 없습니다. 여러분 안에서 역사하시는 같은 성령이 여러분을 계속 인도하실 것입니다. 더 많은 능력과 더 많은 축복과 더 많은 경험을 주실 것입니다. 만일 여러분이 그런 역사를 간구하면, 더욱 새로워지는 것을 경험할 것이고, 여러분의 삶에서 초자연적인 성령의 다이내믹이 시작될 것입니다. 한순간의 결혼식이 전체의 결혼생활이 아니고, 한 번 거듭났다고 그 후 모든 삶이 확신이 되지 않는 것처럼 회심의 과정은 계속됩니다. 나는 오늘 지난주보다 더 회심되었습니다. 내가 그리스도 안에서 성장하면서 매일 매주 거듭납니다. 내가 그리스도에 대해서 새로운 것을 더욱 깨닫고, 그분과 동행하면서, 그분과 대화하면서, 그분께 듣는 것을 배워가면서, 전진하며 더욱 순종하는 것을 습득하면서, 내 삶은 그분의 임재로 인해 더욱 정화됩니다. 속죄는 매일 내 삶 속에 역사해서 변화된 삶의 결과를 보고, 이 변화된 자아가 계속 변화되고 변화되어, 믿음에서 믿음에 이르게 합니다.

3) 사도들 – 성령의 능력으로 역사했다

바로 이렇게 성령의 능력으로 변화되고 믿음을 갖게 되는 것이 크리스천 성장의 다이내믹이고, 크리스천 삶의 다이내믹입니다. 이것이 우리 모든 사람의 규범이 되어야 합니다. 그런 맥락에선 성령께선 기름부음을 주시고, 축복을 주십니다. 그때 성령께서 그분의 은사를 주시며 역사하십니다. 그러면 종으로서 순종하는 과정에 은사가 주어지며, 때때로 믿는 사람들이 초자연적인 은사를 가지고 성령의 기름부음 아래 사역해서, 자연적으로 할 수 있는 그 이상의 일들이 나타나기도 합니다. 이런 축복과 기름부음과 은사로 역사하는 현상은 성령께서 우리와 함께 임재하시며 활동하시는 것을 나타내시는 것입니다. 여러분이 냉수 한 컵으로 남을 섬길 때에도 주께서 여러분이 필요한 기름부음을 주시고 축복을 가져오는 말이나 행동을 하게 하십니다. 사도들도 주 예수 그리스도의 파송을 받고 모두 성령의 능력으로 역사했습니다. 그들은 오순절을 경험한 후 그들이 나가서 증거하며 역사할 때, 그들에게 늘 기름부음의 역사가 임했습니다. 오늘날 교회는 먼저 성령의 능력과 기름부음을 받은 후 나가서 증거하려고 하지 않고, 그냥 편하게 입으로 말씀만 전하고 능력 사역을 실천하려고 하지 않습니다.

4) 계속 사역할 때 능력이 나타난다

내가 컨퍼런스를 인도할 때마다 최소한 10여 명의 사람들이 나에게 와서 말합니다. "내가 성령의 능력을 받을 수 있도록 나에게 기도해주시겠습니까?" 그러면 내가 말합니다. "그러지요. 내가 당신을 위해서 기도하겠습니다. 그러면 당신이 능력을 받을 것입니다. 그러나 당신이 사용을 안 하면 능력이 없어질 것입니다. 왜냐하면 그 능력이 계속 당신 안에 거하질 않기 때문입니다." 여러분, 능력을 한 번 받고 사역을 안 하면 무슨 소용이 있습니까? 그것보다 성령의 능력은 순종하며 하나님께서 분부하신 일을 계속 감당하고 행하는 과정에서 임하고 역사하는 것입니다. 기름부음의 역사는 여러분이 사역을 통하여 역사할 때 임합니다.

여러 해 전에 텍사스 주, 휴스턴에 간 적이 있습니다. 컨퍼런스 시작 하루 전에 도착하게 되었습니다. 내 친구가 나를 데리고 그곳에 있는 나사(NASA)를 구경시켜 주었습니다. 거대한 로켓이 장착된 그 주위를 둘러보고 있을 때, 한 무리의 여행 그룹이 그곳에 와서 구경하였고, 가이드는 그들에게 로켓 발사에 대해서 설명하고 있었습니다. 그가 말하는 것을 들었는데, 로켓이 발사해서 일정한 고도로 진입하기 전에는 진로 설정을 위한 추가 조치가 작동하지 않는다고 말했습니다. 그래서 좀 어리석지만 내가 질문을 했습니다. "왜 그렇습니까?" "당신 참 바보 같군요."하는 표정으로 나를 쳐다보며 대답했습니다. "당신이 발사대에 앉아있을 때는, 가이던스(진로 설정 추진 장치)가 필요 없습니다." 나는 그 말을 결코 잊을 수가 없습니다. 여러분, 여러분이 발사대에 앉아있을 때는 가이던스가 필요 없습니다. 일단 여러분이 발사대를 떠날 때 가이던스를 받게 될 것입니다. 여러분이 발사대를 떠날 때 기름부음의 역사가 임할 것입니다. 여러분이 발사대를 떠날 때 능력을 받게 될 것입니다. 발사대를 떠나기 위하여 간절히 능력을 간구할 때 그때 그 능력을 받을 것입니다. 이해하시죠?

5. 불쌍히 여기는 마음(compassion)

"그 후에 예수께서 나인이란 성으로 가실새 제자와 많은 무리가 동행하더니 성문에 가까이 이르실 때에 사람들이 한 죽은 자를 메고 나오니 이는 한 어머니의 독자요 그의 어머니는 과부라 그 성의 많은 사람도 그와 함께 나오거늘 주께서 과부를 보시고 불쌍히 여기사 '울지 말라' 하시고"(눅 7:11-13).

1) 하나님은 여기 계시고 우리를 돌보신다

이제 여러분이 NIV 성경에서 번역된 구절, "그분의 마음이 그녀에게 갔다."(우리말 개혁 성경에는, "불쌍히 여기다")를 잘 이해하시기 바랍니다. 원전에 나오는 어휘와 개념으로부터 직역되어 신약성서에서는 종종 "불쌍히 여기사"(compassion)로 언급되어 있습니다. 우리가 관심을 갖고 말하는 것은 성령에 의해서 주도되는 감동(move)을 말하고 있습니다. 마치 하나님의 성령이 예수님의 심령에 역사해서, "불쌍히 여기는" 마음이 울어난 것입니다. 이제 여러분이 신약성서 전반에 걸쳐, 특히 복음서 기사에서, 예를 들면 예수님이 역사하시는 것을 볼 때마다, 우리는 그분이 불쌍히 여기는 심정으로 역사하시는 것을 보게 됩니다. 특별히 기적을 베푸실 때입니다. 종종 사람들은 나에게 묻습니다. 실제는 내가 성령의 능력, 표적과 기사를 자주 언급하는 것을 조롱하는 모양으로 말합니다. 그들이 계속해서 문제를 제기하며 논쟁하는 것은, "당신이 이것을 너무 강조하시 않습니까?" 하는 것입니다. 나는 무엇을 강조하는 것이 아니라, 성경에 있는 것을 행할 뿐입니다. 그래서 대답합니다. "이런 역사를 너무 무시했기 때문에 내가 강조할 뿐입니다. 만일 그런 사역이 일단 제자리에 오게 되면, 내가 더 이상 그런 역사를 강조할 필요가 없겠지요." 더욱 나가서, 표적과 기적이 일어나게 된 동기가 흔히 크리스천들의 환상을 자극하기 위해 우리가(사교를 돕는) 숨은 재주를 부려서 어떤 종류의 구경거리를 공연하는 것이 아니라는 것을 이해하는 것이 아주 중요합니다. 예수님은 긍휼히 여기는 마음에서 많은 기적을 행하시게 되었습니다.

우리가 지금 이야기하는 것은 하나님의 긍휼하심(동정심)에 대한 것입니다. 세상을 긍휼히 여기시는 하나님의 마음(compassion)이 예수님을 우리에게 보내게 하셨습니다. - 하나님께서 세상을 긍휼히 여기사, 그분의 독생자를 보내셨기 때문입니다. 예수님의 긍휼히 여기는 마음이 그분으로 하여금 일꾼을 추수 밭에 보내셨습니다. 마 9:35 이하의 기사도 그렇습니다. 불쌍히 여기는 마음으로, 예수님은 가망 없는 자들, 불쌍한 자들, 짓밟힌 자들, 희생된 자들, 공동사회를 보시며 그들에게 일꾼을 보내실 때 말씀하셨습니다.

"예수께서 모든 도시와 마을에 두루 다니사 그들의 회당에서 가르치시며 천국 복음을 전파하시며 모든 병과 모든 약한 것을 고치시니라"(마 9:35).

그리고 그다음 페이지, 마태복음 10장에서 그분은 최초로 12제자를 파송하십니다(마 10:1). 우리는 여기서 그분이 당부하신 매우 중요한 사항을 직접 듣게 됩니다. 그분은 불쌍히 여기는 마음 때문에 그렇게 당부하셨습니다. 불쌍히 여기시는 마음으로 예수님은 산상보훈의 말씀을 주셨습니다. 본문을 보시면 곧 그것을 알 수 있습니다. 불쌍히 여기시는 마음이 움직여, 그런 말씀을 주셨습니다. 불쌍히 여기시는 마음이 떡을 많게 하여 먹이셨습니다. 불쌍히 여기시는 마음으로 지금 이 여인에게 사역하십니다. 그녀는 외아들을 잃었습니다. 사람들이 하나님의 자비를 볼 때, 하나님의 불쌍히 여기는 마음을 보고 그 결과가 나타날 때, 그들의 즉각적인 반응은 하나님께 영광을 돌리며 이렇게 말합니다. "하나님께서 그의 백성을 도우시려고 오셨다." 그것을 이해하시죠? 그들의 반응이 "오, 위대한 믿음의 치유자이시네. 오, 놀라운 하나님의 남자와 여자네." "오, 놀라운 팀이네."라고 말하지 않습니다. 항상 한 목소리로 모두 하나님께 영광을 돌렸습니다. 우리가 섬기는 하나님이 얼마나 위대하신가요! 그다음에 우리의 영으로 갑자기 깨닫게 되는 것은, 하나님께서 여기 계셔서, 우리를 돌보신다는 것입니다. 여기 계십니다. 그리고 자신을 드러내십니다. 하나님은 여기 계십니다. 그리고 우리에게 긍휼을 베푸십니다. 그분이 멀리 떨어져 계시지 않습니다. 그분이 다른 곳에 계신 것이 아닙니다. 비록 그분이 다른 곳에서, 다른 사람들에게도 많은 일을 하시지만, 동시에 그분은 여기 우리와 함께 계시고 우리를 돌보십니다. 우리의 호소를 들으시고, 우리의 모든 간구에 응답하십니다. 우리가 그분의 얼굴을 구하면, 그분은 우리에게 오시며 우리 가운데 운행하시며 역사하십니다. 오늘날 영국 교회 안에서 우리가 필요한 것은 그런 계시가 나타나는 것입니다. 하나님이 여기 계시며, 우리를 돌보시며,

우리 가운데 운행하시며, 역사하시는 계시가 나타나길 바랍니다. 바로 그것을 이번 주에 우리가 보기를 원합니다. 이번 주에 그런 하나님의 역사가 나타나기를 여러분이 기도하시기 바랍니다. 하나님이 여기 계시고, 우리를 돌보신다는 그런 역사가 나타나기를 바랍니다. 하나님은 여기 계시고, 우리를 돌보십니다. 하나님께서 오셔서 그의 백성들의 필요를 채워주시기 바랍니다.

6. N/G

1) "내가 너를 불러 사역하게 하였다"

우리는 그들이(고혈압을 지칭) 우리를 죽이기 전까지(조크, 웃음), 실제로 우리를 없애기 전까지 10년 동안은 이런(능력) 사역을 할 수 있겠다고 생각했습니다. 실제로 존은 언제나 자기 생명의 위협을 받았습니다. 한때, 우리가 10년은 이 사역을 할 수 있다고 생각했습니다. 우리가 우리의 사역을 멈추고, 다른 사람들이 이 사역을 계속하도록 하려면, 10년은 더 사역해야 한다고 생각했습니다. 그들에게 우리의 사역을 계속 전수하면서, 우리 시대에 이 사역을 성공적으로 완수하게 되면, 그때 우리의 에너지가 다 소모될 것입니다. 존은 25살부터 고혈압으로 인해 생명의 위협을 받았습니다. 사람들은 그가 27살까지 살지 못할 것이라고 말했습니다. 그는 정말 건강이 나빴습니다. 그러나 우리는 (이 사역을) 멈출 수 없다고 생각했습니다. - 만일 사람들이 이해하지 못하고, 혹 나중에 이해하게 되더라도 - 하나님께서 우리가 가기를 원하는 곳에 갈 때까지 그 일을 계속할 수 있다면, 그때 그들(죽음)이 올 것이라고 생각했습니다. 그래서 우리는 거기까지 가야 했습니다. 우리는 우리가 슈퍼맨이라고 생각하지 않았습니다. 내 말은 우리가 육체적으로 약해서, 집중을 못 하고, 오래 이 사역을 계속적으로 할 수 없게 될 것이라는 것을 알았다는 것입니다. 그것이 문제였습니다. 그런 이유 때문에 누가 우리를 비난해도, "대항해서 싸우지 말고, 너 자신을 변명하지도 말라. 그것은 많은 에너지만 소모할 뿐이다. 내가 이 사역을 위하여 네게 은혜를 베풀어 너를 불러 사역을 행하게 하였다. 그 이상 아무것도 없다."라고 그분이 말씀하신 것입니다.

2) 그분이 역사하실 시간을 드려라

존은 늘 말했습니다. "네 파트너하고만 춤을 춰라"(네게 맡긴 일만 하라는 뜻 - 역자 주). 마이크가 켜져 있나요? 오, 존이 무엇이라고 말했나요(비난자들에게)? 우리가 대응할 수 있는 유일한 방법은 모든 사람들이 고칠 수 있고, 누구나 예언할 수 있고, 누구나 지식의 말씀을 받을 수 있고, 모든 사람들이 귀신을 내쫓을 수 있어서 모든 사람들이 온전한 복음을 전하게 되어 - 강단에 나와서 사역하는 영적으로 미숙한 사람들에게 너무 의존하지 않고도 모두 이런 능력 사역을 할 수 있게 만드는 것이라고 생각했습니다. 그것이 당시 빈야드의 참된 관심이었습니다. 스타도 없었고, 무슨 직함도 없었고, 단순히 크리스천들로서, 우리는 그 일을 했습니다. 그리고 우리가 그분에게 역사하실 기회를 드릴 때, 그분이 역사 하시는 것을 보기 원했습니다. 그분이 마음껏 역사하시도록 우리가 시간을 드리면, 그분이 교회사역을 어떻게 하시겠는가? 하는 것 같이! 만일 우리가 서로에게 지시하기보다, 그분의 지시를 따르면 어떻게 될까? 하는 것 같이 그분의 지시를 따라 목회하였습니다.

3) 워십 리딩의 진수 : "사람들을 하나님의 보좌로 인도한다"

그리고 우리 아들 크리스토퍼가 지금 주님 곁에 가있지만, 그때 빈야드 음악 사역을 운영하며 레코딩 하였습니다. 그는 종종 워십 리더들에게 말했습니다. 내가 이

것을 적어 놓았습니다. 크리스토퍼는 뇌종양으로 사망했습니다. 그 당시 그의 오른쪽 뇌의 언어기능이 있는 곳에 종양이 생겨나 말을 잘 못했는데, 잠시 회복되어서 더 이상 고통당하지 않게 되었습니다. 그때 그가 어느 컨퍼런스 같은 곳에서 워십 리더들에게 말했습니다. "이것이 여러분의 할 일(your job)입니다. 여러분의 소명은 사람들을 하나님의 보좌로 인도하는 것입니다. 그런 다음 그 사람들을 방해하지 말고 떠나세요." 내가 바로 그때 그것을 적어놓았습니다. 사람들은 말했습니다. "아, 그가 지옥을 말했어."(방해하면 지옥 간다고 – 역자 주). 내가 그것을 적어 놓은 이유는, "저 애가 워십 리딩의 진수(에센스)를 알고 있네."라고 생각했기 때문입니다.

4) 존 윔버에게 – "너는 변화의 주도자다"

게리 :

처음에 모든 것이 시작될 때부터 존은 무엇인가를 알고 있었습니다. 풀러 신학교에서 일할 때, 무엇인가 중요한 것을 깨닫게 되었는데, 무엇인가 큰 것이 이루어질 것을 그는 알고 있었습니다. 아마 우리가 요바린다의 마소닉 러지 건물에서 소그룹으로 모이기 전에, 그는 주님께 물었습니다. "내가 무엇을 위해 존재합니까? 나는 어떤 사람입니까?" 그가 자기 자신을 위해서 여쭌 것이 아니고, 영적으로 – "이 모두가 무엇을 위한 것입니까?"라고 생각하며 기도드렸을 것입니다. 빈야드는 다른 교단처럼 큰 교단이 아닙니다. 그런 그의 질문에 주신 응답은, 정확하게 그를 향해서 주께서 응답하신 것으로, 이렇게 말씀하셨습니다. "너는 변화의 주도자(change agent)다. 너는 변화의 주도자다." 맞습니다. 무엇인가 변화가 일어나겠구나 하고 깨닫게 되었습니다. 그런 일이 우리만 변화되는 것이 아니고, 온 세상 교회와 함께 변화되는 것입니다. 그것은 스튜(요리)에 들어가야 할 한 재료(혹은 한 성분)와 같습니다. 그런 의미에서 그는 복 있는 사람으로 죽었다고 생각합니다.

게리 :

바로 그런 일이 일어났습니다. 실제로 그런 일이 일어났지요.

5) 인티머시 찬양의 세계화

캐롤 :

나도 그것을 믿습니다. 내가 애쓰지 않았어도, 수많은 다양한 모습으로 경배 드리는 일이 생겨났습니다. 당시 우리 도시에서는 가난한 사람들을 먹이는 프로그램을 가진 교회가 하나도 없었습니다. 그러나 이제는 많은 교회가 그들에게 음식을 주는 일이 크리스천의 한 사역이 되었습니다. 워십 찬양도 마찬가지입니다. 내가 여러 다른 곳에 다녀왔습니다. 그리고 그들이 인티머시 찬양을 부르고 있는 것을 보았습니다. 지금은 그들이 빈야드 찬송만 부르지 않고, 어디서나 그들이 만든 찬양을 함께 부르고 있었는데, 우리처럼 그들도 주님께(to the Lord) 찬양을 드리고 있었습니다.(참고:본서 P.209~210, 219 밑줄친 부분)

게리 :

그래서 우리가 그것에 대해 화를 낼 수도 있습니다. 아니면 "그렇게 하는 것이 참 잘하는 것입니다."라고 말할 수 있겠지요.

캐롤 :

바로 그것이었습니다. 이것이 소명이었습니다. 이것이 소명이요, 존에게 임한 소명이었습니다. 그리고 그가 잘 감당했습니다. 그도 그것을 알았습니다. 우리가 우리 것을 퍼트리려고 노력하지 않았으나 세계에 다 퍼지게 되었습니다. 그런 의미

에서 존이 매우 기뻐할 것입니다. 그분이 빈야드를 가리켜 "잘 하였도다"라고 말
씀하실 것입니다.

(존 윔버는 세계로 퍼진 컨템포러리 워십 무브먼트의 주도적 역할을 했으며, 1997
년 11월 17일 주님 곁으로 갔습니다.)

헌신의 댓가
The Cost of Commitment

- 성도를 갖추게 하여 제자로 삼는다 -

저 자 ㅣ 존 윔버
옮긴이 ㅣ 조병철 엄정섭

21cmi.com
컨템포러리 목회원 / 하나님나라빌더스

헌신의 댓가

(The Cost of Commitment)

초판 1쇄 발행 2019년 2월 5일
저   자 존 윔버
옮긴이 조병철, 엄정섭
편   집 박은혜
출   판 하나님나라빌더스 / 컨템포러리 목회원
출판등록 2010년 4월 16일
주 소 한국: 서울 송파구 신천 7동 장미아파트 19-906
     미국: 450 S. Grand View St, #1110 Los Angeles, CA 90057
선 화 미국: 001-1-213-380-3398
홈페이지 www.21cmi.com
이 메 일 cbc1419@hanmail.net

ISBN 979-11-950939-6-0

헌신의 댓가

(The Cost of Commitment)

강사 ｜ 존 웜버

번역 ｜ 조병철 엄정섭

21cmi.com

컨템포러리 목회원 / 하나님나라빌더스

1. 서론 : 제자도

여러분 중에 우리가 앞서서 말한 비디오를 보신 분은 "나는 그리스도를 위한 바보입니다"에 대해서 말한 것을 보셨습니다. 나는 그 이후로 바보처럼 살았다고 말했습니다. 나는 하나님의 말씀을 믿었고, 그분을 섬기는데 헌신했습니다. 오늘 내가 이룬 것을 돌아보며, 제자도(discipleship)를 주제로 말씀드리고자 합니다.

나는 늘 마음속에 소중하게 여겨지는 것이 있습니다. 내가 자주 느끼기에는, 교회가 좋은 일에 중점을 두고 행한다는 것입니다. 품성을 개발한다든지, 좋은 교리, 좋은 가르침, 좋은 성경공부 같은 것입니다. 이들은 모두 긍정적입니다. 기도생활을 실천하고, 교회를 열심히 출석하는 그런 좋은 일입니다. 그러나 교회가 대부분이 성도들로 하여금 사역을 하도록 소양(능력)을 갖추어 주지 않고 있는 것입니다 (equip, ...에 필요한 장비, 소양, 도구를 갖추는 것. 우리 성경엔 "성도를 온전케 하며"로 번역되어 있음. 엡4:13. 뜻은 성도에게 필요한 소양, 능력을 갖추어 주는 것을 말함 – 역자 주). 내 말의 뜻은 병든 자를 위해서 기도 사역하고, 배고픈 사람을 먹이고, 귀신을 쫓아내고, 하나님나라를 능력으로 전하는 것을 의미하는데, 이 모든 것은 개인의 증거와 전도에 포함되는 것으로, 이런 일들이 계속되어야 한다는 뜻입니다.

(존 윔버)

오늘 밤 나는 귀신에 대하여 말씀드릴 계획이었습니다. 그러나 주께서 그것보다 제자도에 대해서 말하라고 나에게 말씀하셨습니다. 내가 그날 하루 종일 기도드리면서 특별히 은혜로운 시간을 가졌습니다. 그때 주께서 나에게 계속 반복해서 말씀하신다고 느꼈습니다. 여러분에게 덜 형식적인 분위기에서(less formal) 말하라고 그러시는 것 같았습니다. 그런 이유로 오늘 내가 의자에 앉아서 여러분에게 편안하게 말씀드리는 것입니다. 그래서 강단에 서서 강의하듯이 하지 않고, 비록 중요한 것을 말씀드리지만, 평소 느낀 것을 말씀드리면서, 하나님께서 지금 여기 계셔서, 무엇을 행하시기 원하시는가를 말씀드리겠습니다.

몇 주 전에, 실제로 아마 지금부터 약 2달 전에, 나의 오랜 친구였던 블레인 쿡 (Blaine Cook)이, 한 워크숍에서 가르치다가 나에게 와서 그의 마음속에서 성령께서 말씀하시는 것을 나에게 말해 주었습니다. 성령께서 마태복음 13장에 나오는 "극히 값진 진주"에 대해서 그에게 말씀하셨습니다. 여러분이 그 본문을 아신다면, 그 본문은 단 세 문장으로 되어있습니다. 잠시 후 내가 찾아서 읽겠습니다. 성령께서 그에게 매우 감동적이며 깊은 의미로 말씀하셨지만, 그 말씀을 듣는 순간에 그 말씀의 의미를 정확히 알 수 없었습니다. 때로 주께서 여러분에게 말씀하시면, 여러분은 쉽게 그 내용을 다른 사람들에게 전하지 못하는 경우가 있습니다. 비록 하나님께서 그를 부르시고, 그에게 강하게 역사하신다는 것을 느끼면서도 그 순간 그는 하나님께서 무슨 의미로 말씀하시는지 분명히 이해하지 못했습니다.

그러나 주께서 그에게 말씀하시고, 그가 나에게 이야기할 때, 주께서 나에게 말씀하셨습니다. 그때 나는 다른 때에도 여러 번 가졌던 깊은 느낌이 떠오르며 생각했습니다. "오, 노, 다시 그 생각이 떠오르네. 이제 모든 것을 이해하겠다." 내가 이렇게 생각하게 된 것은, 거의 지난 24년 동안 크리스천으로 살아오면서 나는 최소한 4번의 커다란 변화가 나의 삶에 있었습니다.
1. 전문 음악가로 살다

첫 번째는 주께서 나로 하여금 전문적인 음악가가 되게 하셨습니다. 로큰롤 음악가로 나는 성공하고 있었습니다. 그러나 내가 회심했을 때, 주께서 즉시 나를 음악 비즈니스에서 완전히 손을 떼게 하셨습니다. 그분은 말씀하셨습니다. "나는 네가 더 이상 음악을 연주하는 것을 원하지 않는다." 나는 어찌할 바를 몰랐습니다. 나는 신발 끈도 맬 줄 몰랐습니다. 나는 악기를 연주하는 일 외에는 아무것도 할 줄 몰랐습니다(존 윔버는 악기를 22가지나 연주할 줄 압니다. 그는 어려서부터 악기를 갖고 놀았습니다. – 역자 주). 이 말은 내가 일생 동안 한 일은 악기를 연주하는 일이 전부였다는 말입니다. 나는 갑자기 4명의 자녀를 데리고 생활비를 마련할 길 없는 처지에 놓였습니다. 무엇을 어떻게 해야 할지 감이 잡히지 않았습니다. 나는 일생 동안 알람 소리를 듣고 일어난 적이 없습니다. 아침 일찍 출근하러 일어난 적도 없습니다. 새벽에 집으로 퇴근하는 것을 제외하고. 갑자기 현실적으로 사람들이 사는 현실세계로 던져졌습니다. 그래서 나에게 있어서 회심은 성경의 진리를 받아들이는 것만이 아니라, 완전히 삶의 방향을 바꾼 사건이 된 것입니다. 어떤 의미에서 매우 화려하고 매력적인 세계를 떠나 – 비록 내가 음악가로서 최고로 성공한 화려한 경력의 사람이라고 생각하지 않았지만 – 나는 늘 뒤에서 조직하고 연출하며 작곡, 작사했던 한 음악가로서, 다른 사람들이 퇴근할 때 나는 밤늦게까지 일을 했던 사람이었습니다. 그리고 나에게 화려한 세계는 아니었으나, 그럼에도 화려하게 성공할 가능성을 갖고 있었습니다. 또한 엄청난 돈도 벌고, 권세도 누릴 가능성을 갖고 있었습니다. 모든 것이 순조롭게 진행되어 화려한 성공의 열매를 맺을 순간이 나에게 다가왔습니다.

그 당시 나는 "의로운 형제들"(The Righteous Brothers)이라고 부르는 악단을 가지고 있었습니다. 그리고 미국 내에서 그들은 크게 히트(성공) 했습니다. 또한 그들은 몇 개의 음악 레코드를 출시했습니다. 그 역시 미국에서 크게 히트했습니다. 내가 회심한 후, 실제로 바로 몇 주 전에 비틀즈(The Beatles, 영국의 음악 그룹, 1960년대 후반에 미국에 건너와 크게 히트하였다 – 역자 주)가 미국에 와서, 첫 순회공연을 가졌습니다. "라이처스 브라더스"도 그들과 함께 미국 내 순회공연을 했습니다. 우리는 그들의 미국에서의 첫 공연을 정말 좋아했습니다. 그것이 내가 참여한 마지막 일이었습니다. 그리고 나는 그들의 순회공연에 동행하지 않았습니다. 나도 그 순회공연에 함께 참여해야 되었지만 내가 회심한 이후로, 하나님께서 "아니다. 가지 말라."라고 말씀하시는 것같이 느꼈습니다. 그래서 우리 팀들은 그들과 함께 순회공연을 계속했으나, 나는 집에 머물러 있었습니다. 그리고 8~10주가 지나 나는 음악 일을 그만두었습니다.

2. 공장에서 용접공/기름통 청소부의 일을 하다

어떤 사람이 나에게 와서 물었습니다. "당신 용접공 보조자로 일하시겠습니까?" 나는 말했습니다. "무슨 일을 하는 건데요?" 그는 말했습니다. "좀 더러운 일이야. 그러나 일을 하면 그들이 임금을 지불 할거야." 그래서 나는 공장에서 일하기 위해 갔습니다. 나는 전에 결코 공장에 가본 적이 없었습니다. 나는 공장을 좋아하지 않았습니다. 나는 아침에 일찍 일어나는 것도 좋아하지 않았고, 일하러 가는 것도 좋아하지 않았습니다. 나는 시간에 맞춰 출근해서 출근부에 도장을 찍는 것도 좋아하지 않았고, 퇴근 때 도장을 찍는 것도 좋아하지 않았습니다. 무엇보다도 – 그런 일은 나의 품위를 떨어트리는 일이라고 생각했습니다. 나는 사람들이 고통스러운 일을 하며 살아가는 것을 몰랐습니다. 그때까지 나도 살아왔지만, 나는 나의(음악적) 재능을 가지고 언제나 살아왔습니다. 그러나 이제 나는 매우 어려운 일을 하며 생활비를 벌며 살게 되었습니다.

그러나 이런 일들이 나에겐 매우 유익한 일이 되었습니다. 그것은 하나님께서 나를 위해 예비하신 것이었습니다. 분명히 그분은 나의 성격과 인간성을 완전히 겸손하게 만드실 생각을 하셨습니다. 그 일을 시작한 지 6개월쯤 지나 한참 일할 때, 나는 내가 공구를 다루는 일에 소질이 없는 것을 알았습니다. 나는 유능한 음악가였으나, 기계로 무엇을 고치는 일을 알지 못했습니다. 용접공 보조자로 일할 때, 종종 그들은 말했습니다. "이런 것, 저런 것을 가져와요." 나는 그들이 무엇을 말하는지 감을 잡을 수 없었습니다. 그래서 나는 그런 어색하고 더러운 일을 하지 못하게 되었습니다. 그런 후, 그들이 나를 공장 뒷마당으로 불러내고 큰 오일 드럼통들의 밑바닥을 문질러 닦게 하였습니다. 그래서 나는 그 일을 했습니다. 그 이전 해에는 나는 미국 톱 10에 드는 히트 음반을 두 개나 갖고 있었습니다. 공장에서 일을 하고 있는 바로 그때 오랫동안 파트너로 함께 뮤직 비즈니스를 하던 한 친구가 차를 타고 공장에 왔습니다. 우리는 그 음악회사와 상호 계약을 맺고 있었습니다. 나는 여전히 계약 당사자로 있었으나, 서류에 사인을 하지 않아, 그가 그 서류를 갖고 나를 찾아온 것입니다. 그리고 큰 드럼통 안에서 일하고 있는 나를 위에서 아래로 내려다보았습니다. 그는 그쪽에서 나를 알아보지 못했습니다. 그는 그의 큰 새 차를 몰고 위로 올라가서 빵 하고 경직 소리를 울렸습니다. 나는 그가 누구인 줄 몰랐고, 그 드럼통에서 그렇게 빨리 나올 수 없었습니다. 내가 드럼통 안에, 바닥에 있었기 때문이었습니다. 나는 그의 목소리를 듣고, "오, 노(오, 아니야)"라고 생각했습니다. 그의 첫마디 말은 "존 웜버의 사무실이 어디 있습니까?"하는 것이었습니다.

나는 바로 그 순간 거기서 죽을 것 같았습니다. 나는 그 드럼통 밖으로 나오고 싶지 않았습니다. 그러나 마침내 마음을 굳게 먹고 통에서 나왔습니다. 내 얼굴과 손에는 온통 기름투성이였습니다. 그는 나를 보더니 말했습니다. "도대체 당신 여기서 무얼 하고 있나?" 나는 말했습니다. "생활비를 벌려고 일하고 있지." 그러자 그가 말했습니다. "당신이 왜 여기 있는가?" 나는 왜 내가 거기서 일하고 있는지를 말해야겠지만, 아무 말도 할 수 없었습니다. 내가 왜 거기 있었는지 잘 몰랐습니다. 그러나 무심결에 말했습니다. "하나님이 나에게 이 일을 주셨어." 나는 그의 얼굴에서 못마땅한 표정을 보았습니다. 그러나 하나님께서 절대로 그에겐 그렇게 하지 않으실 것이라고 확신했습니다. 마침내 나는 그 서류에 사인을 했고, 서류는 온통 기름으로 더럽혀졌습니다. 그리고 그는 떠났습니다.

그 후 몇 개월 동안 하나님께선 나를 높이시는 쪽으로 다루기 시작하셨습니다. 나는 지금 그것이 하나님의 섭리였다고 믿습니다. 나는 특별한 직책을 맡게 되었습니다. 우선 나는 거기서 일하는 사람들을 사랑했습니다. 그리고 1년에 걸쳐 몇 번 승진을 했습니다. 급료가 오르지는 않았습니다만, 새로운 직책, 새로운 일들을 맡게 되었습니다. 1년이 지난 후 하나님께서는 나로 하여금 "연옥"에서 나오게 하셨습니다. 나는 계속해서 다른 일을 했습니다. 그 기간을 지나면서, 주께서 나에게 근본적인 것을 가르치셨습니다. 언젠가 누가 나에게 물었습니다. "왜 하나님께서 당신을 그렇게 힘들게 다루셨나요? 왜 주께서 연봉 10만 불의 직업을 버리고 연봉 7,000불의 직업을 갖게 하셨나요?"(1960년대의 연봉, 2017년 연봉으로는 약 15~20배 정도 됨 – 역자 주) 그러면 내가 말합니다. "그렇지요. 그것은 그분이 선택하신 것입니다." 그분은 나에게 그렇게 하시는 것에 대해 어떤 의논도 없으셨습니다. 내 의견을 묻지도 않으셨습니다. 그냥 그분이 그렇게 하셨습니다. 왜 그분이 당신으로 하여금 그런 일을 겪게 하셨나요? 나는 대답합니다. 왜 그렇게 하셨는지 나는 모릅니다. 그러나 그런 일을 겪으면서 별도의 유익인 부산물을 얻었습니다. 그 별도의 유익은 – 내가 겸손해졌습니다. 나는 이제 다른 사람이 되었습니다. 나는 전에 다소 자만에 찬 사람이었다고 생각합니다. 나 자신을 확신하며 큰 소리나 치는 사람이었습니다. 그러나 나는 1년 넘게 그 공장을 매주 오가면서, 그 전과는 다른 사람이 되었습니다.

3. 겸손과 순종의 사람이 되다

그렇다고, 공장에서 일하는 것이 누추한 일이라는 것이 아닙니다. 그런 일에 잘
적응하는, 맞는 사람들에겐 매우 훌륭한 일입니다. 그러나 내게는 참으로 힘든 경
험이었습니다. 왜냐하면 그런 일이 내게는 적성에 맞지 않았기 때문이었습니다.
그러나 그 해에 하나님께서 나에게 매우 중요한 일을 가르쳐 주셨습니다. 그 첫해
를 한마디로 말하자면, 순종이었습니다. 그분이 언제나 나에게 그 교훈을 가르치
시기를 멈춘 적이 없습니다. 24년이 지난 지금, 돌이켜 보면, 그분은 나에게 하나
의 새로운 기본 가치로 나를 새롭게 하셨는데 그것은 순종이었습니다. 제자가 1년
에 만들어지거나, 한 사건으로 만들어지거나, 혹은 한 번의 이해로, 혹은 일생 동
안에 걸쳐 만들어지는지 모르겠지만, 분명한 것은 제자는 주 예수 그리스도에게
마음과 뜻을 모두 드리는 삶을 통해 만들어진다고 믿습니다.

그래서 24년 전에 나는 나의 친구, 음악그룹에서 드럼을 치던 딕(Dick)의 거실 바
닥에서 무릎을 꿇고 기도드렸습니다. "오, 하나님. 주님과 관계를 갖기 원합니다.
그것이 내가 마지막으로 할 수 있는 분명한 기도 말이었고, 그다음 약 한 시간 동
안은 엉엉 울면서 죄인의 기도를 드렸습니다. 무슨 말로 어떻게 기도드렸는지 알
수 없지만, 눈물, 콧물을 흘리며, 흐느껴 울면서 기도드렸습니다. 마치 "나 자신을
완전히 바보로 만들고 있다"라고 생각했습니다. 만일 이렇게 해서도 안 되면, 죽
을 것 같았습니다. 왜냐하면 나 자신을 완전히 바보로 만들고 있었기 때문입니다.
바로 그 순간, 주께서 몇 년 전의 일을 생각나게 하셨습니다.

4. 도시공원에서 한 지도자를 보게 되다
– 나는 그리스도를 위한 바보다

여러 해 전에 나는 로스앤젤레스 다운타운의 한 작은 공원에 간 적이 있습니다. 하이드 공원(Hyde Park)처럼 크진 않았으나 잘 알려진 공원으로 ─ 공원이라기보다 한 블록을 차지하는 도심지 공원인데 ─ 비가 뿌리는 날 그곳에 가서 마약을 파는 친구를 기다리고 있었습니다. 그는 늘 현금을 갖고 있어서 내가 궁색해서 그에게 돈을 꾸려고 기다리며 서 있었습니다. 그때 한 사람이 비를 맞으며 걸어왔는데, 그의 앞에 뒤에 글씨가 써진 판을 메고 있었습니다. 손으로 휘갈겨 쓴 판을 메고 걸어 다녔는데, 앞에는 "나는 그리스도를 위한 바보입니다."(I'm a Fool for Christ)라고 썼고, 뒤에 멘 판에는 "당신은 누구를 위한 바보입니까?"(Whose Fool are You?)라고 썼었습니다. 그가 내 앞을 지나갈 때, 나는 "별난 광신자"(fanatic weirdo)로군...이라며 생각했던 것을 기억합니다.

5. 나도 그리스도를 위해서 바보가 되자

그러나 그런 일이 있은 지 12~13년 후에, 나는 친구의 거실에서 그날 밤 그리스도에게 돌아왔습니다. 거기서 무릎을 꿇고 기도했습니다. 기도드리려고 노력했으나, 기도드릴 수 없이 울기만 했습니다. 죄책감으로 울었습니다. 성령께서 여러 해 전에 공원에서 본 그 사람을 다시 생각나게 하셨습니다. 그때 나는 생각했습니다. "바로, 그거야. 그거지. 그게 핵심이야. 나도 그리스도를 위해 바보가 돼야지."(That's it. That's it. That's the essence of it. I'm going to be a Fool for Christ). 그 후로 나는 세상의 기준으로 볼 때, 수많은 바보 같은 결정을 내리며 살았습니다. 내 친구들 중에 어느 누구도 나의 이런 것을 이해하지 못했습니다. 친구 중의 단 한 명도 내가 왜 음악 비즈니스를 떠나 그 공장에 가서 일을 했는지 이해하는 사람이 없었습니다. 그러나 내가 공장에 간 단 하나의 이유는 한 가지 사실만 빼고는 좋은 이유가 되지 못하는데, 그것은, 하나님께서 내가 그곳에 가는 것을 원하셨기 때문이었습니다. 그리고 나는 이 일이 너무 잘 된 것이라서, 잘못될 수 없다고 판단했고, 그것은 내가 만난 최고의 일이라고 생각했습니다. 사람들을 원하거나 그들의 인정을 받기보다, 나는 그분을 원했고, 그분의 인정을 받고 싶었습니다. 그 당시 내가 처음으로 회심 체험을 하고, 그분과의 관계를 갖게 된 것은, 내가 바라거나 경험하기 원했던 어떤 것보다도 더욱 가치 있는 것이었습니다.

6. 감추인 보화/극히 값진 진주
– 하나님나라와 우리

마 13:44-46에는 두 가지 이야기가 나옵니다. 감추인 보화와 진주에 대한 기사입니다. 히브리인들의 생각에는 사실상 이 두 기사가 평형이 되는 본문입니다. 즉, 두 개의 이야기가 연속적으로 언급되며 하나의 이해를 주려고 하는 것입니다. 내가 NIV 성경에서 읽겠습니다.

> "천국은 마치 밭에 감추인 보화와 같으니 사람이 이를 발견한 후 숨겨 두고 기뻐하며 돌아가서 자기의 소유를 다 팔아 그 밭을 사느니라 또 천국은 마치 좋은 진주를 구하는 장사와 같으니 극히 값진 진주 하나를 발견하매 가서 자기의 소유를 다 팔아 그 진주를 사느니라"(마 13:44-46).

여기서 45-46절은 44절을 추가로 설명하는 것 같습니다. 우리가 말씀드리는 이 가르침의 주제는 하나님의 나라, 하늘나라(The Kingdom of God, the Kingdom of Heaven)에 대한 이해입니다. 위의 두 말은 오늘날 이 땅에서 같은 의미를 갖는 내용입니다(마태복음에선 "하나님의 나라"를 종종 "하늘의 나라"로 표현합니다 –

역자 주). 우리가 출판한 다른 곳에서 언급한 것처럼, 신약성서에서 "kingdom"(하나님나라 혹은 나라)은 희랍어의 "바실레이아"(basileia)로, 구약성서에 나오는 히브리어 "말쿠트"(malkut)를 번역한 말입니다. 그러나 이 두 언어의 개념은 동일합니다. 그것의 뜻은, "이 땅에서 하나님의 통치권"(the right of God's rule on earth)을 의미합니다. 이는 교회에 대해서 말하는 것도 아니고, 왕국 자체에 대해서 말하는 것도 아닙니다. 또한 미래의 하늘에 대해서만 말하는 것도 아닙니다. 이 땅의 하나님의 주권적 통치에 대해서 말하는 것입니다.

그래서 예수님께서 이 말씀을 하실 때 듣는 자들에게 하늘의 나라 – 즉, 하나님의 통치권이 밭에 감추인 "보화", "지극히 값진 진주"라는 이미지로 말씀하시는 것입니다. 그리고 밭에 감추인 보화는 그것을 처음 발견한 사람에게 너무 값진 것이라서, 그는 그것을 다시 밭에 숨겨두고, 집에 돌아가서 자기 소유를 다 팔아 그 밭을 산 것입니다. 밭에 감추인 그 보화를 소유하기 원했기 때문입니다. 이해하시죠?

내가 이 말씀을 이해하는 방법은, 하나님께서 아담에게 사명과 책임을 주셨으나, 근본적으로 그가 그것을 망쳐 버렸습니다. 그 결과 아버지께서 아담의 잘못을 시정하시려고 예수 그리스도를 보내셨습니다. 첫 아담은 죄를 범하므로 일을 그릇되게 했으나, 두 번째 아담이신 예수님은 오셔서 의로운 삶을 사심으로 그것을 정정하셨습니다. 아담의 죄로 인한 타락의 결과로 원수 사탄이 세상 사람들에게 접근하게 되었습니다. 한 사람의 죄의 결과로 – 죄가 세상에 들어왔고, 그 결과 사망이 들어왔습니다. 예수 그리스도께서 오셔서, 참 인간으로 의롭고 완전한 삶을 사시므로, 오늘날 이 땅 위에 하나님나라의 권세를 재 확립하셨습니다. 그래서 아담도 변화시킬 수 없고, 율법으로도 변경시킬 수 없는 것을 예수님께서 변경시키셨습니다. 의롭고 완전한 삶을 사시고, 모든 영적 상황을 다시 새롭게 만드셨습니다. 그 점으로부터, 우리는 첫 아담 안에서 태어났으나, 두 번째 아담 안에서 다시 태어나는 기회의 가능성을 갖게 되었습니다. 우리는 첫 아담의 후손으로 태어 났으나, 우리가 일생 살아가면서 다시 태어나 두 번째 아담의 후손이 되는 기회를 갖고 있습니다. 성경의 언어로는 마지막 아담이 적절한 표현입니다.

예수 그리스도는 그렇게 오셔서 세상의 모든 죗값을 치르셨습니다. 그분에게 오 는 모든 사람들을 – 택함 받은 사람들을 구하셨습니다. 택함 받은 사람들을 구원 하시기 위하여, 그는 일찍이 살았던 모든 사람들의 죗값을 치르셨습니다. 그분은 그 밭을 산 사람과 똑같습니다. 보화를 소유하려고 밭을 사셨습니다. 예수님은 모 든 사람들의 죗값을 지불하셨습니다. 우리는 그분의 보화입니다. 그분의 기쁨입니 다. 그분이 추구한 것은 여러분과 나입니다. 그분이 우리와 관계를 가지려고 모 두 지불하셨습니다.

이 비유의 둘째 부분에 나오는 "지극히 값진 진주"는 상업적 견해를 담고 있습니 다. 우선, 그 진주가 지극히 값진 것으로, 한 평범한 개인이 소유를 다 팔아 그 진 주를 살 만큼 값진 것이었습니다. 그 진주를 산 사람은, 단순 구매자가 아니라, 진 주 장사였습니다. 여기서 이해하실 것은, 진주 장사가 진주를 사는 것과 여러분 과 내가 진주를 사는 것과는 다릅니다. 우선, 진주 장사는 언제나 진주를 보는 사 람입니다. 항상 진주를 바라보는, 진주에 대한 안목을 가진 사람들입니다. 그들은 진주에 대해서 그들이 우리에게 가르쳐주어도 우리가 볼 수 없는 것을 보는 사람 들입니다.
"저 회색 진주를 보세요. 이것을, 저것을 보세요. 그 모양을 보세요… " 그들은 우 리가 볼 수 없는 것을 볼 수 있습니다. 그래서 그들은 매일 보석을 감식하는데 익 숙합니다. 둘째로, 그들의 모든 삶엔 진주를 찾는 것이 기쁨입니다. 그들은 진주 장사입니다. 그들이 하는 모든 일은 진주를 발견하는데 훈련이 되어있습니다. 그 리고 이 비즈니스맨이 아주 값진 보석을 발견한 것입니다. 그는 기꺼이 자기의 모든 소유를 팔고 그 보석을 손에 넣었습니다. 그 진주가 누구인지 알아맞혀 보십시오. 바로 여러분과 나입니다. 이 기사의 목적은 "우리"입니다. 하나님의 나라는 밭과 진주 장사와 같습니다. 예수님께서 오셔서 그렇게 아름답고 값진 진주를 여러분과 내 안에서 발견하시고, 모든 것을 우리에게 주신 것입니다.

내가 갓 태어난 초신자였던 어느 날 아침 식사 모임에 참석한 적이 있었습니다. 그때 한 사람이 이렇게 말하고 있었습니다. 내가 그 이야기를 회상할 때마다 나는 항상 충격을 받습니다. 5-6명이 식탁에 둘러앉았을 때 한 사람이 다른 사람에게 말했습니다. "하나님께서 나의 부를 더욱 증가시키려 하신다는 생각이 듭니다. 내가 요즈음 큰 비즈니스 거래를 하고 있습니다. 상당한 돈을 벌 것 같습니다. 마침내 그분이 나를 신뢰하시고 큰돈을 주신다고 생각합니다." 그 식탁에 둘러앉은 모든 사람들이 말했습니다. "음, 나도 그것을 좋아하네." 그러나 나는 충격을 받았습니다. 거듭난 지 몇 주 안 되는 나로서는 충격이었기에, 아무 말도 하지 않았습니다. 나는 계속 입을 다물고 있었고, 우리는 서둘러 그 자리를 떠났습니다. 그때 나를 초청한 사람에게 몸을 돌려 물었습니다. "그 사람이 한 말이 무슨 뜻입니까?" 그가 말했습니다. "오, 하나님께서는 아무에게나 돈을 맡기지 않으십니다. 그들이 성숙할 때까지 기다리십니다. 그리고 그분이 그들에게 돈을 주시지요." 나는 말했습니다. "그게 무슨 말입니까? 왜 그분이 돈을 갖고 주시지 않겠습니까? 그분은 이미 예수님을 주셨습니다." 아버지께서 여러분에게 예수님을 주셨는데, 왜 그분이 뒤에 돈을 움켜쥐고 주시지 않겠습니까? 내 말의 뜻은, 아버지께서 이미 그분이 갖고 계신 가장 값진 것을 우리에게 주셨다는 말입니다. 그분은 우리를 얻기 위하여 그분의 모든 것을 정리하셨습니다. 모든 것을 파신 것과 같습니다. 그리고 우리에게 예수님을 주셨습니다.

이미 아버지와 아들의 이름을 주셨습니다. 그분들은 이미 예수님을 보내기로 결정하시면서 모든 것을 내려놓으셨습니다. 그분이 이미 예수님을 우리에게 주신 후에, 왜 그분이 돈, 혹은 재물, 치유나, 혹은 그 무엇을 뒤에 움켜쥐고 주시지 않겠습니까? 그 말을 터무니없는 말입니다. 그 순간 나는 그 말에 동의하지 않았습니다. 그 사람은 그의 말을 가지고 나에게 그 의미를 알려주려고 노력했습니다. 나는 그의 지혜에 동의했지만 지금 나는 내가 옳았다고 생각합니다. 내가 그때 초신자였으나 그의 견해와 달리 더 밝게 사물을 보았습니다. 그는 잘못된 가치관을 갖고 있었습니다. 예수님은 우리가 그분을 원하기 오래전에 우리를 원하셨습니다. 우리가 그분을 생각하기 전에 그분은 우리를 위해 죽으셨습니다. 그분은 항상 우리를 원하셨습니다.

7. 세일즈맨으로 일하며 전도하고, 성경 공부반을 인도하다

내가 회심을 체험한 후 몇 해 동안, 계속해서 뒤돌아보면, 나는 근본적으로 순종을 배우게 되었습니다. 하나님께서 내가 여러 단계를 통과하도록 하셨습니다. 나의 직업에 여러 가지로 변화가 일어났습니다. 언제나 모든 힘든 직업을 새롭게 시작해야 했습니다. 그때 나는 내 안에서 일어나는 중대한 가치를 깨닫지 못했습니다. 그러나 나는 그 속에서 자신을 깨달았습니다. 회심 후 첫 몇 해 동안 내가 했던 모든 일에서 나는 항상 승진되는 일을 했고, 나중에는 일을 매우 잘했습니다. 몇 년이 지난 후, 나는 다시 상당한 수입을 갖게 되었습니다. 한때 나는 세일즈맨으로 일했습니다. 그때 나는 사람들에게 말을 잘하는 자신을 발견하게 되었습니다. 그 당시 그들은 내가 목회를 하리라고는 생각을 못 했습니다. 나는 내 아내와 4명의 자녀들을 위해 생활비를 벌기 위해 노력했을 뿐입니다. 그런 후 문젯거리를 피하면서 나는 사람들과 함께 시간을 보내며, 충분히 편한 시간을 갖고 전도하므로 그들의 영혼을 그리스도에게로 인도할 수 있었습니다. 왜냐하면 처음 몇 해 동안 그런 정열을 가지고 사람들에게 전도했기 때문입니다. 그때는 큰 복을 받아 그 기간에 엄청난 일들이 일어났습니다. 내 말은 하나님께서 참으로 우리에게 좋은 일들을 많이 베풀어주셨다는 말입니다. 나의 아내와 나는 작은 동네에 작은 집을 갖고 있었습니다. 실제로 그 당시 우리 마을엔 12,000명의 주민이 살고 있었습니다. 그러나 지금 우리 카운티엔 400만 명의 사람들이 살고 있습니다. 그리고 인근 지역까지 1,300만 명이 살고 있습니다. 그 당시 우리 마을은 아주 작은 동네였습니다. 당시엔 조용했습니다. 우리는 그곳에 살면서 참 좋은 시간을 가졌습니다. 하나님은 선하셔서 우리에게 아이들이 놀 수 있는 큰 벌판도 주셨습니다. 그들은 그곳에서 뱀도 잡으며 잘 지냈습니다. 아주 좋았습니다. 우리가 그 땅을 소유한 것은 아니지만, 그곳에서 놀을 수 있었습니다. 그리고 하나님께서 우리에게 사람들을 보내주셨습니다. 매주 우리 집이 꽉 차게 보내주셨습니다…

나는 3명과 함께 성경공부를 시작해서 1년 동안 가르쳤습니다. 똑같은 세 사람이 모이는 것이 아니었습니다. 거의 매주 바뀌었습니다. 그래서 나는 매주 그만두었습니다. 내가 그렇게 한 것은 계속할 가치가 없다고 생각했기 때문입니다. 그러나 하나님께서 나에게 다시 역사하셨습니다. 그래서 성경공부를 다시 시작했습니다. 1년 동안 계속했는데, 그 모임이 성장하지 않았습니다. 나는 잘한다고 생각했으나, 나는 모르는 것이 많았습니다. 나는 요한복음 3장을 알고 요 3:16을 외웠습니다. 그리고 계시록 3:20인가? 지금은 잘 모르겠는데, 나는 가끔 그들을 혼동했습니다. 지금도 여전히 그렇지만.

8. 성서대학/신학대학원에 진학하다

내가 가르치는 것이 무엇이든지, 무슨 말을 하든지, 나는 매주 똑같은 것만 반복해서 가르쳤습니다. 만일 사람들이 성경에서 어떤 질문을 물으면, 나는 그에 대한 대답을 몰라서, 엉뚱하게 대답했습니다. 2년이 지난 후, 사람들은 성경 보조 자료와 콘콜던스 등을 갖고 왔습니다. 그렇게 해서 내가 성서를 배웠습니다. 사람들이 나를 바르게 가르쳐주면서. 나는 항상 사물에 민감하지 못해서, 사람들이 나를 바로잡아 주고, 가르쳐 주어서 나는 성서를 배웠습니다. 그리고 매일 성경을 읽었습니다. 마침내 나는 성서대학에 들어갔습니다. 성서대학은 나를 깨트렸습니다. 여러분이 그 상처를 보기 원하십니까? 그 후에 세미나리(seminary, 신학대학원)에 가서 공부했습니다. 그때가 참 좋았습니다. 왜냐하면 하나님만 의지했기 때문입니다. 그분은 우리를 매일 새롭게 하십니다. 우리는 돈도 없고, 많은 것을 갖고 있지 않았으나, 우리는 그분을 갖고 있었습니다. 그분과 관계를 맺고 있었습니다. 다시, 그분은 계속해서 우리에게 순종, 순종, 순종을 가르치셨습니다. 그분은 모든 것 위에 순종을 중요시하셨습니다. 그분은 우리와 관계를 갖기 원하시고, 우리가 그분을 의지하기 원하셨습니다. 우리는 노력하며 이것, 저것을 시작하며 우리 자신을 더욱 의지하는 경향이 있습니다. 그럴 때, 그분은 그것을 송두리째 무너트리고, 다시 우리를 그분에게 데려오십니다.

9. 성경공부에 100명 넘게 모이다

나는 그 당시에 주께서 나를 제자로 만들고 계신다는 것을 몰랐습니다. 나는 좌절과 실패가 제자의 특징이라는 것을 몰랐습니다. 나는 오늘 아침 토미의 강의를 듣기 원했습니다. 당시 옛날에 – 내가 그런 것을 알았어야 했는데 몰랐습니다. 내가 아는 모든 것은 성경공부 가르치던 모임을 끝낼 수도 없고, 계속할 수도 없어, 매일 끝내고, 또 매일 새로 시작했습니다. 계속할 수도, 앞으로 나갈 수도 없었습니다. 나에 대한 하나님의 걱정도 덜어드릴 수 없었습니다. 여러분도 하나님께 걱정을 끼쳐드린 적이 있습니까? 나는 그렇게 할 수 없었습니다. 그러나 하나님께서 계속 나에게 말씀하시며, 나를 이끌어 주셨고, 계속해서 은혜를 베풀어주셨습니다. 마침내 하나님께서 우리 집에 사람들로 가득 차게 보내주셨습니다. 우리 집에서 3년 동안 모인 마지막 저녁에는, 22명의 아이들이 우리 침실마다 가득했고, 100여 명이 넘는 성인들이 그 작은 집에 모였던 것을 기억합니다. 집안 복도나 부엌에 가득 모여 큰소리로 가르쳐야만 했습니다. 놀라운 일이었습니다. 집안이 뜨거웠습니다. 그러나 우리는 걱정하지 않았습니다. 왜냐하면 예수님이 우리와 함께 하셨기 때문입니다. 그분은 우리를 변화시키고 계셨습니다. 그분의 형상으로 만드시며, 변화시키셨습니다. 왜냐하면 우리가 그 진주를 발견했기 때문입니다. 우리는 한 손엔 진주요, 또한 그분은 다른 한 손에 진주입니다. 보세요. 그분에 대한 우리의 반응은 우리가 가진 모든 것을 파는 것입니다. 그분이 가지신 모든 것을 포기하시고 우리를 위해 오셔서 죽으신 것을 우리가 이해한다면, 우리도 우리가 가진 모든 것을 포기하시고 우리를 위해 오셔서 죽으신 것을 우리가 이해한다면, 우리도 우리가 가진 모든 것을 그분을 위해 포기하는 것이 온당합니다. 이 일에 함께 하십시오.

10. 제자들 – 모든 것을 버리고 예수님을 따르다

복음서에서 흥미로운 사실 가운데 하나는, 모든 4복음서 초반부에서 우리는 예수님께서 사람들을 모집하시는 것을 봅니다. 얼마나 간단한 말씀으로 모집하시는가를 눈여겨보셨습니까? "나를 따르라"(Follow me). 분명한 것은, 이런 효과를 낸 것은 그분의 웅변적 능력이거나 인간적 설득 능력도 아니었습니다. 그분의 말씀엔 그 이상의 것이었습니다. 우리가 남자와 여자들이 그들의 삶의 환경에서 모든 것을 버려두고 떠나는 것과 관련해서 생각해 보면, 복음서의 이 기사들은 충분히 설명하고 있지 않다는 생각이 듭니다. 한 예로, 마태는 그의 은행을 떠났습니다. 분명히 그의 편안한 생활에서, 그것을 포기하고 걸어 나왔습니다. 사도들 중에서 4명은 어부였던 그들은 직업을 포기했습니다. 그들은 배와 장비를 그곳에 남겨둔 채 떠났습니다. 이제 매우 의미심장한 것이 이 사람들에게서 일어나서 그들은 그들의 신분과 일상생활과 재산까지 두고 따라나선 것입니다. 진실로 의미심장한 것이 일어나지 않으면, 그렇게 쉽게 떠나지 못한다는 말입니다. 그들에게 의미심장한 일이 일어났는데, 내 생각엔, 그가, 그들이 진주를 발견한 것입니다. 그는 보화를 보았고, 그들도 보화를 발견한 것입니다. 그분도 그 안에 있는 보화를 보셨고, 그들 안에서 보화를 발견하신 것입니다. 그분이 오셨을 때, 그들은 그 보화를 보았고, 그 보화의 일부가 되어야만 했습니다.

제자가 되는 첫 단계에 대한 흥미로운 것 중의 하나는, 어떤 수준에서 제자를 불러 모으는 것으로 시작되는 것입니다. 이것은 우리가 표면상 아는 것보다 좀 더 깊은 의미가 있습니다. 혹자는 이것을 피리 부는 사람이 도시로 와서 피리를 불때, 사람들이 그 멜로디를 듣고 따라가는 것에 비유하거나, 북 치는 사람이 와서 북을 치며 동네를 지나갈 때 사람들이 그 북소리에 맞추어 따라다니며 행진하는 것에 비유합니다. 그런 비유의 모습이 타당한 면도 있으나, 나는 예수님을 떠났던 사람들이 무엇인가 중요한 것을 보았기 때문에 따라갔다고 생각합니다. 그들은 자기들보다 더 큰 것을 보았습니다. 그들이 바라던 것보다 더 위대한 것을, 그들의 계획보다 더 큰 것을, 그들이 전에 경험한 것보다 더 위대한 것을 본 것입니다 – 그들이 예수님을 보고, 예수님이 그들을 보았을 때, 그들은 예수님께 끌렸고, 그분을 사랑하게 되어 즉시 그분께 반응하게 되어, 그들의 모든 관심사를 떠날 수밖에 없었습니다. 그리고 그분을 따랐습니다. 그래서 제자가 되는 첫 단계는 예수님을 보는 것이고, 또한 예수님께 보여 지는 것입니다. 어떤 일이 일어나기 전에, 우리는 예수님을 봐야 합니다. 그리고 예수님께 보여 져야 합니다. 바로 그런 일이 정확하게 제자들에게 일어났습니다. 그래서 그들은 그분과 관계를 갖도록 소집되었습니다.

11. 제자들 – 주님의 사역을 보고 배우며 참여하고, 제자로 만들어지다

그리고 그들이 모집되어 주님과의 관계에 들어간 후, 즉시 그들이 사역을 시작하도록 인도됩니다. 왜냐하면 예수님과 함께 있으므로, 사역을 해야 하기 때문입니다. 주님이 그들에게 이런 팸플릿이나 책자를 주고 가르치신 것이 아닙니다. "여기 보수 규정이 있네."하고 어떤 보수를 책정한 것도 아닙니다. 그냥 단순히 "나를 따라오라"라고 말씀하신 것뿐입니다. 그리고 그들은 그분을 따라갔고, 그분을 따라 사역한 것입니다. 왜냐하면 예수님과 함께 있는 것은 사역의 현장에 있게 되기 때문입니다. 그들이 무엇을 볼 것이라는 생각도 못 했습니다. 그들의 역사나 배경을 보면 그들은 주님을 따르기 위해, 또는 무엇을 보고 배우기 위해서 어떤 준비를 한 것도 아닙니다. 그러니 주님에게서 무엇을 배우러 간 것도 아닙니다. 그들은 분명히 랍비들이나 회당에서 주님이 행하시는 것을 보지 못했습니다. 그들은 예수님을 만난 후, 처음으로 그런 것을 주님에게서 본 것입니다. 여러분이 복음서 초기 기사들을 읽으면, 사람들은 예수님이 행하시는 것을 보고 매우 놀라는 모습을 보게 됩니다. "이 사람이 누구이기에 바람과 풍랑에게 말하여, 그들도 복종하는가?"하고 놀라는 것을 보게 됩니다. 그분은 귀신들에게도 명하여, 복종시키셨습니다! 그분은 권세 있게 가르치셨습니다! 그분은 상한 사지에게도 명하여 바로 펴지게 하셨습니다! 그는 소경에게 명하여 눈이 보이게 하셨습니다! 도대체 이 사람이 누구인가? 그래서 처음 모집되어 예수님을 보고, 예수님에게 보인 후, 그들의 다음 단계는, 사역으로 접어드는 것입니다. 그런 방법으로 제자들은 만들어집니다.

이제 그들이 처음 사역의 단계로 접어들 때는, 오직 주님 한 분만이 사역을 하셨습니다. 복음 기사를 자세히 보면 제자로 모집된 후 상당기간 동안 그들은 주변의 사소한 일을 하기 시작했습니다. 군중들을 통제하는 일 같은 것입니다. 주님은 그들로 하여금 이 일을 조직하고 준비하는 일을 하도록 하셨습니다. 마치 비서의 일을 시켜 기도 받으려는 사람들을 순서 있게 하는 일등이었습니다. 그들은 주님을 잘 보호해야 했습니다. 아무나 나서서 기도 받지 못하게 했습니다. 아마 "예수님, 이러 저러한 사람이 주님을 만나기 원합니다. 그들을 만나시겠습니까?" 혹은 "여기 어린아이들이 주님을 만나기 원합니다. 지금 만나시겠습니까?" 같은 일들을 했습니다. 내가 좋아하는 기사 가운데 하나는 소경 바디메오가 주님을 만나기 원할 때 그들이 제지한 기사입니다. 그는 무턱대고 주님을 만나기 원했고, 축복을 받았습니다. 그러나 마침내 사도들도 예수님과 함께 사역하기 시작했습니다. 소집된 지 몇 주 지나서 주님의 사역을 돕게 되었습니다. 그중 한 사람, 유다는 돈을 관리하는 일을 했습니다. 아마 그가 매일 필요한 음식도 사고, 그들에게 필요한 것을 구매해서 공급했을 것입니다. 오늘 같으면, 호텔 예약 같은 것을 했을 것입니다. 그러나 매일 그들은 주님의 사역을 보면서 놀랐습니다. 그래서 제자로 되는 두 번째 단계의 첫 부분은, 주님의 사역을 보는 것이었습니다. 먼저, 여러분이 주님을 만나고, 그다음에 주님이 어떻게 사역하시는가를 보는 것입니다.

이제, 이 첫 단계의 또 하나의 면이 있는데, 그것은 여러분이 사역에 적극적으로 협력하게 되는 때입니다. 물론 적은 일부터 돕기 시작합니다. 제자들은 처음엔 주님의 겉옷을 들어드리는 일, 혹은 식사한 후 뒤치다꺼리하는 일, 혹은 군중들을 정리하거나 사람들에게 말하는 등 이런 많은 주변의 일들을 했을 것입니다. 그러나 아직 직접 사역의 단계로 접어들진 않았습니다. 아직 병든 자에게 안수하거나,

귀신을 내쫓거나 그런 일을 하지 않았습니다. 그러나 그들이 주님의 제자로 부름을 받아, 예수님을 보며, 또한 예수님께 보인 것으로 시작합니다. 계속해서 그들은 예수님이 사역하시는 것을 보았습니다.

세 번째로 사역에 적극적으로 참여하게 되는 것입니다. 적극적 사역 역시 처음엔 주님의 사역을 주위에서 돕고, 도우면서 배우는 것입니다. 이제 나는 이런 일들을 수년 동안 보아 왔습니다. 그리고 계속해서 오늘도 이런 일이 일어납니다. 우리가 목회를 처음 시작할 때, 우리는 성경공부를 가르쳤습니다. 앞에서도 말한 것처럼, 나는 성경을 많이 몰랐습니다. 그래서 기본적으로 그들은 복음만 들은 것입니다. 나는 그들에게 매주 예수님에 대해서 말했을 뿐입니다. 우리가 성서의 어떤 책을 공부하는 것은 상관이 없이, 다만 예수님에 대해서만 말했습니다. 실제로, 어느 책 몇 페이지에서 공부하는지는 상관이 없고, 오직 우리가 배우는 것은 요한복음 3장이었습니다. 그것이 내가 아는 전부였습니다. 그래서 사람들은 웃었습니다. 그러나 내가 여러분에게 말씀드리고 싶은 것은, 그때 그런 식으로 해서도 수백 명의 사람들이 그리스도에게 돌아왔습니다. 그런 방법으로 수백 명의 사람들을 구원했습니다. 매주 우리는 그렇게만 가르쳤습니다.

한창때는 일주일에 11번의 성경공부를 가르친 것을 기억합니다. 아침에 모이고, 정오에, 오후에, 그리고 저녁에도 우리 카운티의 여러 가정에서 모임을 가졌습니다. 모이는 곳에 따라 어떤 때는 5명, 2명, 3명이 모였고, 어떤 때는 50명 혹은 100명이 모였습니다. 단순히 예수님에 대해서 전했을 뿐입니다. 나는 결코 싫증을 느낀 적이 없었습니다. 그들의 얼굴에서 밝은 표정을 보는 것은 매우 감격스러웠습니다. 빛이 오면, 갑자기 세상이 예수님을 보게 됩니다. 그들은 예수님을 보았습니다. 그분은 성경 말씀에 오시고, 거기서 우리에게 오시고, 그들에게 들어가셨습니다. 나는 지금도 얼마나 많은 사람들이 회심되었는지 모릅니다. 다만 많은 사람들이 회심한 것을 알고 있습니다. 여러분이 예수님에 대해서 충분히 전하면, 사람들이 회심해서, 그다음엔 예수 믿는 사람들을 얻게 됩니다. 그들은 단순히 그런 식으로 옵니다. 그런 후, 여러분이 아셔야 하는 것은, 회심한 사람들 중 어떤 사람들은 성경공부 사역에 대해서 말합니다. 오. 그들이 성경공부 가르치는 것을 좋아했습니다. 전하고, 돕고, 상담하며 사역하는 것을 좋아했습니다. 그들은 밤늦게까지 사람들과 함께 머물며, 대화하고, 우리들의 삶을 서로 이야기하고, 음식을 나눠주고, 옷도 나눠주고, 그들이 가진 것을 서로 나누고, 사람들을 뜨거운 마음으로 도와주고, 그런 후 그들은 말합니다. "우리도 이것을 하기 원합니다." 그들은 성경공부 모임에 일찍 와서, 의자도 정리하고, 청소도 하고, 애들을 침실에 눕히고... 등등의 일을 목회 장소인 가정에 모여서 이런 일들에 참여합니다. 그들은 모임이 끝난 후에도 남아 정리하고, 씻고, 쓰레기도 버리고... 그리고 그들이 묻습니다. 그들이 다른 사람을 위해 기도 사역할 수 있느냐고. 여러분을 따라다니면서. 여러분 이것은 같은 일입니다. 그들이 예수님을 보고, 그리고 예수님에 의해서 보여 집니다. 그들이 사역하는 것을 보고 사역을 돕기 시작합니다. 그들은 적극적으로 사역에 참여합니다. 이 모든 것이 제자가 되는 첫 단계라고 생각합니다.

12. 제자들에게 권세와 능력을 주어 사역현장으로 보내시다

두 번째 단계는 곧 그들이 사역을 착수하는 것입니다. 다소 귀에 거슬리게 들릴지 모르지만, 이 단계에서는 스승인 예수님은 그들에게 "너희가 가서 사역하라"라는 뜻으로 말씀하셨습니다. 마태복음 9장을 기억하십니까? 여기서 예수님은 무리들을 보시고 놀라운 계시의 말씀을 하셨습니다. 그들에게 측은한 마음을 가지셨습니다. 그들은 "목자 없는 양같이 고생하며 유리했습니다." 그리고 말씀하셨습니다.

"이에 제자들에게 이르시되 추수할 것은 많되 일꾼이 적으니 그러므로 추수하는 주인에게 청하여 추수할 일꾼들을 보내 주소서 하라 하시니라"(마 9:37-38).

만일 여러분이 그다음 10장을 보시면, 갑자기 주님께서 제자들을 내보내십니다. 그분은 매우 분명하셨습니다. 그들에게 모든 지시사항을 주셨습니다. 그중의 한 가지는 그들에게 닥치는 어려움과 배척당할 것을 언급하셨습니다.

"예수께서 그의 열두 제자를 부르사 더러운 귀신을 쫓아내며 모든 병과 모든 약한 것을 고치는 권능을 주시니라"(마 10:1)

"예수께서 이 열둘을 내보내시며 명하여 이르시되 이방인의 길로도 가지 말고 사마리아인의 고을에도 들어가지 말고 오히려 이스라엘 집의 잃어버린 양에게로 가라"(마 10:5-6).

"너희 전대에 금이나 은이나 동을 가지지 말고 여행을 위하여 배낭이나 두 벌 옷이나 신이나 지팡이를 가지지 말라 이는 일꾼이 자기의 먹을 것 받는 것이 마땅함이라 어떤 성이나 마을에 들어가든지 그 중에 합당한 자를 찾아내어 너희가 떠나기까지 거기서 머물라 또 그 집에 들어가면서 평안하기를 빌라 그 집이 이에 합당하면 너희 빈 평안이 거기 임할 것이요 만일 합당하지 아니하면 그 평안이 너희에게 돌아올 것이니라 누구든지 너희를 영접하지도 아니하고 너희 말을 듣지도 아니하거든 그 집이나 성에서 나가 너희 발의 먼지를 떨어 버리라"(마 10:9-14).

"보라 내가 너희를 보냄이 양을 이리 가운데로 보냄과 같도다 그러므로 너희는 뱀 같이 지혜롭고 비둘기 같이 순결하라"(마 10:16).

13. 예수님의 사역지침
– 천국이 가까웠다 전하고,
병든 자를 고치고, 귀신을 쫓아내고...

이와 같이 여러 가지 분명한 지침을 주셨습니다. 이런 일이 모두 초기 단계에 필요한 것입니다. 그러나 더 중요한 것은 그들이 가면서 행할 것을 분부하신 것입니다.

> "가면서 전파하여 말하되 천국이 가까이 왔다 하고 병든 자를 고치며 죽은 자를 살리며 나병환자를 깨끗하게 하며 귀신을 쫓아내되 너희가 거저 받았으니 거저 주라"(마 10:7-8).

1절에서 "더러운 귀신을 쫓아내며 모든 병과 모든 약한 것을 고치는 권능을" 주셨습니다. 그리고 7절에서 반복해서 말씀하십니다. "천국이 가까이 왔다 하고, 병든 자를 고치고, 죽은 자를 살리며, 문둥이를 깨끗하게 하며 귀신을 쫓아내라." 매우 분명하게 할 일을 정확하게 언급해 주셨습니다. 그들은 놀랐을 것입니다. "죽은 자를 살려내라고?" 그분은 그들을 갈릴리 지역으로 보내셨습니다. 왜냐하면 유다만 제외하면 그들은 모두 갈릴리 사람이었기 때문이었습니다. 그들 자신의 지역 사람들에게 파송하신 것입니다. 이렇게 제자라는 두 번째 단계의 특징 중의 하나는 – 첫째, 그들이 사역을 하라고 보냄을 받는 것입니다. 그들의 주님이 사역하시는 것을 보아왔습니다. 주님의 사역을 도왔습니다. 이제 그들이 사역할 시간입니다. 두 번째 특징은, 그들이 그들의 백성들에게 사역을 시작하는 것입니다. 그것은 어렵습니다. 선지자들이 어떤 사람들 앞에서 사역에 실패하는 것을 아실 것입니다. 그들을 잘 아는 친구들, 함께 일했던 사람들, 보스들입니다. 그들이 받아들이지 않았기 때문입니다. 여러분의 보스에게 그리스도를 전하신 적이 있습니까?

어린이들이 전도하는 것과 성인이 전도하는 것이 다른 때가 있습니다. 그러나 때때로 여러분이 잘 아는 사람에게 전도해야 합니다.

내가 회심한 후, 초기에 한 직장에서 일했던 것을 기억합니다. 나는 그들을 위하여 일하도록 고용되었는데, 일주일 이상 그곳에서 일할 수 없었습니다. 그들은 나에게 어떤 일을 하기를 원했으나 – 내가 회심하였기 때문에 – 그 일은 완전히 비윤리적인 일이었습니다. 그래서 나는 보스에게 가서 말했습니다. "내가 무례하게 말하는 것이 아니고, 여기서 문제를 일으키려고 하는 것이 아닙니다. 그런데 나는 정말 이 일을 할 수 없습니다. 당신은 이 일이 내가 꼭 하기를 원하는 것입니까?" 그는 말했습니다. "그렇소." 그래서 나는 말했습니다. "나는 그 일을 할 수 없습니다." 그는 말했습니다. "그러면, 가서 당신이 이제껏 일한 급료를 받으십시오." 나는 말했습니다. "그 일을 하지 않고 내가 *그것을* 한번 해보도록 하시겠습니까?" 그는 나를 쳐다보며 말했습니다. "그 일을 하지 않고, 그것을 하는 것이 가능하다고 생각하지 않습니다." 내가 말했습니다. "그렇다면, 다른 사람이 그 일을 해보도록 해보셨나요?" 그는 말했습니다. "아니요." 그래서 내가 말했습니다. "그렇다면, 내가 2주 동안 시도해보고, 만일 효과가 없으면, 내가 떠나겠습니다. 그리고 당신은 나에게 급료를 지불할 필요가 없습니다." 나는 집에 아내와 4명의 자녀를 두고 있었습니다. 그러나 만일 하나님께서 나와 함께 하시면, 그가 나에게 그 잡(job, 일거리)을 줄 것이라고 느꼈습니다. 만일 내가 보스에게 겸손히 말하므로 하나님을 섬겼다면 그 일을 하게 될 것이라고 느꼈습니다. 그리고 밖으로 나가 그 일을 했습니다. 하나님께서 나의 필요를 채워주셨습니다.

이틀 동안 그 일을 수행했습니다. 세 번째인가 네 번째 날, 내가 죽을 것 같은 생각이 들었습니다. 왜냐하면 일의 효과가 나타나지 않았기 때문입니다. 그들이 말한 모든 것이 사실이었습니다. 내가 가는 곳마다 문전에서 퇴짜를 맞았습니다. 어떤 문제에 관해서 전문적인 사람들에게 말해 보았으나, 내가 확인한 것은 보스가 말한 것이 사실로 나타났습니다. 사람들은 이 "새로운" 방법의 비즈니스를 하려고 하지 않았습니다. 그렇게 1주간이 지났습니다. 그러나 한 건도 성공시키지 못했습니다. 둘째 주간 첫날에도, 둘째, 셋째, 넷째 날까지 한 건도 성공시키지 못했습니다. 이제 둘째 주간 마지막 날이 되었습니다. 두 주간을 일했습니다. 이제 마지막 시간이 다가옵니다. 여러분, 하나님과 함께 일해본 적이 있나요? 이렇게 끝나는 시간까지 그분이 함께 일하는 것이 괴롭지 않았던가요? 나는 괴로웠습니다. 그만 두는 시간은 금요일 오후 5시였습니다. 그런데 금요일 오후 3시 30분에, 나는 처음으로 한 건을 성공시켰습니다. 금액이 상당한 것이었는데, 2주간의 일의 대가보다 컸습니다. 나가서 당시 우리가 할 수 있는 큰돈이 되는 커다란 건수였습니다. 그래서 보스는 이런 새로운 방법으로 내가 일을 계속하도록 했습니다. 윤리적으로. 나는 거기서 때가 되어 옮길 때까지 일했습니다. 내가 여러분에게 말하고 싶은 것은, 중요한 것은 순종이라는 것입니다. 순종 – 하나님께 순종, 그분이 말씀하신 것을 행하는 일, 사람들의 말이나 권고를 따르지 않고, 그분의 권고를 따라 행하는 순종입니다. 반복해서 나는 모든 것을 걸어야 했습니다. 나는 여러분이 몇 번이나 이 진주를 사야 하는지 모릅니다. 그러나 이 진주를 사기 위해서 여러분의 남은 생애를 대가로 치러야 합니다. 무엇보다 그것은 극히 값진 진주이고, 여러분이 가진 모든 것을 대가로 치르고 살만한 가치가 있습니다.

14. 11개의 성경 공부반을 인도하는 풀타임 목회자가 되다 – 큰 교회로 성장되다

여러 해가 지나갔습니다. 그런데 하나님께서 다시 나에게 말씀하시기 시작했습니다. 지금까지 나는 편하게 지내왔습니다. 나는 매우 성공적인 세일즈맨이 되었습니다. 일주일에 15시간만 일해도 상당한 수입을 만들 수 있었습니다. 그 나머지

내 시간은 성경공부 가르치는데 사용했습니다. 이 기간 동안에 나는 1주간에 4개의 성경 공부반에서 11번 가르쳤습니다. 하나님께서 나에게 말씀하셨습니다. "내가 너에게 새로운 일을 맡기리라. 새로운 방향이다." 그분이 나에게 나타나서 말씀하셨다는 뜻이 아니고, 그냥 내 심령에, 나의 이해에 말씀하신 것입니다. "나는 네가 풀타임으로 목회하기 원한다." 나는 내가 풀타임 목회를 한다고 생각했습니다. 그러나 그분이 말씀하셨습니다. "나는 네가 안수 받기 원한다." 그래서 나는 말했습니다. "좋습니다." 그분이 말씀하셨습니다. "하나의 어려움이 있는데, 네가 가진 모든 것으로 대가를 치르는 것이다." 나는 말했습니다. "이미 그 대가를 치렀는데요." 그분이 말씀하셨습니다. "너는 다시 대가를 치러야 하니라. 여기에 진주가 있다. 그것을 원하느냐?" 이제 이 경우에서 진주는 다시 그분이셨습니다. 나는 그 첫 단계를 위해 대가를 지불했습니다. 그런데 지금 새로운 대가를 지불할 때가 되었습니다. 그분은 그것을 간직하라고 갖고 오셨습니다. 그래서 나는 그 값을 지불했습니다.

그런 후, 전혀 새로운 세계가 나에게 전개되었습니다. 그다음 몇 해 동안, 다시 나는 바닥부터 시작했습니다. 또다시 하나님께서는 나에게 애굽에 있는 요셉처럼 은총을 베푸시고, 축복하셨습니다. 하나님께서 계속 기회와 은총을 주셔서 곧 우리는 성장해서 우리 교단에서 가장 큰 교회 중의 하나가 되었습니다. 사람들에게 알려진 유명한 교회가 되었습니다. 그리고 출석하기 좋은 교회가 되었습니다. 한 가지를 제외하고, 그때 하나님께서 다시 오셔서 제게 말씀하셨습니다. "우리는 새로운 장사를 해야 한다. 다음의 진주가 오고 있다. 다시 모든 것을 내려놓을 때다." 나는 말했습니다. "대가가 무엇입니까?" 그분이 말씀하셨습니다. "네가 가진 모든 것이면 어떠냐?" 여러분이 여기서 어떤 패턴을 보실 수 있습니까? 내가 그때까지 발견한 것은, 하나님을 따른다는 것은 때로 우리가 가진 모든 것을 내려놓는 것입니다. 어떤 기간에 여러분이 성취한 모든 것을 내려놓는 것입니다. 그분을 따르기 위하여 다시 위험을 무릅썼습니다.

지난 23년을 돌아보면, 내게 있어서 중요한 것은 순종이었습니다. 계속해서 순종하는 것이었습니다. 제자가 되는 단계를 돌아보면서, 내가 말하는 것은, 첫 단계는 우리가 예수님을 보고, 또한 예수님께서 우리를 보시는 단계입니다. 그리고 첫 단계의 첫째는, 그분의 사역을 보고 배우는 것이며, 둘째, 셋째는 그분과 함께 사역을 시작하고 사역에 참여하는 것입니다. 두 번째 단계는 실제로 우리가 밖으로 나가 우리 자신이 사역을 실시하는 것입니다. 여기엔 위험이 따르고, 저항을 받을 때가 있습니다. 말씀드린 대로 잘 아는 사람들에게 사역할 때 더욱 그렇습니다. 그것이 가장 당혹스러운 일이기도 합니다.

15. 사역자 양성에 힘쓰다

마지막 세 번째 단계는 제자를 양성하는(disciple-making) 단계입니다. 어떤 면에서 예수님도 한 제자의 신분으로 하늘에서 파송되셨습니다. 그래서 그분도 제자를 양성하셔야 하셨습니다. 우리가 대 사명(The Great Commission, 마 28:18-20)을 생각할 때, 우리는 모든 족속으로 제자를 삼으라고 부름을 받았습니다. 그러므로 제3단계는 제자를 삼아 제자로 양성하는 일입니다.

어느 날 블레인이 나에게 왔습니다. 블레인은 소년 때부터 내가 아는 사람으로, 항상 하나님의 마음을 따라 살려고 애쓰는 우리 교회 킨십 모임의 리더입니다. 어떤 일이 그에게 일어났는지 모르지만, 그가 젊어서부터 마음을 다해 하나님을 추구했습니다. 어떤 잘못이 있어서가 아니라, 단순히 하나님을 원했고, 하나님의 뜻을 따라 살기를 원했습니다. 그래서 우리 교회가 처음 시작했을 때부터 함께한 멤버 중의 한 사람입니다. "훌륭해요! 나도 첫 멤버가 되고 싶습니다." 우리는 함께 정말 아름다운 순간들을 많이 가졌습니다. 나로서는 그에게 내 생명을 주고 싶을 정도였습니다. 나는 그가 성령으로 세례 받은 것과, 이미 주께서 그에게 방언의 말을 주셨으나 방언하는 데에 어려움을 갖고 있던 것을 기억합니다. 나는 그에게 다가가서 말했습니다. "주께서 이미 너에게 몇 마디 말을 너에게 주셨어." 주께서 그가 이미 받았다고 나에게 바로 말씀해주셨습니다. 내가 그 사실을 그에게 말했을 때 그가 충분히 받고 그 후로 정상적으로 방언을 말하기 시작했습니다. 그렇게 우리는 매우 귀하고 친숙한 순간을 많이 가졌습니다.

16. 큰 그룹을 여러 작은 그룹으로 나누다

내가 특별히 한순간을 기억하는 것은 그가 제자가 된 때입니다. 그는 대가를 치렀습니다. 그는 우리 교회의 한 킨십 그룹(kinship group, 소그룹이나 구역모임 같은 것 – 역자 주)의 유능한 리더였습니다. 그는 자기가 인도하는 킨십 그룹을 사랑했고, 큰 기쁨을 가지고 인도했습니다. 그는 매주 그 시간을 학수고대하며, 그의 부인 베키와 함께 그룹 사람들을 위해 기도하며 돌보았습니다. 그는 가정 모임을 가장 잘 돌보는 우리 교회 소그룹 리더 중의 한 사람이었습니다. 그는 정말 그룹 사람들을 사랑했습니다. 그는 나에게 와서 말했습니다. "내가 킨십 그룹을 돌보는 그 이상의 축복을 느낍니다. 나는 내가 지금 하는 일을 사랑합니다." 그리고 그는 계속해서 자기 그룹의 사람들에게 일어나고 있는 놀라운 은혜의 이야기들을 말했습니다. 그는 사람들을 사랑했습니다. 그것은 그의 정열이고 그의 삶이었습니다. 그런데 그가 나에게 말하고 있었을 때 주께서 나에게 말씀하시기를, 그가 그것을 포기해야한다는 것입니다. 그때 그분은 진주에 대해서 나에게 말씀하지 않았습니다. 그러나 결과적으로, 그분은 그것을 정확히 나에게 말씀하셨습니다.

그래서 내가 그에게 말했습니다. "블레인, 다음에 할 일은 당신이 그것을 포기해야 하는 것입니다." 그는 말했습니다. "뭐라고요?" 나는 말했습니다. "지금 당신은 그것을 사랑하고, 그것이 당신의 삶인 것을 내가 알고 있습니다. 그러나 그것을 내려놓아야 합니다." 그는 말했습니다. "내가 왜 내려놓아야 합니까?" 그래서 내가 말했습니다. "그것이 당신이 제자를 만들 수 있는 유일한 길입니다." 그는 말했습니다. "무슨 뜻입니까?" 나는 말했습니다. "당신은 그것을 넘겨주어야 합니다." 그는 말했습니다. "당신은 지금 무슨 말을 하고 있습니까?" 나는 말했습니다. "당신이 그들을 제자로 만들 수 있는 유일한 길은 그 사람들에게 당신의 삶을 쏟아붓는 것입니다." 그는 말했습니다. "당신은 지금 무슨 말씀을 하고 있습니까?" 나는 말했습니다. "당신은 그 사람들을 돌봐야 합니다. 그리고 그들은 당신의 집에서 나가 여러 개의 새로운 그룹을 시작하도록 하십시오. 우선 당신의 그룹은 몇 개의 작은 그룹으로 나누십시오." 그는 말했습니다. "내가 왜 그렇게 해야 합니까?" 나는 말했습니다. "당신은 다음 단계를 해야 합니다." 그는 내 말을 듣고 고집을 세우지 않았습니다. 실제로 그는 매우 민첩하게 반응했습니다. 그러나 잠시 괴로워했으나 이내 마음을 가라앉히고 말했습니다. "좋습니다. 내가 그렇게 하겠습니다." 그리고 그는 정확히 나의 권고대로 실시했습니다.

그가 자기 집에서 인도한 그룹이 80~90명으로 성장한 아주 사랑스러운 그룹이었습니다. 얼마나 사랑스러운 그룹인지 여러분은 상상할 수 있을 것입니다. 마침내 이 큰 그룹이 여러 개의 사랑스러운 그룹으로 나뉘었습니다. 우리는 여기서 하나님나라가 배가하는 하나의 원리를 보았습니다. 옥수수의 한 낱알이 땅에 떨어져 죽지 않으면, 많은 옥수수를, 많은 옥수수 낱알을 거둘 수 없습니다. 약속하신 말씀입니다. 하나님의 나라는 바로 그와 같습니다. 여러분, 하나님의 나라는 한 진주를 만나고, 또 다음 진주를 만나는 것과 같습니다. 내게 있어서는, 그 진주는 항상 예수님이셨고, 그분의 뜻이셨습니다. 그분은 우리를 기르시며 새로운 것을 가르치십니다. 우리는 그분께 순종하는 것을 배우고, 그분 안에 행하며, 부지런히 그분을 섬기며, 그분 안에 형통함을 누립니다. 그러다 어느 날 갑자기 그분은 말씀하십니다. "그들을 내게 다오. 내가 그들을 다른 사람에게 주기 원한다." "무엇을 원하신다고요?" "내가 그들을 다른 사람에게 주기 원한다." "그럼 그들이 누구입니까?" "나의 것이다." "오, 맞습니다. 내가 그 부분을 깜박 잊고 있었습니다."

여러분, 제자가 되는 것은 어떤 고정된 일이 아닙니다. 어떤 학습을 통해서, 몇 가지 긍정적 체험을 가졌다고, 누가 여러분에게 안수해서 신분 변화가 일어나 더 이상 학습자가 아닌 위치로 이동해서, 더 이상 초급자가 아니고, 더 이상 마음에 상처를 받을 필요가 없고, 체면이 손상되어 바보처럼 보이지 않게 되는, 그런 것이 아닙니다. 제자가 된다는 것은 우리의 남은 일생 동안 불편하게 되는 것에 자신을 헌신하는 것입니다. 제자가 된다는 것은 우리의 남은 일생 동안 학습자가 되는 것에 자신을 헌신하는 것입니다. 그리고 항상 새로운 찬스를 갖는 것입니다. 지난밤은 나에게 황홀했습니다. 몇몇 분이 주저하는 것을 바라보았기 때문입니다. 그렇게 머뭇거리는 사람들에 대해 내가 우정 어린 태도를 가졌기 때문이 아니라, 그것이 나에 대한 사랑이라는 것을 알았기 때문이었습니다. 내가 그렇게 불편한 상황에 처하게 되는 것을 여러분이 좋아하지 않았기 때문입니다. 여러분에게 미안합니다. 왜냐하면 사실 나는 전혀 불편하지 않았기 때문입니다. 나는 지난 23년 동안 그런 상황에 처하며 살았습니다. 나는 그런 일이 나에게 일어나고 발전하도록 했습니다. 그러면서 하나님께서 하시기 원하시는 것을 깨닫기 원했습니다.

이제 나의 견해로는, 지난밤에 우리의 한 젊은 예언자가 예언한 것은 잘못된 것입니다. 나는 여러분이 우상숭배하고 있다고 생각하지 않습니다. 그러나 그 순간 그것을 바로잡는 것이 적절했다고 생각하지 않습니다. 그는 나를 도우려고 노력했기 때문입니다. 그는 내가 몹시 사랑하는 가장 가까운 친구입니다. 그는 예언 사역을 하며, 그가 말하는 예언에 유익하고 도움이 되는 부분이 있습니다. 그러나 나는 여러분이 우상화한다고 생각하지 않습니다 – 그것은 여러분에 대한 나의 견해가 아닙니다. 나의 견해로는, 여러분은 하나님의 마음을 추구하는 성실한 사람들입니다. 여러분 중에 많은 사람들은 주 안에 매우 성숙되어 있습니다. 나는 여러분에게 편하게 느낍니다. 마치 대학 친구 같이 느낍니다. 하나님께서 우상 숭배자들을 섬기라고 우리를 세상에 보내셨다고 생각하지 않습니다. 나는 여러분이 하나님 앞에 바로 서있다고 생각합니다. 실제로, 나는 이번 주 여기서 경험하는 것보다 더 나를 더 잘 가르쳐 주는 사람들을 만난 적이 없습니다. 바로 그런 곳에 내가 있습니다. 그러면 여러분은 말할 것입니다. "그렇다면 지난밤에는 어땠습니까?" 지난밤에 일어난 일은 매우 훌륭했습니다. 사실 그렇습니다. 그러나 여러분은 그것을 상황에 비추어 생각해야 합니다. 우선, 나는 이런 사역을 지난 수년간 해오고 있습니다. 모든 집회를 가질 때마다 거의 평균적으로 한 번은 나의 말에 반응하지 않는 사람이 종종 있습니다. – 그러나 필연적으로 집회가 끝난 후 그들이 와서 누군가에게 반응을 합니다. 그렇다면 나는 그것이 유효한 말인가 알아봅니다. 내가 지난밤에 말씀드린 것을 정확하게 카운트하지 않았지만, 모두 아홉 마디 말을 드린 것 같습니다. 그중에 한 마디 말은 부분적인데 – "부룩 매너"라는 이름인지 혹은 어떤 것이든 간에, 내가 반은 인싱은 그가 목과 어깨에 통증을 갖고 있는 것입니다. 그리고 나머지 말을 듣고 한두 사람을 제외하고는 앞으로 나와서 기도를 받았습니다. 비록 그들이 여기 앞으로 나오지 않았지만, 몇 사람은 기도 받으러 다른 방으로 갔고, 또 다른 사람들은 모임이 끝난 후에 와서 말했습니다. "너무 당황해서 집회 중에 앞으로 나갈 수 없었습니다." 왜냐하면 다른 문제들이 그들의 삶에 있었기 때문입니다. 예언에 관한 한, 예언의 말이 틀리거나 잘못되면, 내 경우엔 대체로 옹호하는 편입니다. 그러나 내가 옹호되지 않는다 해도 나는 괴로워하지 않습니다. 왜냐하면 나는 여러분에게 내 자신을 옹호하려고 노력하지 않습니다 – 나는 그분에게 나 자신을 증명하려고 노력합니다. 그분은 내가 섬기는 분이십니다. 만일 그분 때문에 내가 틀린 예언을 하면, 그럴 때마다 누군가 와서 바르게 정정하는 말을 합니다. 나는 여러분이 그분과 함께 하기를 원합니다. 그분이 나를 인도하는 한, 누가 인도해도 나는 상관하지 않습니다. 그리고 그분이 바른 한, 누가 바른지도 나는 상관하지 않습니다. 또한 그분이 승리하는 한, 누가 승리해도 나는 상관하지 않습니다. 그 점이 중요합니다. 만일 그것이 해마다 줄 서있는 사람들에게 안수할 때 부산물로 생겨난다 해도 – 여러 번 내가 이런 일로 당황했지만, 그래서 많이 바보스럽게 보였지만, 나는 그리스도 때문에 그런 일을 합니다. 오히려 나는 전혀 전도하지 않는 것보다, 전도하다가 부지중에 저지르는 실수를 감수하겠습니다.

17. 제자가 되는 세 가지 단계

그러므로 제자가 되는 첫 단계는 예수님을 만나고, 예수님에 의해 보여지고, 예수님이 행하시는 사역을 보며 배우는 것입니다. 그리고 적극적으로 직접 자신이 사역에 참여하는 것입니다. 즉, 그들은 참여자입니다. 제자가 되는 두 번째 단계는 사역으로 떠밀려 직접 사역을 행하는 것입니다. 자신들이 직접 사역을 합니다. 두 번째 단계에서 두 번째 할 일은 그들 자신이 아는 사람들에게 사역하는 것입니다. 여러분이 거리에 나가서 전도하는 것과 여러분이 잘 아는 보스에게 가서 예수 그리스도에 대해서 전도하는 것과는 다릅니다. 맞지요? 여러분의 아버지한테 예수님을 전하세요. 어머니한테 전하세요. 맞지요? 이렇게 하는 것은 아주 다릅니다. 그렇지요? 여러분이 그렇게 하는 것을 생각만 해도 목구멍에 무엇이 올라와 막습니까? 맞지요? 휴! 이렇게 하는 것은 전혀 다른 것입니다. 그래서 두 번째 단계는 여러분이 사역에 들어가 참여하는 때요, 세 번째 단계는 제자를 만드는(disciple-making) 일입니다. 이 단계에서 여러분은 모든 단계를 다시 시작해야 합니다. 그리고 초심자(beginner)가 되어야 합니다. 제자를 만드는 유일한 방법은 "선한 목자"(Good Shepherd) 같이 되는 것입니다. 여러분은 양을 위하여 여러분의 삶(혹은 생명)을 내려놓아야 합니다.

18. 사역자 훈련
– 사역의 장소로 오게 해서 사역하게 한다

초창기에, 나는 사역팀 멤버들을 여기에(강단에) 데려오곤 하였습니다. 몇몇 멤버들은 그들이 무엇을 하고 있는지, 혹은 그들이 무엇에 대해서 말하는지 정말 몰랐습니다. 나는 그들을 올라오게 해서 말하라고 시켰습니다. 사람들이 나에게 와서 불평합니다. "우리는 그들이 하는 말을 듣고 싶지 않습니다. 그들은 자기들이 무엇에 대해서 말하는지 모릅니다." 그때 나는 말했습니다. "그 말은 맞다." 그리고 "우리는 당신의 말을 듣기 원한다."나는 말했습니다. "자, 내가 당신들에게 부담을 주지 않는 이유는 당신들이 그런 결정을 내릴 권한이 없기 때문이다." 우리는 여러 해 동안 이곳에서 모이지만 나는 어떠한 부담도 주지 않았습니다. 왜냐하면 나는 제자를 세우기 위해 어떤 장(place)이 필요했기 때문이었습니다. 시작할 장소가 필요했습니다. 그래서 나는 여러분을 사용하기로 결정했습니다. 또한 나는 집에서도 그렇게 했습니다. 제자를 만드는 유일한 방법은 그를 강단 위로 떼밀어 그에게 마이크를 주는 것입니다. 혹은 그를 떠밀어 소경에게 가서 말하라고 하는 것입니다. "자, 지금 앞 못 보는 두 눈에게 말하시오.", "당신은 내가 지금 무엇을 하기 원합니까?" "소경의 눈에 말하라고요?" "내가 무슨 말을 그들에게 하기 원합니까?" "그들이 (눈을) 뜨라고 말하시오."(to open up). "나는 그렇게 할 수 없습니다." "아니요. 당신은 할 수 있습니다." 제자를 만드는 다른 방법이 없습니다. 내말을 이해하십니까? 그것을 할 다른 방법이 없습니다. 여러분은 (제자가 될) 그들을 그곳으로 떠밀어서 올려야 합니다. 그리고 그들 뒤에 서서 돕고, 그들이 실패할 때도 그들을 사랑하십시오. – 만일 그들이 실패해도. 그리고 만일 그들이 하지 못해도 그들과 함께 기뻐하십시오.

여러분, 믿음이란 위험(R-I-S-K, 위험을 무릅쓰다)이라고 발음합니다. 믿음을 실천하는 것은 여러분이 기꺼이 예수님을 위한 바보가 되는 것과 함께 시작하고 끝납니다.

마침

19. 제자도 – 말씀과 행함(word and deed)이다

나는 제자도(discipleship)에 관한 나의 프레젠테이션을 잘 들으셨을 줄로 믿습니다. 이것은 과거 어느 때보다도 중요합니다. 여러분에게 큰 도움이 되기를 바랍니다. 내가 매우 중요하게 말씀드린 것 중의 하나는 제자도는 여러분이 믿을 뿐만 아니라, 또한 믿는 것을 행하여야 하는 것입니다. 랍비들의 전승에서, 그들이 하고자 하는 것은 사람들에게 정보를 알리는 것만 아니라, 사람들을 변화시키려고 노력한 것입니다. 그래서 예수님께서 가르치실 때, 바로 그것을 그분이 행하신 것입니다.. 그들을 가르치셨을 뿐만 아니라, 그분이 행하는 것을 그들에게 보여줌으로 가르치셨습니다. 그런 후, 그들이 본 대로 행하는 것을 보시면서 그들을 코치하셨습니다. 만일 여러분이 오늘날 종말의 때를 맞이하여 제자로서 갖추시길 원하신다면(to be equipped), 여러분은 말씀과 행함으로 갖추어야 합니다. 실제로 제자도는 말. 씀. 과. 행. 함(W. O .R .D .A .N. D. D. E. E. D)으로 발음합니다. ("사역팀 훈련 교재"가 출판 준비중에 있습니다. 관심있는 독자는 참고하시기 바랍니다. – 역자 주)

밝게 타라

컨퍼런스

워십과 하나님나라

저 자 ㅣ 존 윔버
옮긴이 ㅣ 조병철 엄정섭

21cmi.com

컨템포러리 목회원 / 하나님나라빌더스

밝게 타라

(Burn Bright)

초판 1쇄 발행 2019년 2월 5일
저 자 북피닉스빈야드교회 편
옮긴이 조병철, 엄정섭
편 집 박은혜
출 판 하나님나라빌더스 / 컨템포러리 목회원
출판등록 2010년 4월 16일
주 소 한국: 서울 송파구 신천 7동 장미아파트 19-906
        미국: 450 S.Grand View St. Apt.1110 Los Angeles, CA 90057
전 화 한국: 02) 762-3398 / 010-2990-3398
        미국: 001-1-213-380-3398
홈페이지 www.21cmi.com
이 메 일 cbc1419@hanmail.net

ISBN 979-11-950939-8-4

밝게 타라

(Burn Bright)

제작 ┃ 북피닉스빈야드교회

옮김 ┃ 조병철 엄정섭

21cmi.com

컨템포러리 목회원 / 하나님나라빌더스

01

경배의 중요성 :
경배가 중심이다

─────────────────

– 브라이언 앤더슨(담임목사 메시지)

매우 기쁩니다. 그렇지 않습니까? 우리 교회에 다니지 않는 분들을 위해서 나를 소개하겠습니다. 나의 이름은 브라이언 앤더슨입니다. 여기 빈야드교회 목사 중의 한 사람입니다. 내 아내와 내가 25년 전 지난달에 이 교회를 개척했습니다. 우리는 10명의 사람들과 함께 시작했고, 방금 전 25주년 창립 기념일을 축하했습니다. 놀라운 여정이었습니다. 내 아내와 나는 지난 8월에 결혼 30주년을 축하했습니다. 여러분이 생각하기를 "도대체 어떻게 당신같이 젊게 보이는 사람들이, 특히 당신 아내처럼 젊은 사람이 결혼 한지 30년이 지났는지 모르겠다."라고 여러분이 생각하는 것을 내가 압니다. 우리는 11살 때 결혼했습니다(조크). 우리가 젊다고 여러분이 그렇게 생각하실 것입니다. 결혼 후 두 자녀를 낳았습니다. 조와 누가입니다. 그들은 우리 삶의 기쁨이고, 우리는 그들을 매우 사랑합니다. 그러나 오늘 저녁에 그들이나 다른 것에 관한 이야기로 여러분을 지루하게 만들고 싶지 않습니다. 오, 어떻게 거기에 도착했는지 모르겠습니다. 사실은 크루즈 여행으로 도착했는데, 우리 교회가 우리를 25주년 목회 기념으로 여행을 보내주었습니다. 디즈니 크루즈여행입니다. 혹시 그 인물이 누구인지 아시는 분 계십니까? 그 디즈니 인물을? 터크 – 네 좋습니다. 나는 그 사람이 누군지 모릅니다. 타잔에서는 터크 – 나는 모든 다른 인물들을 알고 있으나 그 사람이 누군 줄은 몰랐습니다.

1) 왜 우리가 예배드리러 교회에 가는가(경배의 중요성)?

자, 오늘 밤 나는 여러분에게 경배의 중요성에 대해서 말씀드리겠습니다. 왜 우리가 경배드리나?에 대한 것입니다. 우리가 여기에 대한 성경 말씀에 들어가기 전에, 여러분에게 몇 가지 질문으로 시작하겠습니다. "왜 우리가 예배드리러 가는가?" 여러분 그것을 실제로 생각해보셨습니까? 내 말의 뜻은 교회의 목적이 무엇이냐 하는 것입니다. 그것에 대하여 성서적으로 생각해 보셨습니까? 성경에서 찾아보며, 신학적으로 그것에 대하여 생각해보셨습니까? 여러분이 그것에 대하여 생각하면서, 여러분은 집에서 빈야드 찬송을 들을 수 있습니다. 우리는 빈야드 찬송이나 다른 찬송을 다운로드해서 우리의 팟캐스트(podcast), 즉 아이팟에 담아 어디서든지 그것을 들을 수 있습니다. 설교 CD를 들을 수 있고, 차 안에서도 들을 수 있고, 우리가 좋아하는 성서 교사로부터 가르침을 아이팟에 다운로드해서 들을 수 있습니다. 그런데, 왜 우리가 예배드리러 교회에 갈 필요가 있습니까? 우리가 여러 다른 곳에서 그 모든 다른 것들을 들을 수 있는데 왜 우리가 교회에 가야 합니까? – 목적은 무엇입니까? 이유가 무엇입니까?

여러 해 동안 목회를 한 후에, 나는 많고 많은 크리스천들이 이 문제로 혼동하는 것을 발견했습니다. 그들은 정말 왜 교회에 예배드리러 가는지 모르고 있었습니다. 그들은 교회의 목적을 이해하지 못합니다. 정말로 성서적으로 그 중요성을 확신하지 못하고 있습니다. 그 사실 때문에 혼동이 생겨납니다. 여러분 모두는 그런 혼동이 하나님께로부터 온 것이 아닌 것을 알 고 있습니다. – 바울이 고린도전서 14:33에서 처음으로 그 윤곽을 말합니다.

> "하나님은 어지러움의 하나님이 아니시요 오직 화평의 하나님이시니라." (고전 14:33)

그리고 이런 혼동이 삶에서 많은 문제를 야기합니다. 그렇지 않습니까? 여러분 중 얼마나 많은 분들이 여러분의 삶에서 이런 문제로 혼동하셨습니까? 우리가 혼동스러울 때, 그것이 문제를 야기합니다. 우리에게 모든 문제를 일으킵니다. 실제로 나는 이런 혼동이 어떻게 여러분에게 문제를 일으키는지에 대해 한 가지 실례를 말씀드리겠습니다. 나는 오늘 밤 특별히 이 실례를 선택하였습니다. 왜냐하면 우리는 영국에서 존과 엘리노 멈포드 목사님 내외분을 초청강사로 모셨습니다. 영국에서 여기 와 계십니다. 대부분의 여러분은 엘리노 사모님이 금년 초에 우리 교회에 오셨던 것을 기억하실 것입니다. 그리고 니겔과 헬렌 브릭스가 우리와 함께 있습니다. 니겔은 방금 전에 여기서 워십을 인도했습니다. 그분들 때문에, 나는 이 실례를 선택해서 여러분에게 말씀드리겠습니다. 우리가 혼동할 때, 어떻게 그것이 문제를 일으키는가에 대해 언급하겠습니다.

부유한 영국 부인이 – 그녀의 이름은 엘리노 멈포드라고 생각되는데 – 그 여인이 스위스를 방문해서 렌트할 방을 구하고 있었습니다. 그래서 교장선생님께 렌트할 방을 하나 추천해줄 수 있는지 물었습니다. 그는 몇 개의 방을 보여주려고 그녀를 데리고 갔습니다. 모든 것이 다 잘 정해진 후, 그녀는 마지막으로 이사할 준비를 하기 위해 집으로 돌아왔습니다. 그녀가 집에 도착했을 때, 그녀에게 한 가지 생각이 떠올랐는데, 그것은 그녀가 렌트할 집의 "W.C."를 보지 못하고 온 것입니다. 지금 영국에서는 "W.C."는 water closet(화장실)을 의미하는데, 우리가 사는 미국에서는 뭐라고 합니까? 분명히 배스룸(bathroom 혹은 restroom, 화장실)이라고 하지요. 그런데 그녀가 거기서 "W.C."를 보지 못했습니다. 그래서 그녀는 즉시 교장선생님께 한 장의 쪽지에 편지를 써 보냈습니다. 혹시 거기에 "W.C."가 있는가 하고 그에게 물었습니다. 그러나 영어를 잘 못하는 (스위스)교장선생님은 W.C.라는 말을 결코 들어본 적이 없었습니다. 그래서 그는 자기 교구 신부님께 도움을 요청했습니다. 그들은 함께 W.C.라는 문자의 의미를 찾으려고 노력했습니다. 한 가지 해답으로 그들이 알게 된 것은, W.C.는 길가의 채플(Wayside Chapel, 소 예배당)을 뜻하는 것으로 – W.C. 즉, 그 지역의 한 교회였습니다. 그래서 교장선생님은 엘리노 멈포드에게 다음과 같은 편지를 써 보냈습니다. :

나의 친애하는 마담, "W.C."가 그 집으로부터 9마일(14.4Km, 약 35리) 떨어진 곳에 있습니다. 사랑스러운 대지에 둘러싸인, 아름다운 숲속에 있습니다. W.C.는

22명이 들어갈 수 있는데, 매주일과 목요일에만 오픈합니다. 여름에는 아주 많은 사람이 찾아올 것으로 기대되므로, 나는 귀하가 일찍 올 것을 제안합니다. 비록 통상적으로 대기하는 방이 많이 있지만, 이런 때는 불행한 경우로, 특별히 귀하께서 정기적으로 그곳에 가는 습관이 있으면 곤란합니다. 내 딸이 그 W.C.에서 결혼한 것을 아시면 흥미로우실 것입니다. 그녀가 그녀의 남편을 만난 곳이 그곳입니다. 사람들이 자리를 차지하려고 몰려드는 것을 기억합니다. 자리 하나를 두고 열 사람이 몰려듭니다. 그러나 늘 한 사람이 자리를 차지합니다. 그들의 얼굴에 나타난 표정을 보는 것은 원더풀이었습니다. 상당히 많은 사람들이 점심을 싸 들고 와서 그 "W.C."에서 하루를 보내는 것을 들으시면 귀하가 기뻐하실 것입니다. 한편, 차를 타고 올 수 있는 사람들은 정시에 도착합니다. 특별히 내가 마담께 추천한다면, 오르간 연주가 함께 되는 목요일에 가시길 바랍니다. 어쿠스틱스도 탁월합니다. 그래서 가장 섬세한 소리까지도 어디서나 들을 수 있습니다. 최근에 벨(종)을 추가했는데 – 이는 그 지역에 사는 어느 부자가 기증한 것입니다 – 그 벨은 누가 W.C.에 들어갈 때마다 울린답니다. 모든 사람들에게 플러시(plush)천으로 된 의자를 제공하려고 바자회가 열릴 예정입니다. 왜냐하면 사람들이 그것이 오랫동안 필요했다고 느꼈기 때문입니다. 내 아내는 마음이 좀 세심해서, 정기적으로 그곳에 살 수 없습니다. 사실 그녀가 다녀온 지 거의 1년이 되었습니다. 그녀가 그곳에 좀 더 자주 갈 수 없는 것이 그녀를 몹시 고통스럽게 합니다. 내가 그 W.C.에 귀하를 위해서 가장 좋은 자리를 예약해 놓는다면 기쁘겠습니다. 그 자리는 모든 사람이 귀하를 볼 수 있답니다. 귀하에게 도움이 되기를 바라며, 교장선생님이 허락하며 사인했습니다.

그렇지요. 혼동은 많은 문제를 야기할 수 있습니다. 그래서 내가 오늘 밤 설교를 마치면, 예수님의 제자들의 삶에서 예배의 중심성에 대한 어떠한 혼동도 없기를 바랍니다. 왜 우리가 예배드리러 가는가? 그것이 오늘 나의 목적입니다. 여러분이 성경을 가지고 있으면, 히브리서 10장을 펴시기 바랍니다. 히브리서 10장을 중심으로 말씀드립니다. 19절부터 시작합니다. 성경을 펴시고 잠시 기도하겠습니다. 최선을 다해 우리의 마음과 생각을 하나님께 열고, 하나님께서 성령을 통하여 우리에게 말씀하시기를 간구하십시다. 그래서 나와 함께 기도드리시겠습니까?

주여. 그리스도 안에서 당신을 사랑하는 형제와 자매들이 함께 모여서 주님을 경배하며, 당신을 경배하는 방법을 더욱 배우기 원하오니 얼마나 기쁜지요. 하나님 너무 기쁩니다. 오늘 밤 찬양 드리며 경배 드리는 중에 이미 여기 임재하신 주님께 감사드립니다. 이제 우리가 주의 말씀을 공부하면서 주님을 경배할 때 하나님께 간구하오니, 당신의 임재가 우리와 함께 하소서, 우리가 주의 음성을 듣도록 도와주시옵소서. 하나님. 우리가 지금 우리의 최선을 다해서 – 당신께 마음을 열고, 생각을 엽니다. 하나님, 간구하오니 오늘 밤 성경을 통하여 나에게 말씀하시고, 우리 모두에게 말씀하시옵소서. 그리고 주님, 메시지를 전하는 내 자신을 위해서도 간구합니다. 성령께서 나를 채워주시고, 능력을 입히시며, 기름부으사 가르치는 신령한 은사를 내게 주옵소서. 그리하여 주님이 가르치시기 원하는 것을 가르칠 수 있게 하소서. 그리고 주님, 제가 생각하지 못하고 공부하지 못한 것이 있거든 오늘 밤 우리에게 가르치소서. 우리가 경배 드릴 때 주님께서 내 생각과 마음에 가르쳐 주시옵소서. 왜냐하면 오늘 밤 우리가 진실로 원하는 것은 내가 아니라, 주님으로부터 듣기 원합니다. 그러하오니, 주여, 오시옵소서. 우리와 함께 하소서. 예수님의 이름으로 기도합니다. 아멘.

2) 임재를 경험하며 그 안에서 주님을 만난다

자 – 왜 우리가 예배에 참석하는가? 간단히 말씀드리면, 여러분의 가진 개관 노트에 적혀있는 대로 − 우리가 예배에 참석하는 이유는, 우리가 이번 컨퍼런스에서 주제로 말씀드리는 − 경배에 관한 것입니다. 히 10:19부터 읽겠습니다.

> "그러므로 형제들아 우리가 예수의 피를 힘입어 성소에 들어갈 담력을 얻었나니 그 길은 우리를 위하여 휘장 가운데로 열어 놓으신 새롭고 산 길이요 휘장은 곧 저의 육체니라"(히 10:19-20)

이제 우리가 그 구절을 읽으면, 좀 어렵게 들려 정말로 이해하기 쉽지 않습니다. 그래서 내가 그것을 여러분에게 조금 설명하겠습니다. 제일 먼저 넘버 1, − 구약 성서에서 하나님에 대한 여러분의 경험은 엄격하게 제사장들을 통하여 알 수 있습니다. 분명히 구약성서에서는 사도행전 2장이 아직 일어나지 않아서, 성령이 모든 신자들에게 부어지지 않았습니다. 그래서 만일 여러분이 왕, 제사장, 혹은 선지자 같은 특별한 사람이 아니면, 여러분 자신이 실제는 하나님을 경험할 수 없습니다. 물론, 구약성서에서 성령은 가끔 어떤 사람들에게 기름 부으셨거나 혹은 임재(alight, 내리다, 내려앉다) 하시곤 하셨으나, 대부분 그런 사람들은 항상 왕, 제사장 그리고 예언자들이었습니다. 그래서 만일 여러분과 나 같은 보통 사람이라면 − 실제로 하나님을 경험할 수 없었습니다. 그래서 만일 여러분이 구약성서에서처럼 하나님을 경험하기 원한다면, 여러분도 실제로 제사장이 되어야 했습니다. 1년에 한 번, 요즘 유대인의 욤 키퍼(Yom Kippur) 날인, 속죄일에 대제사장이 성전의 지성소로 들어갔습니다. 여러분이 성전을 기억하신다면, 성전은 기본적으로 세 부분으로 되어있는데, 성전의 바깥 뜰이 있어 이방인들이 그곳으로 갔고, 안 뜰이 있어 이스라엘 사람들과 여인들이 그곳으로 갔고, 제사장들만 들어갈 수 있는 성소가 있고, 그 성소를 지나 지성소가 있었습니다.

지성소는 성소와 분리되어 있는데, 6인치(약 15cm) 두께의 커튼이 그 사이에 쳐져 있고, 성경 히브리서 10장에서 이를 휘장이라고 부릅니다. 그리고 이 커튼인 휘장 뒤에는 언약궤가 놓여 있었습니다. 바로 여기에 하나님께서 거하신다고 이스라엘 사람들은 믿었습니다. 오직 대제사장만이 지성소에 들어가 실제로 하나님을 만날 수 있었습니다. 그것은 1년에 한 번뿐이었습니다. 그래서 하나님의 임재는 휘장 뒤에 계시다고 생각했습니다. 그래서 나 같은 보통 사람이나, 우리들은 실제로 하나님의 임재를 경험할 수 없었습니다.

그러나 예수님이 십자가에서 돌아가셨을 때, 한 가지 특별한 일이 성소에 발생하였는데 – 성소와 지성소 사이를 구분하는 휘장인 – 커튼이 – 여러분이 아시죠? – 둘로 찢어졌습니다 : 그 휘장이 찢어진 것입니다. 여러 가지 중에서, 그것은 상징으로 – 이제 하나님의 임재가 지성소에만 국한되지 않고 열린 것입니다. 그러므로 이제 모든 신자들이 실제로 하나님의 임재를 직접 경험할 수 있게 되었습니다. 더 이상 제사장을 통할 필요가 없습니다. 그런 까닭에 히 4:16 초반에서 저자는 우리에게 그 윤곽을 말해 줍니다 :

"그러므로 우리가 긍휼하심을 받고 때를 따라 돕는 은혜를 얻기 위하여 은혜의 보좌 앞에 담대히 나아갈 것이니라"(히 4:16)

이제, 예수님의 제자로서, 나는 제사장을 통해서 하나님께 기도드릴 필요도 없고, 하나님을 경험할 필요도 없고, 그를 통해서 나의 제물을 드릴 필요가 없습니다. – 나는 나 자신을 희생 제물로 드릴 수 있습니다. 나는 나 자신이 하나님과 모든 관계를 가질 수 있고, 하나님을 경험할 수 있습니다. 내가 넘버 3에 적어 넣은 것을 보면, 여러분과 내가 한 교회 식구로서 함께 모여 예배드리는 큰 이유는 – 우리가 공동으로 하나님의 임재를 경험하기 위한 것입니다. 그것이 우리와 함께 모였을 때 우리가 갖고 있는 넘버 1의 목적입니다. 그것이 교회 예배 건, 소그룹 모임이

건, 믿는 자로서 우리가 함께 모이는 넘버 1의 목적은 하나님을 경배하고, 실제로 하나님의 임재를 공동으로 경험하는 것입니다.

우리가 함께 모여 공동예배를 드릴 때 발생하는 영적 다이내믹(역동성)이 있는데, 그것은 오늘 밤 우리가 한 것 같이, 하나님을 경배하는 다이내믹입니다. 그래서 신학자들은 이것을 – 하나님의 "성령"(pneuma)이라고 부릅니다. "성령" – 성령론 – 하나님의 "성령" – 바로 거기에 하나님의 임재가 일어나고 그곳을 태우십니다. 여러분 중의 많은 사람들이 오늘 밤 그것을 느꼈습니다. – 하나님의 임재, 하나님의 성령이 오셔서, 그분이 이 방에 들어오셔서, 여기에 열기로 가득 차고, 은혜의 공기마저 진하게 느껴집니다. 때로는 우리가 함께 하나님을 경배하는 지리적 장소에 평화가 임합니다. 그분의 임재가 오시고, 그것은 하나님의 성령입니다. 때로는 그것을 거의 손으로 만질 수 있을 것처럼 – 여러분이 그것을 느낄 수 있습니다. 그리고 내가 넘버 1에 써넣은 것 같이 – 그것은 우리의 목적으로, 우리가 함께 모여 예배드리며, 하나님을 경험하고, 하나님의 격려를 받아 씻겨서 새로워지고, 하나님의 임재로 충만해질 때 이루어집니다.

여러분 중에, 나에 대해서 잘 모르는 분들을 위해　니 자신의 배경을 조금 말하겠습니다. – 나는 교회에 다니는 사람으로 성장하지 않았습니다. 나의 부모님들은 훌륭했고, 나를 사랑했던 좋은 분들이었으나 – 그분들은 믿지 않았습니다. 그래서 우리는 교회에 다니지 않았습니다. 그래서 나는 전혀 교회에 다니지 않은 사람으로 성장했습니다. 마침내 내가 예수님을 믿게 된 것은 대학교 4학년 때였습니다. 15년 전쯤, 22살 때 나는 그리스도에게 왔습니다. 그리고 놀랍게 하나님을 경험한 사람 중의 한 사람이 되었습니다. 이런 일이 누구에게나 이런 식으로 일어나진 않습니다. 그러나 나는 하나님과는 상관없이 잘못된 방향으로 시속 100마일(160km)로 달리고 있었습니다. – 하나님은 나의 레이더 스크린에 잡히지도 않았습니다. 그렇게 인생을 살며, 모든 종류의 마약을 하고, 부도덕한 일에 음주까지 했습니다. 그러다가 내가 예수님을 경험한 것입니다. 그분의 은혜로 나는 돌아왔습니다. 그리고 지금 시속 100마일로 그분을 향해 달려가고 있습니다. 왜냐하면 과거 몇 해 동안 그렇게 달렸기 때문입니다.

이제 다시, 누구나 다 이런 식으로 일어난다고는 생각하지 않습니다. 그러나 나에게는 그런 식으로 일어났습니다. 그리고 내가 크리스천이 되었을 때, 나는 성경을 한 페이지도 읽지 않았습니다. 성경에 대해서 아무것도 몰랐습니다. 그러나 나는 성경에 몹시 굶주려있었습니다. 나는 성경을 마구 먹고 싶었습니다. 그래서 성경을 탐욕스럽게 읽기 시작했습니다. 매일. 그때 나의 아내와 내가 만났고 마침내 결혼하게 되어 침례교회를 다녔습니다. 그때 우리 대학에 다니던 한 사람이 내가 다니던 교회의 목사님이 되셨습니다. 그 교회는 참 좋은 교회였습니다. 우리는 그 교회를 사랑했고, 그 교회는 우리 가족이 되었습니다. 마침내 나와 내 아내는 주일마다 결혼한 젊은이들을 위한 주일학교 반을 인도하게 되었습니다. 소그룹이 아닌, 커다란 주일학교 클래스를 인도했는데, 모든 내 친구들이 그 반에 들어왔습니다. 내가 그 교회에 특별히 감사하게 생각하는 것은 우리가 거기서 진실로 말씀에 뿌리를 내린 것입니다. 그 말은 우리가 교회 공동체에 대해서 가르침을 받았고, 공동체의 삶과 친교 유지 등에 대해서 배웠습니다. 그러나 내가 결코 말하지 않은 한 가지는 어느 날 우리 교회에서 내가 이 모든 하나님의 임재를 경험한 것입니다.

아마 그런 경험이 여러분 가운데도 있을 것입니다. 교회에 관해서 – 시 22:3을 보겠습니다.

"이스라엘 찬송 중에 거하시는 주여 주는 거룩하시나이다."

히브리어에서 "거하다"(inhabit)는 말은 "야샵"(yashab)인데, 그 의미는 "앉는다"를 뜻하므로, 거하다, 체류한다, 정착하다, 거주하여 산다 등으로 이해할 수 있습니다. 우리는 그런 일이 우리에게 일어나는 것을 기대하지 못했습니다. 그러나 내가 성경을 연구하기 시작하면서, 나는 그 성경을 우연히 만나게 되고, 실제로 내가 하나님을 경험할 수 있다는 것을 깨닫기 시작했습니다. 우리가 다니던 교회가 진실로 하나님께서 나타나시는 것을 기대하지 않았음에도 불구하고, 나는 내가 그분을 찬양할 때, 하나님께서 나타나시기를 기도하기 시작하였습니다. – 이것은 1980년대로 돌아갑니다. 당시 여러분이 구입할 수 있는 경배 뮤직이 많지 않았습니다. 그러나 나는 우연히 "마라나타 찬양" 카세트테이프를 만나게 된 것을 기억합니다. 나는 그 카세트테이프를 내 차에 틀고 드라이브하면서 듣기 시작했습니다. 그리고 대형 휴대용 카세트에 테이프를 넣고 혼자 어디 가서 듣곤 하였는데, 어느 날 갑자기 나는 하나님께 그 가사를 따라 찬양하면서 내 마음을 드리기 시작했습니다. 그리고 내가 하나님을 무척 많이 사랑한다고 고백하기 시작했습니다. 여러분 그때 무슨 일이 일어났는지 아세요? "야샵(임재)"이 일어난 것입니다. – 내가 하나님을 찬양하기 시작했을 때, 그분의 임재가 오기 시작했고, 나를 터치하기 시작하셨습니다. 그것은 놀라운 치유의 시간이었습니다. 내 과거의 모든 일로부터 치유가 일어나는 놀라운 일이었습니다. 그런 까닭에 우리가 하나님께 찬양을 드리는데(to God) 시간을 소비합니다. 그분께 우리가 경배 찬양을 부릅니다. 많은 경우에 사람들이 우리 교회에 와서 말합니다. "왜 그들은 찬양을 그렇게 오래 부르는가? 왜 중요한 것만 간단히 실시하지 않는가?" 그들은 실로 중요한 메시지나 성경공부를 생각하며 그렇게 말합니다. "왜 우리가 얼른 그것을 하지 않나?" 그러나 그들은 참된 경배를 이해하지 못해서 그렇습니다. 찬양을 통해서 하나님께 우리 마음을 드리는 것 – 그것이 참으로 중요한 것입니다.

최소한 이것에 대해서 나를 놀라게 한 것은, 우리가 함께 모여 찬양 드릴 때는 우리에게 하나님이 오셔서 나타나시기를 간구할 필요가 없다는 것입니다. 그분의 팔을 비틀지 않아도 됩니다. 그분과 흥정할 필요도 없고, 우리가 얼마나 귀한지를 그분에게 말할 필요도 없습니다. 그분이 오셔서 무엇을 하시도록 - "오, 하나님. 오, 하나님. 오시옵소서 우리의 찬양에서 오시옵소서."하고 간구할 필요가 없습니다. 그런 일을 할 필요가 없습니다. - 성서는 말하기를, 우리 모두 해야 하는 일은 그분을 경배하라는 것입니다. 우리가 그분께 찬양하며 경배할 때, 그분이 우리의 찬양 중에 거하십니다. 그러나 너무나 많은 사람들이 그것을 이해하지 못합니다. 대부분 그들은 생각하기를, 하나님이 나타나시도록 하나님께 뇌물을 바쳐야 하고, 하나님이 그들에게 나타나실 만큼 그들이 귀한 존재라는 것을 보여줘야 한다고 생각합니다. 그것은 마치 내가 앞에서 여러분에게 말한 조크 같은 것입니다. 마치 여기서 태어나지 않아 이런 것을 들어본 일이 없는, 새 자전거를 원하는 어린 소년과 같습니다. 그 소년이 부모님께 가서 말합니다. "나는 정말로 새 자전거가 필요해요." 크리스천 가정이어서 그의 부모가 말합니다. "그럼, 너는 예수님께 기도해서 새 자전거를 달라고 해요." 그래서 이 작은 소년이 그의 방으로 들어가서 습관처럼 종이 위에 그의 요구 사항을 적습니다. 그리고 예수님께 기도하기 시작합니다. "사랑하는 예수님, 나는 새 자전거를 원합니다. 나는 지난해 내내 착한 소년이었습니다." 그는 그가 얼마나 가치 있는 존재인지 기도해서 예수님께 알려드리고 새 자전거를 받아야겠다고 생각했습니다. - 그래서 "사랑하는 예수님, 나는 새 자전거를 원합니다. 나는 지난해 내내 착한 소년이었습니다." 그리고 그는 그 종이를 거기에 남겨두었습니다. 그런데 잠시 후, 그의 양심이 그를 괴롭히기 시작했습니다. - "그 말은 정말 사실이 아니지. 내가 지난해 내내 착하진 않았지." 그래서 그는 그 종이를 똘똘 말아 버린 후, 예수님께 두 번째 기도문을 쓰기 시작했습니다. "사랑하는 예수님, 나는 새 자전거를 원합니다. 나는 지난해 내내 착한 소년이었습니다." 그리고 그는 생각했습니다. "그것이면 자전거를 받기에 아주 충분할 거야." 그러나 잠시 후 그의 양심이 그를 다시 괴롭히기 시작했습니다.

"그 말은 정말 사실이 아니지. 나는 지난해 내내 착한 소년이 아니었지." 그래서 그는 그의 머리를 짜서 생각하기 시작했습니다. — "예수님이 그에게 새 자전거를 주시도록 어떻게 기도해야 하나?" 마침내 하나의 아이디어가 떠올랐습니다. 그래서 그는 아래층으로 뛰어 내려갔습니다. 그의 부모님이 마리아상을 놓아둔 벽난로 위의 선반에 이르렀습니다. 그리고 그는 그 마리아상을 꽉 집어 그의 겨드랑이에 그것을 숨기고 위층으로 뛰어가 자기 침실로 들어갔습니다. 그는 그것을 담요로 싼 다음에 그의 침대 밑에 처박아 놓았습니다. 그런 후 그는 예수님께 세 번째 편지를 쓰기 시작했습니다. "사랑하는 예수님, 나는 새 자전거를 원합니다. 만일 당신이 당신의 어머니를 다시 보기 원하신다면…"

많은 사람들은 우리가 함께 모였을 때 "오시는 것"을 포함해서 하나님이 무엇을 하시도록 하기 위해 그런 사고방식을 갖는 것을 마치 우리가 그분의 팔을 비틀어야 하고, 그분이 오실 만큼 우리가 가치 있는 존재인 것을 증명해야 한다고 생각합니다. 그러나 진리는, 하나님께서는 사람들이 원하는 모든 곳에, 함께 있기를 원하는 모든 것에 오시기를 기뻐하시는 것입니다. 내 말은 자연스럽게 — 여기에 부모님들이 얼마나 많이 있습니까? 부모님들 손을 들어 보세요. 네. 우리는 자녀들을 가지고 있습니다.

우리 애들은 지금 1학년, 2학년생입니다. 만일 여러분이 우리 애들보다 좀 더 나이 먹은 애들이 있다면, 지난날을 기억해보십시오. — 여러분의 애들이 어렸을 때, 여러분은 어떻게 느끼셨습니까? 여러분의 애들이 와서 여러분을 허그를 하고, 여러분에게 키스하며, 여러분 주위에 함께 있을 때 여러분의 태도는 어떠했습니까? 애들이 그렇게 하는 것이 여러분으로 하여금 어떻게 느끼게 하였나요? 그들에게 말했습니까? "나는 네가 이렇게 행동하는 것을 싫어한다. 내 주위에 이렇게 머무르며 나를 사랑하는 것을 싫어한다!" 아니죠. 우리는 그렇게 말하지 않습니다. 그렇지요? 여러분이 그렇게 안 하시기를 바랍니다. 심각한 치료가 필요한 경우가 아니면, 우리는 그런 식으로 행동하지 않습니다. 아닙니다. 우리 애들이 우리와 함께 머물기를 원하는 것을 좋아합니다. 하나님도 마찬가지입니다. 야고보는 약 4:8에서 그것을 이렇게 말합니다 :

"하나님을 가까이 하라. 그리하면 너희를 가까이 하시리라."

그것이 진리입니다. 우리가 개인적으로 그리고 공동체로 찬양 드리며 하나님께 가까이 나아갈 때, 그분도 우리에게 가까이 오십니다. 이것의 반대도 마찬가지로 진리입니다. 나는 우리가 하나님이 오시도록 초청하지 않는다면, 그분은 통상적으로 교회 예배나 소그룹 모임 등에 오시지 않는 것을 발견했습니다. 사람들이 그분을 환영하는 곳에서, 사람들은 그분께 가까이 갑니다. 여러분에 대해서는 잘 모르겠습니다만, 만일 하나님께서 우리 예배 중에 나타나지 않으시면, 그때 나의 태도는 "그럼 왜 우리가 모이는가?"하는 것입니다. 여러분 중에는 신학적으로 생각할 몇 분이 계실 것입니다. "자, 브라이언, 나는 이렇게 이해해요. 하나님께서 우리의 찬양 중에 거하시고, 그분이 오시는 것에 대하여 당신이 말한 것을 나는 이미 알고 있어요, 그래서 나는 내 심령 속에 하나님이 계시다고 생각합니다." 물론 예수님이 여러분의 주요, 구세주로서 영접할 때, 하나님께서는 성령을 통하여 오셔서 여러분 심령 안에 거하십니다. 그러나 여러분, 우리 주위에서나 우리가 하나님의 임재를 경험하는 우리 심령으로나, 우리 안에 계신 그분을 경험하는 것과 다릅니다.

실제로 두 가지 예를 성서에서 말씀드리겠습니다. 왕상 8:10부터 보겠습니다. 비디오 스크린에 나올 것입니다.

"제사장이 성소에서 나올 때에 구름이 여호와의 전에 가득하매 제사장이 그 구

름으로 인하여 능히 서서 섬기지 못하였으니 이는 여호와의 영광이 여호와의 전에 가득함이었더라."

여러분, 이것은 하나님의 성령이 임재인데 – 하나님의 임재가 그 특정한 시간에 너무 가득해서 제사장이 능히 서서 섬길 수 없었습니다. 또 다른 예를 신약성서 행 4:31에서 드리겠습니다 :

"빌기를 다하매 모인 곳이 진동하더니 무리가 다 성령이 충만하여 담대히 하나님의 말씀을 전하니라."

하나님의 임재가 그들이 모인 장소에 너무 강력하게 나타나 – 아마도 누군가의 집이 – 실제로 성령의 임재로 흔들렸습니다. 보세요. 이것은 하나님의 성령의 임재 역사의 또 하나의 예입니다. 하나님의 임재가 내려와 그곳을 가득 채우고, 진동시킨 것입니다. 시 34:8에서 다윗 왕이 말한 것을 보십시오 :

"너희는 여호와의 선하심을 맛보아 알찌어다."

"맛보다"라는 히브리어는 "인식하다"라는 뜻이고, "보다"는 "즐기다"를 의미합니다 – 즉, 우리가 주의 임재를 알고 기뻐해야 한다는 뜻입니다. 그것은 영적으로 맛있는 것입니다. 그리고 그것을 체험하기를 바라는 것입니다. 그러나 수많은 크리스천들은 하나님과의 관계는 모두 인식하는 것으로, 모두 머리로 깨달아 알 수 있는 것이라는 태도를 갖고 있습니다 – "내가 이 사실을 파악해야겠다. 내가 성서가 뜻하는 것을 모두 이해해야겠다."라는 태도입니다 – 그 모든 것이 중요합니다. 그러나 체험이 없고, 하나님의 임재를 정기적으로 경험하지 못하면, 우리의 내면은 메말라 버립니다.

이 예배당에 오신 여러분은, 내가 하나님의 임재를 경험하는 것에 대해서 언급할 때 — 오늘 여러분이 우리의 경배 컨퍼런스에 등록비를 지불하고 오신 여러분도 아마도 내가 말씀드리는 — 하나님의 임재를 정기적으로 경험하라는 것에 대해 알 것입니다. 우리는 주말마다 예배드리러 교회에 옵니다. 그리고 매주 우리는 여러 가지 문제를 가지고 교회에 옵니다. 이 타락한 세상에 살고 있기 때문에, 우리는 어려운 문제들이 있습니다. 골치 아프고 갈등하는 삶의 어려운 문제들입니다. 모두 정상적인 문제들입니다. 그러나 우리는 그 문제들을 가지고 경배에 참석하며, 주말마다 예배드립니다. 그러나 우리가 하나님을 경배하기로 결정할 때 하나님도 우리에게 오십니다. — 바로 야샵(임재)입니다. 그분이 우리의 어려운 문제들을 해결하기 시작하십니다. 그래서 우리는 다시 충전되고, 영원한 일에 다시 초점을 맞추고, 새롭게 됩니다. 우리의 환경에 아무것도 변하지 않는다 하더라도, 우리는 변화됩니다. 왜냐하면 우리가 하나님을 만났기 때문입니다. 하나님의 임재가 우리를 터치하셨습니다. 그렇기 때문에 우리가 경배를 바로 이해하고, 하나님의 임재를 체험하는 것이 매우 중요합니다. 또한 그런 이유로 우리는 예배드리러 오고, 우리 교회 가족공동체로 하나님의 임재를 체험하러 옵니다. 다음에 하나님의 임재를 경험하는 것이 어떤 것인지 여기서 보겠습니다. 히 10:21-22입니다:

> "또 하나님의 집 다스리는 큰 제사장이 계시매 우리가 마음에 뿌림을 받아 양심의 악을 깨닫고 몸을 맑은 물로 씻었으니 참 마음과 온전한 믿음으로 하나님께 나아가자." (히 10:21-22)

바로 그것이 하나님의 임재를 경험하는 것입니다. "우리가 마음의 뿌림을 받아 양심의 악을 깨닫고 몸을 맑은 물로 씻김을 받는" 경험입니다. 다른 말로 하면, 우리가 하나님의 교재를 경험할 때, 그의 임재가 우리에게 와서 우리의 마음을 다시 부드럽게 만듭니다. 무엇을 위해서 다시 부드럽게 만든다고요? 우선 그분에게 다시 부드럽게 됩니다. 잃는 자를 다시 부드럽게 되고, 마음이 상한 자를 다시 부드럽게 되고, 가난하고 학대받은 사람들에게 다시 부드럽게 됩니다. 그래서 그것이 지극히 중요합니다. 왜냐하면 우리 모두의 마음이 너무 쉽게 강퍅하게 되는 것이 사실이기 때문입니다. 그렇지요? 내 말은, 우리가 이 세상에 살고 있기 때문에 – 밖에 나가 1주에 160시간을 살고 주말에 교회에 오면, 우리 마음은 어려운 세상 일로 인해 강퍅해져서 옵니다. 하나님에 대해서 냉담하고, 잃은 자에게 냉담하고, 가족과 교회에도 냉담합니다. 그러나 보세요. 우리가 하나님을 경험할 때, 그 냉담함이 우리 마음에서 씻겨지기 시작합니다. 그래서 우리의 마음도 다시 부드럽게 됩니다. 그런 까닭에 하나님의 임재 경험이 매우 중요합니다. 다음으로 여기 22절 마지막에 이렇게 말합니다. "우리의 몸이 맑은 물로 씻김을 받았다"라고. 그것은 우리가 하나님의 임재를 만났을 때 일어나는 내면의 씻김을 언급하는 것입니다. 그것은 실제로 구약성서에서 제사장들이 씻길 때 일어나는 일을 상징적으로 말하는 것입니다. 그래서 나는 여러분이 아시기를 바랍니다. 우리가 죄책감을 덜 느끼려고 교회에 오는 것이 아닙니다. 우리가 필요한 것을 채우려고 교회에 오는 것도 아닙니다. 우리가 그리스도 안에서 형제, 자매로서 교회에 예배드리러 오는 것은 우리와 함께 하나님의 임재를 경험하러 오는 것입니다.

3) 공동예배 – 교회의 중요성

다시 22절로 돌아가겠습니다. "참 마음과 온전한 믿음으로 하나님께 나아가자." 이는 "우리가 마음에 뿌림을 받아 양심의 악을 깨닫고 몸을 맑은 물로 씻었으니"라고 말합니다. 보세요. 그래서 교회에 오는 것이며, 경배 중에 하나님을 경험하는 것입니다. 그것은 원더풀이고 감격적입니다. 그것은 우리가 하나님과 동행하는데 지극히 필요하며 중요한 것입니다. 그러나 여러분은 다시 말할 것입니다.

"브라이언, 왜 우리가 그것을 집에서 할 수가 없습니까?" 물론 여러분이 집에서도 할 수 있고, 해야 합니다. - 그러나 함께 모여 공동으로 하나님을 경험하는 것과 개인적으로 가정에서 하나님을 경험하는 것에는 차이가 있습니다. 실제로 시 87:2를 보겠습니다.

"여호와께서 야곱의 모든 거처보다 시온의 문들을 사랑하시는도다."

여기서 "시온의 문"은 하나님의 하늘 도성을 의미합니다. 그곳에서 예수님을 따르던 모든 사람들, 모든 성인들, 모든 교회가 어느 날 함께 모여 그분을 경배 드릴 것입니다. 이 구절에서 하나님께서 그분의 모든 가족이 함께 모여 그분을 경배하는 것을 사랑하신다고 말합니다. 즉 그분은 모든 다른 야곱의 개인적인 거처(집)보다 함께 모이는 것을 더욱 사랑하십니다. 다른 말로 하면, 하나님께서는 우리가 서로 모이지 않으면 불완전하게 만드셨습니다. 그러기에 그분은 우리가 공동으로 함께 모이기를 원하십니다. 그러므로 그분은 우리가 한 개인으로 있을 때 우리에게서 어떤 것을 유보하셨다가, 우리가 공동으로 함께 모였을 때 우리에게 그것을 주십니다. 그런 후 히브리서 저자는 히 10:23-25에서 이 섹션을 마칩니다.

"또 약속하신 이는 미쁘시니 우리가 믿는 도리의 소망을 움직이지 말고 굳게 잡아"

여기서 잠시 멈추어 생각하겠습니다. 여러분이 믿는 도리의 소망에 여러분이 흔들린 것 같은 것을 느끼신 적이 있습니까? 나는 있습니다. 저자는 여기서 "우리가 믿는 도리의 소망을 움직이지 말고 굳게 잡자"라고 말합니다. 어떻게 우리가 그렇게 할 수 있을까요? 악한 양심으로부터 우리 마음이 씻김을 받음에 의해 가능합니다. 그러면 어떻게 우리가 악한 양심으로부터 우리 마음을 씻김 받을 수가 있나요? 하나님을 경험함으로 가능합니다. 어떻게 하나님을 공동적으로 경험하는 일이 일어날까요? 그 모두는 경배로 돌아가야 합니다. 우리의 믿음의 도리와 흔들림이 없이 우리의 소망을 굳게 잡을 수 있는 유일한 길은 우리가 공동으로 모여 하나님의 임재를 계속해서 경험하는 것입니다. 바로 그곳에 그분의 임재가 오셔서 악한 양심으로부터 우리 마음을 깨끗하게 씻기십니다. 저자는 계속해서 말합니다.

"또 약속하신 이는 미쁘시기" 때문이라고 합니다.

그런 후 계속해서 말합니다.

   "서로 돌아보아 사랑의 선행을 격려하며 모이기를 폐하는 어떤 사람들의 습관
    과 같이 하지말며"

여기서 그는 교회 예배에 대해서 말하며 – 어떤 사람들의 습관처럼 – 폐하지 말라고 말합니다 – 그는 말합니다. "그것을 폐하지 말라. 그 대신에 오직 서로 권하며, 그날이 가까움을 볼수록 더욱 그렇게 하자."라는 의미의 말을 합니다.

실제로, 만일 우리가 정기적으로 하나님의 임재를 경험하며, 서로 돌보며 사랑의 선행을 격려한다면, 여러분과 나는 뜨거운 마음과 생명력을 가지고 그리스도와 함께 계속 동행할 수 있을 것입니다. 그러나 그런 일이 여러분 혼자 스스로 할 수 없습니다. 그것은 오직 여러분이 교회에 참여하며, 교회 가족으로 연결될 때만이 가능합니다. 그리고 정기적으로 임재 경험을 하지 못하면, 우리는 그리스도와 동행하는 삶이 더욱더 미지근해질 것입니다. 그런 이유 때문에 많은 크리스천들이 쉽게 다시 타락에 빠진다고 믿습니다. 그것은 그들이 진실로 경배를 이해하

지 못했기 때문입니다. 그들은 경배 드리며 하나님께 그들의 마음을 드리는 것을 잘 알지 못했습니다. 우리가 공동체로 모여서 경배 드릴 때 하나님의 임재가 임하며, 그분이 악한 양심에서 우리의 마음을 깨끗이 씻는 것을 이해하지 못했기 때문입니다. 만일 우리가 그것을 받지 못하고, 진실로 하나님의 임재를 경험하지 못하고, 우리 교회의 예배 중에 오시는 하나님을 기대하지 않아, 정기적으로 악한 양심으로부터 우리 마음을 씻기지 못하면, 그 결과 때로는 교회는 의미 없고, 지루하게 되며, 정기적으로 더 많이 잃기 시작해서, 곧 우리 모두가 타락으로 빠질 것입니다. 그래서 여러분 그 원인은 정기적으로 하나님을 경험하지 못한 것으로 귀착됩니다.

혹 여러분 중에서, 누군가는 "그렇다면 나는 크리스천이 되기 위해서 교회에 갈 필요가 없습니다. 내가 가야 합니까?"라고 말할 것입니다. 신학적으로, 안 됩니다. 내가 신학적으로 말해서. 여러분은 예수 그리스도에게 여러분의 삶을 복종시켜야 한다는 뜻입니다. 만일 여러분이 "예수는 나의 주님이십니다."라고 입으로 고백하고, 하나님께서 죽은 자 가운데서 그분을 살리사 여러분이 구원받을 것이라고 마음으로 믿는다면 – 신학적으로 안 됩니다. 내 말의 의미는 십자가에 달린 한 강도를 말합니다. – "예수여, 나를 생각하소서."라고 말한 강도입니다. 그때 그분이 말씀하십니다. "내가 진실로 진실로 네게 이르노니 오늘 네가 나와 함께 낙원에 있으리라." 그 안에 신학적인 것이 있습니다. 아닙니다. 여러분은 크리스천이 되기 위해서 교회에 갈 필요가 없습니다. 그러나 만일 여러분이 예수님을 향한 정열을 갖는 크리스천이 되기 원한다면, 그 대답은 절대적으로 예스입니다. 크리스천이 되기 위해서 정기적으로 교회에 가야 합니다. 적어도 정열을 가지고 승리하며 살기 원한다면 교회에 가야 합니다. 함께 모여 경배 드리는데 놀라운 가치가 있습니다. 그것은 모두 경배에 관한 것입니다. 그러므로 그것을 폐하지 마십시오. 혹자는 말할 것입니다. "그러나 나는 매주일마다 교회에 가고 싶지 않습니다." 여러분 무엇인지 아시죠? 실망입니다. 여러분은 그것을 씻어버리고 어쨌든 가야 합니다. 그것이 바른 진리입니다. 수많은 사람들이 지난 여러 해 동안, 수백 번도 넘게 나에게 와서 말한 간증이 있습니다. - "브라이언, 나는 오늘 교회에 오고 싶지 않았습니다. 오고 싶지 않았으나, 나 자신을 강요해서 왔는데, 그렇게 온 것이 기쁩니다. 왜냐하면 하나님께서 진실로 나를 만나셨고, 정말 내가 참석해야 할 예배였습니다." 원수가 여러분의 삶에 무엇인가 역사해서 여러분이 교회에 오고 싶지 않게 만든다고 생각하지 않으십니까? 그런 일이 언제나 우리 모두에게 일어납니다.

이제 기억하실 것은, 예수님이 우리의 모델이십니다. 그분이 매 안식일마다 회당 모임을 폐하셨다고 생각하십니까? 아닙니다. 성서는 말합니다. "그분의 습관에 따라, 그분이 안식일에 회당에 가셨습니다." - 그분은 우리의 모델입니다. 그래서 우리가 함께 모여 교회에서 예배드리는 커다란 이유는 공동으로 하나님을 경험하며, 경배 드리기 위함입니다. - 그것이 중심입니다. 그래서 여러분이 아시죠? 하나님의 임재가 소그룹으로 모여 예배드릴 때 참으로 강하게 나타납니다. 그러나 우리는 하나님을 진실로 풍성히 경험하지 못합니다. 그런 일이 여러분에게도 일어났었나요? 나에게는 일어났었습니다. 무엇 때문에 그럴까요? 종종 우리는 혼자서 하나님께 가까이 가지 못하기 때문입니다. 그래서 넘버 3을 보겠습니다.

i) 미리 준비한다

나는 경배 중에 하나님의 임재를 여러분이 체험할 수 있도록 돕기 위하여 3가지 방법을 제시하겠습니다. 여러분이 교회에 와서나, 소그룹에 갔을 때 - 3가지 방법은 경배 중에 우리가 하나님의 임재를 경험하도록 도울 것입니다. 첫째, A는 - 만일 우리가 경배 중에 하나님을 경배하기 원한다면, 그분의 임재를 경험하기 위하여 우리 자신을 준비해야 합니다. 불행하게도 예수님을 따르는 많은 사람들이 주말에 교회에 참석하면, 그들이 생의 최고의 소명을 성취한 것처럼 생각합니다. 만일 그들이 30분 늦게 도착해도 사명을 완수한 것처럼 생각합니다. – 실제는 우리 교회에 때로 1시간 늦게 교회에 도착하는 사람도 있습니다. 우리 교회 어린이 지도목사인 조디 킹이 얼마 전에 나에게 말했습니다. 우리 교회 누군가가 – 우리 교회 예배는 1시간 15분 동안 계속되는데 – 이 부인이 한 시간 늦게 교회에 도착해서 어린이 사역부에 있는 그녀의 애들을 찾았답니다. 그녀는 말합니다. "오, 15분 남았군." 조디가 그녀에게 말했습니다. "예배가 거의 끝나가는 것을 아시죠?" "예, 내가 조금 늦었습니다." 조금 늦었다고요? 그러면 다음 예배를 기다리시는 것이 어떻습니까? 그러나 많은 크리스천들은 그들이 교회 예배에 오기만 하면 된다고 생각합니다. 그것은 마치 그들이 예배 출석의 신령한 은사를 가졌다고 생각하는 것 같습니다. 그래서 그것이 그들이 할 수 있는 모든 것입니다. 그러나 하나님께 경배를 위해서, 혹은 하나님을 경험하기 위해서 준비하지 않습니다. – 사실은 넘버 1을 보세요. – 준비는 그 전날 밤에 시작한다.

만일 여러분이 주일예배를 드리러 간다면, 주일은 한 주간에서 가장 고대되는 날이 되어야 합니다. "자, 우리는 내일 함께 하나님을 만날 것입니다. 우리는 내일 함께 하나님의 임재를 경험할 것입니다. 아주 강력하게 – 그것은 놀라운 일이 될 것입니다." 나는 시 16:11에서 그 시인을 생각합니다. 하나님의 임재 안에 – 거기는 기쁨이 충만한 곳입니다. 자, 우리는 교회에 가서 하나님의 임재를 경험할 것입니다. 거기엔 기쁨이 있을 것입니다. 그러나 우리 중 많은 사람들은 – 때로는 토요일 밤늦게까지 머무릅니다. 우리가 죄짓는 것은 아니지만 – 그러나 어떤 사람은 밖에 나가 죄를 짓고, 대부분은 토요일 밤에 죄를 짓지 않습니다. 그래서 우리는 단순히 외출해서 재미있는 시간을 가집니다. 너무 늦게까지 밖에 나가 있어서, 주일에 교회에 와서는 몹시 피곤해합니다. 정신도 흐리멍텅하고, 기운도 없고, 흥미도 없습니다. 그래서 내가 여러분에게 도전하기 원합니다. 토요일 밤을 지혜롭게 보내십시오. 토요일 밤에 잠을 푹 자도록 노력하십시오. 왜냐하면 그 다음날이 한 주간의 가장 중요한 날이기 때문입니다. 내 아내와 나는 – 오래전에 우리가 목회를 시작하기 전에 약속했습니다. 토요일 밤에 일찍 잠자리에 들어가는 것을 약속했습니다. 그래야 우리가 주일에 교회에 가서 경배 드릴 때에 맑은 정신으로 최선을 다할 수 있기 때문입니다. 우리가 그런 약속을 하게 된 한 가지 이유는 우리가 우리의 교회를 사랑했기 때문입니다. 한 번은 우리가 토요일 밤늦게까지 밖에 있었습니다. 친구들과 함께. 그리고 다음날 교회에 가서, 그날 내 눈을 뜰 수 없었습니다. 누가 설교를 했는데, 좋은 메시지였습니다. 그러나 나는 피곤해서 – 주말에 여러분 중의 어떤 사람처럼 – 머리를 계속 떨구고 졸았습니다. 나는 그것을 싫어합니다. 그래서 돌아와 그 후에 말했습니다. "오케이, 우리가 하나님과 계약을 맺자. 만일 우리가 피할 수만 있다면, 우리는 토요일 밤에 늦도록 외출하지 않겠다."라고. 우리가 하나님을 경배하기 위해 일찍 잠을 자고, 숙면하는데 헌신하자는 약속을 했습니다.

준비 – 준비의 또 하나의 부분은 넘버 3 – 기도입니다. 그날 아침에 기도를 드립니다. "오, 하나님. 우리에게 나타나세요. 하나님, 오셔서 나에게 역사하소서. 하나님, 우리는 당신을 경험하기 원합니다." 일주일 내내 그렇게 기도하며 하나님이 오시도록 초청합니다. 예수님이 말씀하신 것처럼 "우리가 얻지 못함은 구하지 않은 까닭이라." 여러분 진실로 하나님께서 우리 가운데 크고 놀라운 일을 행하시도록 기도하십니까? 그분이 오시도록 초청하십니까? 여러분 자신의 마음이 하나님으로부터 받을 준비가 되도록 기도하십시오. 그래야 여러분의 마음이 마태복음 13장처럼 하나님께서 말씀의 씨를 심은 좋은 밭이 될 것입니다. 그날도 하나님의 쓰임 받기 위하여 기도하십시오. 하나님께서 여러분을 쓰시도록 기도하십시오. 히 10:24로 돌아가 보면, 이렇게 말합니다 – 서로 서로 격려하여 사랑하고 선한 행실을 하도록 자극하는 방법을 생각하십시오.라는 뜻입니다. 그것이 우리가 행하는 일이 되어야 합니다. 서로서로 격려하고 우리가 예배드릴 때, 우리가 예언할 때, 우리가 서로를 위해 기도하고, 서로를 위해 섬기면서 그렇게 해야 합니다. 바울이 엡 2:10에서 말합니다.

> "우리는 그의 만드신 바라. 그리스도 예수 안에서 선한 일을 위하여 지으심을 받은 자니, 이 일은 하나님이 전에 예비하사 우리로 그 가운데서 행하게 하려 하심이라."

하나님께서 우리를 위하여 가지신 그 선한 일의 한 부분도 우리가 교회에서 예배 드리는 것입니다. 그래서 우리는 기도합니다. "하나님, 오늘도 내가 어린이 교육부에서 애들을 섬기고, 혹은 청년부에서 혹은 주차장에서, 혹은 커피바에서, 혹은 안내원으로 섬길 때 나를 쓰시겠습니까? - 하나님, 오늘 나를 쓰시겠습니까? 성령이여, 나를 채우시고, 나를 쓰소서. 하나님, 나는 당신 손에 들린 도구가 되기 원합니다." 바라기는 여러분이 교회에서 어떤 모양으로나 섬기기를 원합니다. 이 것은 정말 준비할 필요가 없으나, 3가지 방법을 제안하겠습니다. - 여러분이 교회에 오실 때, 우리 모두가 행하기 원하는 것이 있는데 - 서로에게 친절하십시오. 우리가 그곳에 가기 좋아하는 것처럼 행동하십시오. 웃으시며 - 사람들에게 친절하세요 - 왜냐하면, 이런 것에 대해서 실제로 연구한 것이 있는데 - 누가 새로운 교회에 처음 가게 되면, 어떤 교회든지 - 그들이 그 교회에 다시 오던지 안 오던지 결정하는 것은 그들이 그 교회에 도착한지 첫 4~8분 안에 이루어진답니다. 그들은 아직 찬양도 들어보지 못했고, 설교 메시지도 듣지 않았지만, 그들은 우리를 들은 것입니다. 우리가 친절합니까? 환영합니까? 그들이 교회에 온 것을 기뻐합니까? 사람들이 듣는 첫 "설교"는, 우리가 교회 입구에서 설교하는 설교입니다. 주차장에서 하는 설교입니다. 만일 우리 모두가 일주일 내내 이렇게 하면, 거기서 하나님께서 주말에 진실로 능력으로 나타나시기를 기도하고, 그분이 오시는 것을 환영하고, 하나님께서 우리를 쓰시도록 간구하며 – 준비하는 것이 놀랍지 않습니까? 그것이 우리로 하여금 하나님의 임재를 경험하도록 돕습니다.

ii) 일찍 온다

찬양(경배) 중에 하나님의 임재를 경험하는 것을 돕는 두 번째 방법은 교회에 일찍 오도록 계획하는 것입니다. "오, 브라이언. 그것은 그렇지 않아요! 일찍 오라고요?" 자 그것을 이런 식으로 생각하십시오 – 여러분은 직장에 늦게까지 있습니다. 왜 우리는 하나님을 만나러 오는 일을 대수롭지 않게 생각하십니까? 늦게요? 우리는 그렇게 생각하지 않습니다. 그래서 교회에 일찍 오도록 계획하십시오. 중요한 말이 무엇인지 아십니까? – 계획을 세우라는 말입니다. 만일 여러분이 계획을 세우지 않으면, 그런 것은 결코 일어나지 않을 것입니다. 왜냐하면 영적 전쟁이 교회 시작 전 주일 아침에 두 배로 강하게 일어나기 때문입니다. 혹은 만일 여러분이 주일 전날인 토요일 밤에 늦게까지 외출하면, 더 서두르게 되어 – 모든 문제가 발생합니다. 만일 애들이 있어 그들이 서로 싸우고, 그들이 신발을 찾지 못하고, 급하게 서두르면 – 나중에 문을 나서기 직전에 누군가 말합니다. "나는 화장실에 가야 하는데." 그리고 그 사람이 여러분의 배우자입니다. – 그래서 여러분이 바쁘게 서두르면 긴장하게 되고 화를 냅니다. 그래서 마침내 교회에 오게 되면, 여러분은 늦게 도착해서 앉을 자리를 찾지 못하고 다른 사람들과 인사 나눌 시간도 없습니다. 그런 후 하나님을 경배할 마음의 준비가 된 때는, 이미 경배 시간을 놓칩니다. 그 시간이 끝납니다. 경배 시간을 망친 것입니다. 그래서 우리는 교회시간에 일찍 오도록 계획을 세워야 합니다. 그러면 우리가 여러분을 도울 일이 또 무엇이 있겠습니까? 그러니 주일 아침을 위해서 여러분이 할 수 있는 모든 일을 토요일 밤에 하십시오. 토요일 밤에 미리 입을 옷도 골라 놓으세요. 애들 옷도 골라 놓으세요. 주일 아침 식사에 무엇을 먹을까도 토요일 밤에 결정하세요. 시리얼을 먹으려면 – 그릇도 미리 꺼내놓고, 시리얼도 그릇에 담아 놓으세요. 그릇에 있는 시리얼에 우유를 미리 따라놓으면 – 다 흠뻑 젖겠지만, 준비가 완료된 것입니다. 그러면 여러분이 늦지 않을 것입니다!

여러분은 주일 아침에 입을 옷을 입고 토요일 밤에 자는 것까지 생각할 수 있습니다. 만일 여러분이 늦게 일어나는 사람이라면 – 나도 늘 그렇게 준비하는 사람이었습니다. 미리 준비를 다 합니다. 내가 1학년 때에 침대에 들어가면, 어머니가 들어와서 굿나잇 키스를 해주시고 이야기를 해주셨습니다. 어머니가 나에게 굿나잇 키스를 해주시려고 들어와서 이야기할 때 나는 얼굴에 이런 우스운 표정을 지었습니다. 그러면 어머니는 침대 카버를 뒤로 잡아당겼습니다. 그때 나는 벌써 그 다음날 학교 갈 준비를 하고 옷을 입고 침대에 누워있었습니다. 그래서 여러분, 여러분이 만일 예배 시작 전까지 교회에 일찍 오게 되면, 여러분은 여유가 있을 것이고, 하나님을 만나고 경배할 마음의 준비가 이미 되어 있어, 첫 찬송을 부르며 하나님께 경배를 시작할 수 있을 것입니다. 그러므로 교회에 일찍 오도록 계획하십시오. 상상해 보십시오. 우리 교회에 다니지 않는 분들도 – 여러분의 목사님이 어떻게 생각하는가를 상상해보십시오. 만일 전 교인이 예배당 안에 들어와 경배 드릴 준비가 되어있다면, 예배 시작 15분 전에, 그것은 아마 주의 재림을 기다리는 것과 같은 기적이 될 것입니다. 이것에 대하여 마지막으로 한 가지 생각할 것은 – 여러분의 준비가 어떤 모습 같을까요? 여러분의 스케줄이 어떻게 될까요? 만일 실제로 예수님이 여러분에게 말씀하시며, 여러분과 만날 약속을 갖기로 결정하신다면, 어떤 시간에, 다음 날 아침이던, 어느 때던 – 그분이 이 시간에, 이 장소에서 여러분을 만나려 하신다면 – 그 만날 약속을 위해서 여러분이 스케줄을 어떻게 잡을까요? 어떻게 준비하시며, 어떻게 계획을 세우시겠습니까? 자, 여러분은 아시죠? 예수님께서 그와 같이 매주 여러분이 예배를 드리러 올 때마다 여러분을 만나기 원하십니다. 그분이 그와 같이 여러분을 만나기 원하십니다. 그러므로 여러분 자신이 준비하시고, 교회에 일찍 오시도록 계획하십시오.

iii) 예수님께만 초점을 둔다

하나님의 임재를 경험하는데 마지막으로 할 일은 C입니다. – 예배가 시작되면 하나님께 초점을 맞추십시오(집중하십시오)! 그 말이 아주 단순하게 들리지만, 실제는 의지의 결정이 필요합니다. 다른 말로 하면, 여러분이 찬양 속으로 들어오면, 밴드(찬양팀)에 초점을 두지 마시고, 예배 끝난 후에 하실 일에 초점을 두지 마시고, 이런저런 옷에도 초점을 두지 마시고, 무엇을 입었나에 초점을 두지 마시고, 주보도 읽지 마십시오. 히 12:2은 이렇게 말합니다.

> "믿음의 주요 또 온전케 하신 이인 예수를 바라보라."(unto Jesus, 예수님 속만
> 바라보자, KJV)

왜냐하면 실제로 여러분과 내가 교회 예배나 소그룹에 참여할 때마다, 우리는 선택합니다. 그래서 모든 생각이 내 머릿속에서 떠나가게 하고, 오직 주님 한 분에게만 초점을 두려고 선택합니다. 아니면 그냥 내가 생각나는 대로 따라갈 것인가? 내가 예수님 한 분에게만 초점을 둘 것인가? 아니면 다른 생각을 따라갈 것인가? 그것은 선택입니다. 바울이 고후 3:18에서 말한 것 같이 :

> "우리가 다 수건을 벗은 얼굴로 거울을 보는 것 같이 주의 영광을 보매 저와 같
> 은 형상으로 화하여 영광으로 영광에 이르니 곧 주의 영으로 말미암음이니라."

이 구절이 무엇을 말합니까? 우리가 거울을 보는 것 같이 주의 임재를 보는 선택을 할 때 – 그건 그렇고, 옛날 거울은 오늘날 거울과 같지 않습니다. 옛날 거울은 요즈음 거울같이 완전하게 반사하지 않았습니다. 희미하게 보였습니다. 그래서 우리가 하나님을 경배할 때 언제나 희미하게 반사했습니다. – 하나님을 분명하게 보지 못합니다. 그러나 우리가 그분을 보기를 선택한다면, 우리가 그분을 경배하

면서 우리 마음을 그분께 드립니다. 그때 변화가 일어납니다. — 그것을 여기서 말합니다 — 그분이 우리를 영광에서 영광에 이르는 같은 형상으로 변화시키십니다. 마치 주님 말씀 듣고 성령에 이끌리는 것 같습니다. 그러면 어떻게 우리가 하나님께 초점을 맞추나요? 여기에 두 가지가 있습니다. 성서가 말하는 하나님을 그려보십시오. 그리고 성서가 말하는 예수님을 그려보십시오. 내가 여러분에게 계시록 1장에 나오는 몇 구절을 말했습니다. 거기서 요한이 본 것은 대부분 상징적이나, 여러분은 읽으면서 그분의 위엄을 느낄 수 있습니다. 그분의 초월성을 느낄 수 있습니다. 무엇이라고 말하는가 보겠습니다.

"촛대 사이에 인자 같은 이가 발에 끌리는 옷을 입고 가슴에 금띠를 띠고 그의 머리와 털의 희기가 흰 양털 같고 눈 같으며 그의 눈은 불꽃같고 그의 발은 풀무에 단련한 빛난 주석 같고 그의 음성은 많은 물소리와 같으며 그의 오른손에 일곱별이 있고 그의 입에서 좌우에 날선 검이 나오고 그 얼굴은 해가 힘 있게 비치는 것 같더라"(계 1:13-16).

이 놀라우신 하나님은 예수 그리스도라는 이름으로 오셨던 분입니다 — 우리는 성서가 묘사하는 대로 그분을 그립니다. 계시록 4장에서 그는 하나님 아버지를 만납니다 :

"내가 곧 성령에 감동되었더니 보라 하늘에 보좌를 베풀었고 그 보좌 위에 앉으신 이가 있는데 앉으신 이의 모양이 벽옥과 홍보석 같고 또 무지개가 있어 보좌에 둘렸는데 그 모양이 녹보석 같더라 또 보좌에 둘려 이십사 보좌들이 있고 그 보좌들 위에 이십사 장로들이 흰 옷을 입고 머리에 금관을 쓰고 앉았더라 보좌로부터 번개와 음성과 우렛소리가 나고 보좌 앞에 켠 등불 일곱이 있으니 이는 하나님의 일곱 영이라 보좌 앞에 수정과 같은 유리 바다가 있고 보좌 가운데와 보좌 주위에 네 생물이 있는데 앞뒤에 눈들이 가득하더라"(계 4:2-6).

그래서 우리는 오직 그분의 위엄과 위대하심과 능력과 영광에만 초점을 맞춥니다. 여러분이 그렇게 할 때, 그분이 그분의 모습에 초점을 맞추도록 돕습니다. 그러므로 성서가 말하는 그분을 마음에 그리십시오.

B항입니다 – 하나님께 초점을 두는 또 하나는 그분이 한 인격(person)인 것을 깨닫는 것입니다. 우리에겐 한 하나님이 계시고, 인간과 하나님 사이에 한 중보자 – 사람이신 예수 그리스도가 계십니다. 그분은 어떤 추상적 세력이 아닌, 한 사람이십니다. 그래서 C는 – 한 사람에게 찬양을 드리는 것입니다. 여러분의 마음으로부터 그분께 찬양하십시오. 그런 이유 때문에 우리는 여러분이 좋아하는 CD를 사고 찬송을 다운로드하라고 권하고 있습니다. 그러면 여러분이 그 찬송을 외어 부를 수 있어 언제나 가사를 바라볼 필요가 없습니다. 여러분은 눈을 감고 영광의 사람, 예수님을 들여다보며 마음으로부터 그분을 경배하며, 마음으로 그분께 찬양 드릴 수 있습니다.

iv) 나의 모든 존재를 거룩한 산제사로 드린다
그다음에 D는 – 여러분의 모든 존재를 그분께 드리십시오. 마지막으로 권하면서 바울은 말합니다(롬 12:1).

"그러므로 형제들아 내가 하나님의 모든 자비하심으로 너희를 권하노니 너희 몸을 하나님이 기뻐하시는 거룩한 산제사로 드리라. 이는 너희의 드릴 영적 예배니라."

"오 하나님. 당신을 사랑합니다. 내 모든 존재를 드립니다."라고, 오늘 밤 우리는

"깨끗게 하소서"라는 찬양을 드렸습니다. 가사는 말합니다. "내가 가진 모든 것을 당신께 드립니다. 내 몸을 드립니다." 하루에도 몇 번씩, 실제로 매일 나는 롬 12:1을 인용하며 하나님께 말합니다. "주님, 내가 여기 있나이다. 내 몸을 산제사로 당신께 드립니다. 내 삶이 당신 같게 되기를 원합니다."

우리가 말씀을 마치기 전에 두 가지를 더 말하겠습니다. 아시다시피, 우리는 우리의 워십 운동(worship movement)에 놀라운 음악인들이 여러분 있습니다. 때로 우리는 뮤직에 사로잡힙니다. 뮤직이 참 훌륭합니다 – 그러나 우리는 음악에 그렇게 많이 초점을 두지 않습니다. 그렇게 되면, 음악과 함께 주님을 잊어버릴 수 있습니다. 그래서 간주 뮤직이 있을 때 찬양하지 않는 시간이 있습니다. 기타 솔로나, 색소폰 솔로나, 피아노 솔로 등이 있습니다. – 무엇을 연주하던 그것은 우리가 그 음악을 도구로 여기고, 그것을 주님께 경배하는 것으로 드립니다. 그래서 우리가 단순히 기타 솔로를 들으며 기도드립니다. "주님. 이 뮤직을 당신께 드립니다.

그리고 하나님께 간구합니다. 이 뮤직으로 주님을 송축합니다. 이 뮤직이 하나님께 스윗한 향기가 되기를 원합니다. – 이것이 당신께 드리는 경배입니다." 그래서 우리가 뮤직만 기뻐하는 것이 아니라, 그것이 실제로 경배입니다. – 그리고 찬양부르면서 손뼉을 칩니다. 성경은 반복해서 우리 보고 "하나님께 손뼉 치라"라고 말합니다. 그때 우리는 비트에 맞춰서 손뼉 치는 것이 아니고, 누구처럼 비트에 따라 손뼉 칠 수도 없고 – 그런 후 찬양이 끝날 때 우리는 손뼉을 칩니다. – 그것도 우리가 주님께 손뼉을 친다고 이해하십시오. 그분의 위대함에 손뼉을 치는 것입니다. 실제로 우리는 찬양이 끝날 때 손뼉을 많이 칩니다. 나는 찬송이 끝날 때마다 손뼉을 치는 것보다도 성령께서 우리 안에서 더욱 역사하시게 할 필요가 있다고 믿습니다. 그것은 내 개인적인 바람이지만 – 우리가 손뼉 치는 것이 주님께 드린다고 인식하는 한, 잘못된 것이 없다는 뜻입니다.

다음으로 워십 리더와 밴드 멤버들에게 마지막 한 말씀드리겠습니다. 여러분들 중에서 몇 분이나 주일예배만 말고 소그룹에서 워십 리더나 찬양팀으로 수고하십니까? 손들어 보세요. 네. 많은 분들이 손을 드셨군요. 우선 여러분이 밴드 멤버로서 워십을 리드하거나 보조 리드를 할 때, 여러분이 전체 교회나 소그룹을 하나님께 경배 드리도록 인도하는 놀라운 책임을 갖고 있는 것을 알기 바랍니다. 이것은 하나님께서 여러분에게 주신 크고 귀한 책임입니다. 왜냐하면 여러분이 하나님의 백성을 그분의 임재 안으로 인도하기 때문입니다. 그래서 여러분을 위해서 한 가지 중요한 것은 여러분 자신이 그분을 경배하기 위하여 준비해야 한다는 것입니다. 무엇보다 우선적으로 자신을 준비해야 합니다. 하나님께 경배 드리기 위해 여러분 자신을 위해 정서적으로, 정신적으로 그리고 영적으로 준비해야 할 뿐만 아니라, 다른 사람들을 하나님께 경배 드리도록 인도해야 하기 때문입니다. 여러분 옛날 구약성서 시대에는 실제로 이스라엘 백성들을 전쟁으로 인도하는 사람들도 워십 리더였습니다. 하나님께서 워십 리더들로 하여금 경배 찬송과 함께 그들을 전장으로 인도하라고 말씀하셨습니다. 이제 여러분 자신이 워십 리더로서 – 아말렉 군대나 혹은 모스키토 바이트(모기가 무는 것 – 조크)나 누구든지 그들을 대항해서 전쟁에 나가는 모습을 상상해 보십시오. 악기 이외에 가진 것이 없다고 상상해 보세요. 여러분도 그날 아침 침대에서 일어나 악기를 손실하며 청소할 것이라고 생각할 것입니다. 혹은 정서적으로, 영적으로, 정신적으로 좀 더 준비해야겠다고 생각하겠지요? 나는 밴드 멤버와 워십 리더인 여러분에게 그 책임을 심각하게 받아들이라고 도전합니다. 눅 12:48은 말합니다:

"무릇 많이 받은 자에게는 많이 찾을 것이요."

하나님께서 여러분에게 많은 달란트, 많은 은사를 주셨습니다. 그 구절의 마지막 부분은 무엇이라고 말합니까? "많이..." 뭐라고요? "찾으신다"라고 하셨으니다. 여러분이 준비해서 제물인 우리를 인도하십시오. 그러므로 하나님의 임재를 경험하기 위하여 준비하고, 일찍 교회에 오도록 계획하십시오. 그리고 찬양이 시작되면 하나님께 초점을 맞추십시오(집중하세요). 그리고 그런 이유 때문에, 우리가 그분을 찬양하고 경험하기 위하여 모이는 것을 기억하십시오. 그것은 우리 기독교에 지극히 중요한 것입니다. 그래서 이 주간에, 우리가 이것을 많이 연습해야합니다. 그렇지요? 나는 그것을 사랑합니다. 모두 일어서십시오.

머리 숙이고 나와 함께 기도드리겠습니까? 하나님께서 무엇이라고 오늘 밤 여러분에게 말씀하셨는지 모르겠지만, 몇몇 분에게 하나님께서 헌신하라고 말씀하셨거나, 혹은 경배를 위해서 자신을 준비하는 것을 더욱 심각하게 받아들임으로 헌신을 새롭게 하라고 말씀하셨을 것입니다. 나는 우리 모두가 살아가느라고 분주하고, 때로 교회 예배에 참석하는 것만으로 목적을 이룬다는 것을 알고 있습니다. 그러나 실제로 하나님을 만나기 위해서 많은 준비를 하지 않았습니다. 내가 앞에서 언급한 대로, 준비는 한 주간 내내 합니다. 그래서 하나님께서 여러분에게 그 헌신을 새롭게 하라고 말씀하십니다. 만일 그렇다면, 여러분이 지금 해야 하는 것이 무엇이든지 하나님과 함께 하세요. 어찌면 성령께서 계획하시는 일을 지시하실 것입니다. 예배 참석을 계획하고, 일찍 교회에 오는 것을 계획해서, 여러분이 교회에 도착하기 전에 그렇게 서두르지 않고, 정서적으로 준비 없이 예배에 참석하지 않도록 하실 것입니다. 어쩌면 그분이 계획하는 것에 대해 많은 말씀을 여러분에게 하실 것입니다. 만일 그렇다면, 이렇게 말하세요. "네, 주 하나님. 내가 그렇게 하도록 도와주시겠습니까?" 혹은 어쩌면 하나님께서 실제로 여러분이 찬양드리며 하나님께만 초점을 두는 것에 대해 말씀하실 것입니다. 기쁘게 그런 결단을 하라고 ─ "내가 주님 이와에 딴 생각을 하지 않겠습니다. 나의 모든 생각을 사로잡아 그리스도께 복종시키겠습니다. 나는 예수님께만 집중하겠습니다 ─ 나는 내 모든 존재를 그분께 드리겠습니다."

오늘 밤 여기에 오신 분들 중에서 교회에 등록해서 다니지 않으신 분이 있는 줄 압니다 – 여러분은 예수님을 사랑하나, 그분의 교회를 사랑하지 않습니다. 그렇게 생활하시면, 언젠가 여러분은 예수님이 교회의 머리이시며, 교회는 그분의 몸이라는 것을 망각하십니다. 그것이 한 덩어리입니다. 아마도 여러분이 상처를 입어서 교회에 속하지 않을 수도 있고, 교회에 의해서 상처를 입을 수도 있습니다. 만일 그렇다면, 오늘 밤 성령께서 여러분을 치유하시기 원합니다. 아마도 목사님에 의해 상처를 받을 수도 있고, 장로님에 의해 상처를 받을 수도 있고, 교회 내 위원회나 그룹으로부터 상처를 받았을 것입니다. 그런 이유로, 여러분은 지레 겁을 먹고 교회에 등록해서 다니지 않습니다. 아마도 여러분은 여기저기 가끔 참석합니다. 나는 하나님께서 여러분에게 말씀하실 것이라고 믿습니다. 그분은 여러분이 활동적인 개 교회 가족이 되기를 원하십니다. 그러나 여기서 여러분은 다소 치유가 필요합니다. 만일 그렇다면 오늘 밤 여러분이 기도를 받으시기 바랍니다.

또한 나는 여러분 중에 경배드리면서 더 많은 개인적 자유를 원하는 분이 있다고 생각합니다. 여러분이 그렇다고 느끼며, 마음껏 찬양하고 싶으나 힘드셨습니다. 손을 들기 힘드셨을 것입니다. 혹은 주님께 큰소리로 찬양드리기 어려웠을 것입니다. – 여기 그런 분이 몇 분 있다고 믿는데, 그런 분은 찬양 중에 더 많은 자유를 원하시는데, 억제되었습니다. 내가 믿기는 오늘 밤 하나님께서 여러분을 자유케 하시기를 원합니다. 만일 그런 분이 여러분이라면 오늘 밤 기도받으시기 바랍니다.

주여. 우리가 주님을 환영합니다. 주여. 주님의 임재하심에 감사드립니다. 당신이 오셔서 터치하시기를 기도합니다. 만일 기도 받기 원하는 그룹이 있어, 하나님께 직접 터치하시길 원하시면 – 내가 앞에서 언급했거나 혹은 다른 이유라도 – 오늘 밤 기도 받기 원하는 분이 있으면, 바로 지금 앞으로 나오시기 바랍니다. 우리는 지정된 기도팀이 없으나, 예배당에 있는 우리 대부분이 기도 사역을 할 줄 알고 있기 때문에, 우리가 여러분을 위해 기도해드리겠습니다. 그냥 앞으로 나오세요. 내가 언급한 자유를 원하시거나, 마음의 상처가 있거나, 혹은 그밖에 기도 받을 필요가 있으시면 - 하나님의 터치를 원하시거나 우리 빈야드 컨퍼런스에서 우리는 평소 이렇게 기도 사역합니다. 그렇지 않습니까? 우리는 서로 기도하며 사역합니다. 그러면 하나님께서 오셔서 우리를 터치하시고 치유하시며 축복하기 시작하십니다. - 나오기만 하세요. 여러분이 어디 있든지 - 좌석 중간에 있으면, 사람들이 도와 나오게 할 것입니다. 앞으로 나오세요. 이제 기도 사역하기를 기뻐하시는 분들은 - 기도하는데 익숙하시므로, 사람들을 위해서 정기적으로 기도합니다. 기도 사역팀 멤버라면 - 여기로 오십시오. 기도사역할 분이 몇 분 필요합니다.

여러분이 이 사람들 중의 한 사람에게 가면, 그들에게 묻고 인터뷰하세요. "무엇을 위해 기도 받으러 나오셨습니까?" 그리고 앞으로 나가서 사역을 하세요. 기도 사역할 사람이 더 필요합니다. 만일 여러분이 기도 받기 위해서 여기 나오셨는데, 지금 여러분을 위해서 기도해 드릴 분이 없으면, 손을 드세요. 우리가 알아볼 수 있게.

> 지극히 아름다운 더 높은 이름 없네
> 지극히 아름다운 예수님의 이름
> 예수님의 이름 예수님의 이름
>
> 지극히 아름다운 더 높은 이름 없네
> 지극히 아름다운 예수님의 이름
> 예수님의 이름 예수님의 이름

모두 무릎 꿇고 절하네 하늘과 땅에서

모든 눈이 볼 것이라 당신의 위대하심을

당신 같은 분 없네 부활하신 하나님의 아들

거룩하다 당신의 이름 거룩하다 당신의 이름

지극히 아름다운 더 높은 이름 없네

지극히 아름다운 예수님의 이름

예수님의 이름 예수님의 이름

지극히 아름다운 더 높은 이름 없네

지극히 아름다운 예수님의 이름

예수님의 이름 예수님의 이름

모두 무릎 꿇고 절하네 하늘과 땅에서

모든 눈이 볼 것이라 당신의 위대하심을

당신 같은 분 없네 부활하신 하나님의 아들

거룩하다 당신의 이름 거룩하다 당신의 이름

모두 무릎 꿇고 절하네 하늘과 땅에서

모든 눈이 볼 것이라 당신의 위대하심을

당신 같은 분 없네 부활하신 하나님의 아들

거룩하다 당신의 이름 거룩하다 당신의 이름

내가 이것에 대해 주님께 기도드렸는데, 왜냐하면 우리가 실제로 이것을 어떻게 해야 할지 모르기 때문입니다. 그러나 우리가 소그룹이나 대예배에서 찬양을 리드하는 모든 워십팀 멤버와 워십 리더들을 위해 우리가 기도해야겠다고 강하게 느낍니다 – 그들에게 안수하며 하나님의 축복과 기름부음의 역사가 그들에게 더 많이 일어나도록 기도할 사람이 많이 필요합니다. 그래서 여러분이 밴드 멤버든지 워십 리더든지, 누군가 여러분을 위해 기도해주기 원하면, 가운데 섹션으로 나오십시오. 우리가 어떻게 기도드려야 할지 모르지만, 여러분 모두가 기도 받으시기 바랍니다. 좋은 생각입니다 – 몇 분은 여기 강단으로 올라오세요. 그러면 그들이 움직일 필요가 없지요. 여기에도 몇 분 더 올라와야 되겠네요. 만일 여러분이 워십 리더로서 중간에 있으면, 우리가 여러분에게 안수하며 기도하기 원합니다. 그동안 우리가 부드러운 음악 CD를 듣겠습니다. 여기에 워십 뮤직 멤버가 있으면, 손을 들어주시면 여러분이 있는 곳을 알 수 있습니다. 네. 여기에 사람들이 많군요. 많은 사람들이 필요합니다. 필요합니다. 내려오세요. 우리는 여러분이 모두 필요합니다. 여러분들이 이 사람들을 안수하며 축복해주세요. 그들은 너무너무 중요한 사람들입니다. 강단으로 몇 사람 더 올라오세요. 내가 그들을 위해서 먼저 함께 기도하겠습니다. 그다음에 기도 사역하는 분들이, 하나님께서 어떤 말씀이나 예언의 말씀, 혹은 격려의 말씀을 그들에게 주신다고 느끼면, 자유롭게 그 말씀을 전하세요. 아직도 워십팀 멤버들이 여기 더 있는데, 그들을 위해 기도해줄 사람이 없으니 몇 사람 더 올라오세요. 오른쪽 앞으로. 여러분, 잘 오셨습니다. 어떤 기도를 하든지 여기 앞으로 올라오세요. 이제 기도 받으려고 오신 멤버 여러분, 지금 최선을 다해서 기도 받으세요 – 눈을 감고, 마음을 열고 하나님께서 여러분에게 주시기 원하시는 것을 받으세요.

주여, 기도하오니, 찬양으로 우리를 인도하며 당신의 임재로 우리를 인도하는 이들이 우리 모두에게 얼마나 큰 축복인지 알게 하소서. 하나님, 우리는 이들을 사랑합니다. 또한 당신도 그들을 사랑하십니다. 주님, 그들에게 있는 어떤 흥행적인 요소를 다 깨트리소서. 하나님께서 여러분을 위해 여러분을 사랑하신다기 보다 여러분의 은사 때문에 사랑하신다고 자주 생각하는 사람들이 있습니다. 주님. 기도하오니, 그들이 그들 자체로 인해 주님께서 그들을 사랑하는 것을 그들이 알게 하소서 – 왜냐하면 그들은 당신의 자녀들이기 때문입니다. 그들은 어린 소년, 소녀입니다. 나는 오늘 그들 모두를 위해 기도합니다. 그들이 하나님의 아들과 딸임을 새롭게 깨닫게 하소서. 주님. 그들 각자 마음속에서 예수님에 대한 이런 단순한 헌신을 새롭게 하소서. 하나님, 사역하며 얽힌 것을 모두 제하시고, 헌신하며 얽힌 것을 모두 제하시고, 찬양 인도하는데 얽힌 모든 것을 버리게 하시며, 그리스도에게 단순히 헌신하도록 새롭게 하셔서, 다시 한 번 오래전처럼, 그들이 어린 소년과 소녀로 주님의 발 앞에 와서 그들의 마음을 드리며, 주를 경배하게 하소서. 주님, 오소서. 그들에게 자녀의 마음을 새롭게 하소서. 주님께서 그들을 채우소서. 성령이여 그들을 채우소서. 너무 귀하고 사랑스러운 그들입니다. 주님뿐만 아니라, 우리에게도 귀합니다. 오늘 밤 그들이 주의 크신 사랑을 느끼게 하소서. 주님 – 주의 크신 축복을 느끼게 하소서. 그들이 그들을 향한 우리의 사랑을 느끼게 하소서.

우리가 여러분에게 안수하면서, 주 예수 그리스도의 이름으로 여러분에게 축복의 말을 하며 축복할 것입니다. 우리가 여러분 안에 있는 은사를 축복하겠지만, 우리는 여러분을 축복하고 사랑합니다. 주님, 더 오시옵소서. 이제 주님께서 깊이 들어가시도록 하겠습니다. 여러분 중에 많은 사람들이 기도 받는데 익숙하지 않고 – 항상 찬양만 인도하고, 그룹을 인도하지만 – 주님께서 깊이 들어가시도록 하세요. 주님, 더 오시옵소서. 당신의 임재 속으로 우리가 들어갑니다. 주님, 예수님을 향한 불타는 정열을 보내주시옵소서. 주님. 워십팀으로 참여하는 이들에게, 예수님과 예수님 한 분만을 위하여 그들의 마음이 불타게 하소서. 주님. 다시 간구하오니 그들에게서 예수님 이외의 것을 모두 파괴하소서. 그리하여 예수 그리스도만이 참으로 그들 삶의 정열이 되게 하소서. 주님, 우리의 사랑을 가로채려고 경쟁하는 다른 것들을 모두 씻어내소서. 우리의 마음을 다시 불 태우사, 예수 그리스도를 위하여 우리를 새롭게 하소서. 그리하여 우리가 그분과 부활의 능력과 그분의 고난에 동참하는 것을 알게 하소서. – 주여, 오시옵소서. 그들을 채우소서. 예수님으로 더욱 더욱 채우소서. 주님께서 모든 다른 것을 씻어내시고, 때로 우리 영혼을 방해하는 모든 쓰레기들을 씻어내소서. 성령께서 우리를 방해하는 모든 쓰레기를 씻어내소서. 새롭게 될지어다. 우리는 서두르지 않습니다. 새롭게 될지어다. 주여. 오소서, 주여, 우리는 모든 것을 주의 발 앞에 내려놓습니다. 우리의 명성도, 우리의 음악도, 우리의 은사도 내려놓습니다.

(말씀 후, 기도 사역 시간)

02

눈멀고, 황폐되고, 직장이 없다 어떻게 다 타버린 잿더미에서 찬양이 나올 수 있을까?

─ 단 윌트

어젯밤에 참석하신 분들이 계십니까? 놀랍네요. 대부분 참석하셨군요. 어젯밤 놀라운 시간을 가져서 감사합니다. 우리가 준비운동(워밍업)을 했습니다. 바로 2년 전에 나는 이런 미친 생각을 했습니다. "밝게 타라" ─라는 컨퍼런스를 개최해서 교회로 하여금 온전히 경배 드리도록 돕기 원했습니다. ─ 그리고 욕심을 내서 전 세계 빈야드 가족들에게 우리 교회 가족들을 알리기 원했습니다. 나는 내 생애 대부분을 빈야드 교회에서 섬기는 특권을 가졌습니다. 또한 전 세계 많은 빈야드 가족들과 은혜를 나누고 싶었습니다. 내 친구 모두를 초청하고 싶었습니다. 왜냐하면 그들은 우리에게 줄 것을 갖고 있기 때문입니다. 그래서 단 월트를 여기 모셨습니다. 단은 지난 20년 넘게 빈야드에서 섬겼습니다. 지금은 내쉬빌에 살고 있으며, 목사요 워십 리더로서 섬기고 빈야드에서뿐만 아니라 전 교회를 통해서 특별히 워십 분야에서 사람들을 훈련시키고 갖추게 합니다. 나는 개인적으로 그와 우정을 통해 은혜를 받았습니다. 그를 기쁜 마음으로 소개합니다. 이분이 단입니다. 내가 그를 위해서 기도드린 후에, 단의 말씀을 듣겠습니다.

아버지, 단으로 인하여 감사를 드립니다. 그리고 그의 삶을 통해 주님께서 행하셨고, 그를 위해 가지신 것에 감사드립니다. 이제 그가 섬기도록 하겠습니다. 주님께서 그를 성령으로 채우시고, 그가 오늘 우리에게 주실 모든 말씀을 그에게 주시옵소서. 우리는 그가 사랑스러운 친구만이 아니라 우리가 그를 사랑하는 것을 압니다. 주님. 초청하오니 오셔서 지금 그를 쓰소서. 당신의 이름으로 기도합니다. 아멘. 이분이 단 월트입니다.

단 월트 : 감사합니다. 안녕하십니까? 오늘 많은 분들과 함께 은혜를 나누며, 여러 해 동안 알며 사랑하는 사람들을 만나게 되고, 또 새로운 많은 분들을 뵙게 된 것은 큰 특권입니다. 오늘 여러분과 함께 있게 된 것이 진실로 나에게 축복입니다. 다음 몇 분 동안 나누고자 하는 것은, 먼저 예고편을 조금 말씀드린 후에 본

론을 말씀드리겠습니다.

1) 예고편: 켈틱 십자가와 우리의 신앙 여행

내가 오늘 말씀드릴 주제의 제목은 "눈멀고 황폐되고, 직장이 없다 – 어떻게 다 타버린 잿더미에서 찬양이 나올 수 있을까?" 그러나 시작하는 짧은 예고편은 "방황하는 것"이라고 부르는 경배입니다. 잠시 여러분이 둥근 원에 대해서 생각하시기 바랍니다. 둥근 원 – 단순히 원입니다. 나는 책을 많이 쓰는 편입니다. 나는 쓰기를 좋아하고, 내가 쓴 것 중의 하나는 이상하게도 400페이지의 시 원고입니다. 여러 해 동안에 쓴 시들입니다. 거기엔 단 한 마디로 된 시가 있습니다. 나는 500 페이지의 두꺼운 책을 만들 생각을 했습니다. 모두 흰 페이지로 된 책입니다. 그리고 그 중간 어디쯤에 "원"이란 말을 써넣었습니다. 원 – 여러분 중에 얼마나 많은 사람들이 살아오면서 여러분이 원처럼 살았다고 느낍니까? 정신병은 다른 결과를 열심히 추구하는 것이라고 합니다. 그러나 여러분은 다른 결과를 얻으려고 계속해서 같은 것을 합니다. 원 – 여러분 중에 얼마나 많은 사람들이 여러분이 안다고 느껴보셨습니까? 여러분이 단순히 원을 그리며 살아가는데, 그 고리라고 부르는 것부터 벗어날 수 없다면 어떠시겠습니까? 원 – 원은 곡선을 가리키고 움직입니다. 원은 선과 아주 다른 다이내믹 발전이 있습니다. 나는 특별한 신앙 전통에서 자라 고등학교 때 하나님을 깊이 만나면서, 선에 대한 말을 많이 들었습니다. 여러분의 영적 삶에서 1+1+1은 3입니다. 감사합니다. 여러분이 맞습니다! 그러나 내가 깨달은 것은 인생에는 그보다 더 많은 것이 있다는 것입니다. 내가 마음을 다하고, 혼을 다하고, 내 생각과 힘을 다해서 예수님을 따르기로 선택하면서까지 나는 한 방향으로 살아왔습니다. 그래서 이것이 나의 새로운 범퍼 스티커입니다 – "삶은 삶의 길에 들어선다." 맞지요? 여러분이 걸어가다가 쿵 하고 부딪칩니다. 그리고 차단봉에 걸리고! 또 쿵! 하고 부딪칩니다. 그래서 때로는 여러분이 출발했던 곳으로 다시 돌아옵니다. 때로는 깜깜한 구석에 처하여 거기서 나올 방법을 모릅니다. 왜냐하면 여러분은 여러분 앞에 놓인 것이 모두 같기 때문입니다.

내가 좋아하는 신앙 전통 가운데 하나는 이런 것을 반영하는데, 그것은 고대 켈틱 사람들(Celtics)입니다. 켈틱 크리스천 영성은 한 그룹의 사람들로부터 생겨난 매우 풍성한 전통입니다. 실제로 그들은 제국의 변방으로 쫓겨난 사람들로, 매우 예술적인 사람들이 되었습니다. 그들은 아름다운 방법으로 자신을 표현했습니다. 여러분들 중에 몇 사람은 목걸이나 발찌에 그런 것을 하나 가지고 있을 것입니다. 그것은 매듭의 언어로 – 회전하는 것으로, 복잡한 원형의 모양입니다.

옛날 모습이 있는데 거기서 세인트 패트릭(Saint Patrick)이 켈트 신부님과 함께 바닷가를 바라보고 있었습니다. 어쨌든 이것은 아직 예고편입니다. 켈트 신부님과 함께 걸으며 그들은 세계관에 대한 대화를 했고, 그는 듣고 있었습니다. 여러분, 바로 거기에 오늘날 교회가 포스트모던 세상에 어떻게 깊은 영향을 주며 그리스도의 사명과 함께 세상을 변화시키는 메시지가 들어있습니다. 우리도 실제로 듣고 세상이 묻는 질문을 들으며, 그냥 적당히 대답하는 대신에 우리 주님과 같이 더 아름다운 질문을 할 수 있습니다. 때로 더 아름다운 대답은 더 아름다운 질문을 묻는 것입니다. 예수님이 이것을 모델로 보여주셨습니다. 패트릭이 켈트 신부님과 함께 걷다가, 멈춰서, 모래 위에 둥근 원을 하나 그렸습니다. 그런 후 그 원 중앙을 통과하는 십자가를 그렸습니다. 그래서 여러분은 켈트 전통의 십자가 모양을 알아볼 수 있는 것입니다. 그리고 그는 좋은 소식인 복음을 그들에게 설명하기 시작했습니다. 그들이 그에게 말해주는 세계관을 반영하는 복음을 말했습니다. 그것은 원의 언어입니다. 옛날 켈트족이 예배자의 인생 여정을 생각할 때, 예수 그리스도의 제자들의 영적 순례로서, 분명한 목적지를 향한 육체적 여행으로서, 그들은 직선이 아닌 독특한 언어로 말하기를 좋아했습니다. 실제로, 그들은 크리스천 삶의 여행을, 하나의 파라그리나티오(paragrinatio)라고 불렀습니다. 이 제 그것은 알카셀처수(제산제 상품명)가 아니고, 어떤 파스타 음식도 아닌 – 파라 그리나티오입니다. 만일 여러분이 이것에 대하여 알아보기 원하면, 에스터 월드 (Ester Wald)가 쓴 "켈틱 기도 방법"이란 책이 큰 도움이 될 것입니다. 그들은 파 라그리나티오로서 신앙 여행에 대해서 말했습니다. – 이 말의 뜻은 "방황하는 것" 입니다. 방황하는 것 – 그들은 하나님의 마음을 향해 참된 길에 들어선 사람들을 – 파라그리니(paragrini)라고 불렀습니다. 그 말이 더 파스타같이 들리네요. – 매 트가 저 위에 앉아있습니다. – "예스, 파스타" 큰소리로 말해서 감사합니다. 그들 은 그들을 파라그리니라고 불렀습니다. 그러나 그들은 목적 없이 방황하는 사람 들이 아니었습니다. 그들의 말로는, 그들은 분명히 의도하는 목적지를 향해가는 방황자였습니다. 그러나 그것은 어떤 경험이 아니고, 자기를 나타내고 실현하는 어떤 순간도 아닙니다. 그것은 매우 분명한 목적지를 가지고 있는데, 그 방황자 의 운명이요, 목적지는 한 분의 마음이었습니다. 그래서 그들은 예배자의 삶을 직 선의 언어를 사용해서 말할 수 없었습니다. 그들은 곡선으로 된, 그 안에 움직이 는 언어를 사용했고, 그것을 하나의 방황이라고 불렀습니다. 그러나 그 방황은 어 떤 분의 마음을 향한 것이었습니다. 목적이 없는 것이 아니고. 중요한 것을 놓친 것도 아닙니다. 그것은 위대한 큰 모험으로, 우리를 완전히 아는 그분을 발견하는 것이었습니다. "우리가 이제는 거울로 보는 것 같이 희미하나 그때에는 얼굴과 얼 굴을 대하여(온전히) 볼 것입니다." 여호와를 경외하고 거룩한 분을 아는 것 – 이 것이 그들에게 있어서 지식을 이해하는 시작이었습니다.

그들은 또 하나의 용어를 가지고 있었습니다. 만일 파라그리니가 한 사람의 마음 을 향해가는 방황자들이라면, 파라그리니로 보이는 사람을 일컫는 용어를 갖고 있었습니다. 그 말을 다시 한 번 말해보면 재미있지 않을까요? 나와 함께 그 말을 말해보세요. - 파라그리니(방황자들). 네. 사랑스러운 말입니다. 오늘 밤 그 말을 저녁식사 때 말해보세요. - 누군가에게 인상적일 것입니다. 약속합니다. 그리고 이 말은 지로백(gyrovag)인데 - 그 말 안에 다른 말이 들어있습니다 -지(gy)는 - 집시에서 왔고, 백(vag)은 - 배가본드 즉, 방랑자에서 왔습니다. 그들은 이런 사람에게 그런 이름을 붙였습니다. 왜냐하면 그들은 정확히 방랑자처럼 보이는 사람을 일컫기 원했기 때문입니다. 그러나 여러분은 그들의 열매로 그들을 알아볼 수 있습니다. 방랑자(파라그리니)들은 지금도 이집 저집을 찾아다니며, 공동사회에서 음식을 구걸합니다. 때로 하나님께서 그들에게 하라고 하신 일을 충실히 행하기 위하여 그렇게 합니다. 그러나 그날 마지막에 방황자는 주는 자가 됩니다. 그리고 방랑자는 그날 마지막에 받는 자가 됩니다. 우리는 그 차이를 이해합니다.- 하나님의 방황자들, 그리고 하나님 때문에 다른 사람들은 - 방랑자입니다. 내가 부족해서 원하는 것을 얻는 길 - 하나님입니다. 놀랍지요. - 우리가 그 말을 새긴 T-셔츠를 입어야 된다고 생각합니다. 그 다음에 어느 정한 날에, 우리가 다른 셔츠를 입을 수 있습니다. 하나님께서 우리가 어디에 해당하는지 도와주시기 원하는 것에 따라서. 둥근 원 - 움직임 - 인생은 회전하는 패턴으로 움직입니다. 죄송하지만 - 돌고 도는, 때로 출발한 곳에 다시 돌아오는 모습입니다. 심지어 우리가 하나님나라에 대해서 말할 때도, 이 우주 안에 계속 진행되고 있는 것은, 이 위대하고 거대한 스토리 속에서 우리 자신을 발견합니다. 우리가 어떤 의미에서 회전하는 패턴에 살고 있습니다. 나는 그것을 회전하는 운명이라고 부릅니다. 몇 가지 방법에서, 우리는 에덴에서 하나님과의 완전한 인티머시로 시작했습니다. 그런 후 타락하고 파괴된 다음에 우리는 이동하기 시작했습니다. 나의 친한 친구 제레미 백비(Jeremy Bagby) - 그는 듀크 대학의 예술창작 신학부 디렉터로서 - 캠브리지 대학과 듀크 대학에서 이것을 가르치는데 - 그가 이것을 이런 방법으로 말합니다. 그것은 마치 우리가 멜로디, 에덴의 멜로디와 함께 시작했습니다. 동산에서 하나님과 인티머시하고, 만나고, 동행하였습니다. 이 세상은 우리를 위해서 만들어졌고, 우리는 그것을 다스리도록 만들어졌습니다. 모두 함께 역사했습니다. 그러다가 우리가 타락하고, 떨어져 나온 후, 우리 자신을 벗어버리고 우리는 아버지, 아들 그리고 성령의 거대하게 회전하는 춤 안에서 개체성의 눈 대신에 이기주의의 눈을 선택하였습니다. 어떤 것이 그 사이에, 어떤 것이 그 스토리 안에 들어왔으나, 아직도 그 멜로디는 남아있었습니다. 그리고 그 멜로디는 그 스토리를 통해서 흐릅니다. 그래서 우리가 지금도 그 멜로디를 듣습니다. 그러나 그 멜로디는 긴장과 해방을 갖고 있습니다. 인생과 같이 음악은 평정(안정)을 갖고 있어, 긴장했다가 해방하고, 그러면 평정을 유지하고, 그랬다가 긴장하고, 또 해방하고, 그렇지 않습니까? 우리가 음악에서 그것을 알고 있습니다. 멜로디가 처음에는 아주 스윗하게 가다가 갑자기 다른 요소들이 음악에 들어오기 시작하고, 그들이 다른 것 위에 넘어지고, 때로는 어둡고 고통스럽고, 때로 여러분은 새로운 해방의 장 혹은 평정으로 초대합니다. 이런 움직임이 있다가 갑자기 어느 날 우리는 큰 찬양대를 발견할 것입니다. 수천, 수만의 천사들의 심포니 – 무수한 숫자라고 생각하는데 – 확실히 모르겠습니다. 그러나 우리는 그 모든 찬양이 관통해서 흐르는 같은 멜로디와 함께 울려 퍼지는 것을 발견할 것입니다. 이제 그 거대한 심포니의 영광 안에, 우리는 모든 것을 시작하신 분의 보좌 앞에 절하며 무릎을 꿇으며, 마침내 역사의 스토리가 완성될 것입니다. 우주의 여러분과 나의 스토리를 완성할 것입니다.

또한 우리가 우리의 워십 여행에 대해서 생각할 때, 우리가 단순히 직선으로 생각하지 않는 것이 아주 잘하는 것이라고 생각합니다. 왜냐하면 우리가 직선을 따라가다가 이탈하기 시작해서 둥근 원을 따라 움직이기 시작하기 때문입니다. 만일 여러분이 인생을 조감할 수 있다면, 삶이 이렇게 보이기 때문입니다. 왜냐하면 사람들이 움직이기 때문입니다. 만일 우리가 추구하는 것이 그분의 마음이고, 그분도 우리를 찾으신다면, 우리는 그분이 인도하시는 대로 어디든지 따라갈 것입니다. 아직은 정해진 A지점, B지점이 아닐 것입니다. 이것은 계속해서 당기고 밀고 이동하며 올라가는 것입니다. 그것은 거의 여러 해 전에 내 아내와 내가 - 춤을 추었던 것과 같이 보일 것입니다. 우리는 춤추는 방법을 배웠습니다. 움직이는 방법을 배웠습니다. 우리 중 한 사람이 리드했습니다. 그러나 - "오, 분명히 누가 우리 주위를 획 돌아갔어." 하는 느낌은 결코 없었습니다. - 동작을 느낍니다. 듣는 느낌이 있습니다. 응답하는 느낌이 있습니다. 인생은 하나님과 함께 매우 심오하고, 신비하고, 아름다운 방향이라고 믿습니다. 우리는 그분의 움직임에 반응합니다. 우리는 아버지, 아들 그리고 성령의 이런 아름다운 춤에 반응합니다. 우리는 움직입니다. 그분이 우리와 함께 깨어지고 타락했으나 여전히 위대하고 신비스럽게 아름다운 이 세상에 운행하시며, 그분은 우리를 그리스도의 사명에 초대하십니다.

그리고 우리는 그분에 대한 지식을 경험하기 시작합니다. 우리는 그분이 행하시는 것만 아니라, 왜 그것을 행하시는가를 알기 시작합니다. 그분은 우리를 종에서 친구로 승격시키십니다. 둥근 원 - 움직임입니다. 나는 지난 20년 넘게 위십을 주제로 말씀을 전하고 있습니다. 내가 지금 여러분 앞에서 정직하게 말한다면, 경배는 내게 있어서 더 신비스럽고, 더 좋고, 더 아름답습니다. - 경배는 하나님만큼 큽니다. 그러나 우리 모두는 하나님께서 우리의 작은 상자와 함께 행하신 것만 알고 있습니다. 만일 그분이 그곳에 계시지 않으셨다면, 그분은 거기를 거의 찾아오시지 않으실 것입니다. 경배는 참으로 거대한 신비입니다. 경배가 거기에 있도록 허락하십시오. 경배가 숨 쉬게 하고, 경배가 마음의 안정과 긴장으로 가득 찬 위대한 스토리가 되게 하십시오. 그리고 우리가 성장하고, 경배를 자유롭게 하며 또 한정하고, 그런 후 하나님께 이 여행을 하면서 더욱 긴장하고, 이렇게 계속 경배하면서 우리의 삶에서 이 평정의 순환이 반복되고, 긴장하며 또 해방시키면서 매번 심포니가 더 큰소리를 내고, 찬양대가 더 많은 노트를 가져오면, 어느 때에 이르러 여러분과 나는 우리가 사랑하는 그분의 눈을 들여다볼 것입니다. 베드로의 말을 들어 보세요: "나는 그분을 보지 못합니다. 그러나 우리는 그분을 사랑합니다. 그리고 우리는 말할 수 없는 기쁨으로 충만합니다." 우리는 그분의 눈을 들여다보며, 우주의 스토리의 심포니가 충만한 것을 들으실 것입니다. 이제야 세상이 바로 되었습니다. 여러분과 나는 새 창조물이 되어 우리 안에서 번창하고, 하나님의 선한 세계 안에서 번창할 것입니다. 내 생각으로는, 경배에 대한 가장 위대한 진리는 우리에게 더 큰 신비감을 남겨줍니다. 희미한 것이 아닙니다. 그런 확신은 우리의 삶에 있을 곳이 있습니다. 더 큰 기적을 기대하게 합니다. 인생의 저편에 온전한 것을 더 잘 알아보게 합니다.

2) 본 상연 : 사도행전 9장

i) 사울

자, 이제 본 상연으로 들어가겠습니다. - 여러분이 성서를 갖고 있으면 나와 함께 사도행전 9장으로 가겠습니다. 이런 위대한 방황에 비추어보아, 그 안에는 우리의 삶에 계속해서 반복되는 어떤 주제가 있다고 생각합니다. 그리고 어떻게 우리가 이 위대한 춤에 대해 반응하는가에 대한 진실한 중심 주제가 있습니다. 그 안에서 오늘 밤 여러분과 나는 우리 자신을 발견할 것입니다. 이 예배당 안에서 지금이 몇 시인지 알 수가 없군요. - 지금이 몇 시인지? 어쨌든 - 우리는 어떤 주제가 반복적으로 떠오르는 것을 발견합니다. 이 땅에서 그리스도와 함께 여행하며 의미 깊고, 풍성하며, 살아있는 거대한 경배와의 만남 속으로 들어가는 과정에 대하여 조금 언급하겠습니다. 나는 이것을 이미 말씀드린 것처럼, "눈멀고, 황폐되고, 직장이 없다 : 어떻게 다 타버린 잿더미에서 찬양이 나올 수 있는가?"라는 제목을 붙였습니다. 우리는 성 바울이라 불리는 사람의 삶에서 특별히 드러난 순간을 통하여 짧은 여행을 할 것입니다. 그 순간까지 그의 생애 과정은 그다음에 오는 생의 과정과 함께 오늘 아침에 여기 앉아있는 여러분과 나에게 관계된 모든 것을 갖고 있습니다. 예수 그리스도 안에 살아있는 숨결과 활기찬 신앙에 대한 모든 것을 갖고 있습니다. – 그의 생애에서 그 한순간은 여러 세대를 통해 귀감이 됩니다. 만일 여러분과 내가 결코 만나지 못할 장차 오는 세대에 비추어 우리의 삶을 본다면 어떤 일이 일어날까요? 이것이 이 힘든 세상에서 여러분만 위한 것이 아니라는 것을 알면, 아마 우리의 워십 여행을 더욱 의미 있게 할 것입니다 – 이것은 아마도 우리의 몇 대 후손에게까지 미칠 것입니다. 그들도 그 스토리에 닻을 내리며 주께 반응하며 충실함으로, 그들의 세대에 예수의 이름으로 영향을 줄 것입니다.

사도행전 9장에서 우리는 사울의 방황과 경로를 지나, 우리가 사랑하는 이 위대한 사람이 되는 것을 봅니다. 매우 정상적인 몇몇 사건을 통해 계시를 받게 되고, 회심하여 그 후로 경로가 변화되고, 이런 커다란 방황에서 그의 인생 여행 트랙이 변하는 것을 봅니다. 우리는 7장 마지막에서부터 시작하겠습니다. 거기서 언급되는 최초의 순교자, 스데반이 돌에 맞습니다. 사울이라는 젊은이가 거기 있어 그의 죽임을 허락합니다. 그리고 그는 스데반을 돌로 쳐 죽인 사람들을 환영했습니다. 그의 사람들 중에 무엇이 일어났는데, 그것은 "길"(the Way, 도)이라고 불리는 이단입니다. 이제 그 말이 여러분에게 이단으로 들리지 않지요? 잠시 생각해 봅시다. "길"이라 불러진 것 – 예수님이 일찍이 말씀하셨기 때문입니다. 그분은 "길"입니다. – 그를 통하지 않으면 누구도 아버지께 갈 수 없습니다. 그들은 자신을 "길"이라 불렀고, 그들도 "길"이라고 불러졌습니다. 이 이단 종파가 하나님의 백성들의 기반을 붕괴시키려고 위협하고 있습니다. 하나님께서 오는 시대에 그의 말씀을 전하라고 선택한 사람입니다. 이와 같은 때에 젊은 사울이 등장합니다. 사도행전 9장에서 시작합니다.

"이때에 사울이 주의 제자들에 대하여 여전히 위협과 살기가 등등하여 ..." 여기서 나는 스토리텔링으로 생생하게 말하는 "메시지"(Message)를 성경에서 읽겠습니다. 여기서 말하는 방법을 나는 좋아합니다.

"이때 사울이 주의 제자들에 대하여 여전히 위협과 살기가 등등하여 – 그는 죽이려고 떠났습니다. 그는 대제사장에게 가서 체포영장을 받아들고 다메섹에 있는 여러 집회 장소로 갔습니다. 이는 그가 거기서 "길"(도)에 속한 사람들을 찾으러 나선 것입니다."

여러분은 거기에 있는 반향 소리를 거의 듣게 되는데, 이는 부조화 코드로서 – "길"입니다.

"이는 그 "길"에 속한 사람은 누구나, 남자나 여자나 그들을 체포해서 예루살렘으로 잡아오려 함이라." 그래서 그는 출발했습니다. 이제 이것을 잠시 상상하십시오. – 당시 하나님의 백성들에게 이단이 크게 퍼졌습니다. – 그것은 사나운 바이러스성입니다. 초자연적 경험이 계속되는 위대한 역사를 수반했습니다. 어린이들이 죽음에서 살아나고, 사람들이 무덤에서 나오며, 질병이 치유되고, 불치의 귀신 들린 사람들이 제정신으로 돌아오고 – 그것은 그들의 메시지에 진실로 열기를 더했습니다. 그렇지 않습니까? 그것은 메시지를 많은 방법으로 정말 믿을 수 있고, 신뢰할 수 있게 만듭니다. 그것이 하나님의 백성들 사이에 맹렬하게 퍼집니다. 그래서 유대인들은 이것에 대처할 사람을 찾기 시작합니다. 이런 때를 위해서 교육받고, 이것에 대항해서 싸우고, 굳게 설 수 있는, 당시 우리가 경배 드렸던 참되신 한 분, 하나님께 백성들의 마음을 돌아올 수 있게 하는 그런 사람을 찾았습니다. 어떻게, 누가, 무엇을 그들이 할 수 있었을까요? 그러나 모든 길이 사울을 가리키기 시작합니다. 그는 교육받은 제자로서, 하나님의 말씀을 이해합니다. 그리고 그들이 그에게서 무엇을 보았을까요? 그들은 열심을 보지 못하고, 열정을 보았습니다. 열정 있는 사람은 언제나 사회나 정치, 연예계나 교육계에서 주도적입니다. 모든 분야에서 열성자가 인도합니다. 열정(passion)은 라틴어 passio에서 왔는데, "고통당한다"입니다. — 그들은 어떤 것 때문에 고통당하면서 무엇인가를 반드시 성취합니다. 그들은 그 안에서 그가 백성들 가운데 발생할 살아계신 하나님을 참되게 경배할 수 있는 것을 볼 수 있는 열정을 봅니다. 그리고 우리도 후에 그의 삶에서, 전 세계에서 그 열정이 반영된 것을 충분히 보게 될 것입니다. 놀랍게도 바울 안에 있는 은사와 열정은 하나님께서 그가 그 선을 넘어가기 전까지 그의 전 생애에 공급하신 것이었습니다. 그리고 열정을 가지고 — 그의 백성들이 경배했던 살아계신 하나님에게 오는 모든 사람들을 알아볼 수 있었습니다.

그래서 우리는 이 순간에 그가 밖으로 파송되는 것을 봅니다. — 그는 이 이단에 대해서 굳게 설 수 있는 지적 능력을 가졌을 뿐만 아니라, 그는 능력 있는 권세를 가졌습니다. 그는 이 사람들 중의 하나로, 나는 전혀 관련이 없습니다. 여러분 중에서 얼마나 많은 사람들이 바울과 관계할 수 없다고 느끼십니까? 얼마나 많은 사람들이 바울을 지지하십니까? 마치 "예스, 그는 나의 주인이오."라고 — 그는 아주 A—타입의 사람이라고 생각합니다. 내게 그가 갑자기 생각나게 하는 그런 성격을 가진 사람이 있습니다. — 그는 마치 나의 장인과 같습니다. 그는 특수부대의 일원이었는데, 테러리즘에 관해서 최고의 사령관에게 브리핑을 했던 사람입니다. 매우 놀랍고, 부유한 사람으로 깊고 넓은 신앙 — 아름다운 영혼을 가진 사람이었습니다. 그러나 여러분이 그를 조금 좋아하거나, 여러분을 열광케 할 그런 사람입니다. 맞지요? 사울은 이와 같은 사람이었습니다. 그는 철저한 사람입니다. 그는 사명을 받았습니다. 실제로 그는 그 이상이었습니다. 그 사명감이 그를 사로잡았습니다. 그들은 말합니다. "사울, 당신의 지능과 능력과 권세와 핍박과, 당신의 은사를 사용할 뿐만 아니라, 당신의 초능력을 영원히 사용하기를 원합니다. 우리는 당신이 실제로 그 도를 따르는 사람들을 죽이기 바랍니다. 그래서 그들 마음에서 하나님을 두려워해서 그들이 다른 방법으로 더 빨리 돌아서기를 바랍니다. 사울, 당신이 그 모든 것을 행할 수 있다고 생각합니까?" "물론이죠. 하나님께서 이와 같은 때를 위해서 나를 부르셨다고 생각합니다. 나는 하나님과 그의 백성들을 무척 사랑합니다. 당신들을 실망시키지 않을 것입니다." 그는 밖으로 나갑니다. 공문을 받았습니다. - 놀라운 이야기입니다. - 그가 다메섹 근교에 가까이 도착했을 때 - 나는 이 순간을 사랑합니다. - 그는 갑자기 눈이 부셨습니다. - 여러분 중에 얼마나 많은 분들이 "눈부셨다"라는 그 말을 좋아하십니까? 여러분이 살면서 눈부신 적이 있었습니까? 그것은 아주 묘해서 - 그것은 마치 "오, 내가 어지러워 쓰러지겠네. 눈이 부셔서!"와 같습니다. 나는 이것을 좋아합니다. 계속해서 눈부신 것이 무슨 뜻인지 설명합니다. 그가 출발했으나, 다메섹 근교에 가까이 도착했을 때, 갑자기 그에게 빛이 비쳐서 그의 눈이 멀게 되었습니다. 그가 바닥에 엎드려졌을 때, 그는 한 음성을 들었습니다. - 나는 이것을 좋아합니다. - 그가 엎드려졌을 때, 그는 느린 동작의 음성을 듣습니다. "노~" "사울아. 사울아 네가 어찌하여 나를 핍박하느냐?" 땅에 얼굴을 처박고! 아마도 코피를 흘리며 - 그는 거기 엎드려 있다가 갑자기 그가 아무것도 볼 수 없다는 것을 알았습니다. 이 순간을 상상해 보십시오. - 이 순간은 완전히 마비된 순간입니다. 이 순간은 하나님께서 최고의 내적 치유사역을 하신 순간이죠. 맞습니까? 그것은 마치 빛이 비치고! 눈이 부시고! 놀랍고! 눈멀고! 우당탕!의 순간 같습니다. 도대체 어떻게 된 걸까? 그는 자신이 하늘에까지 갈 수 없었지만 - 엎드려서 하늘의 음성을 들었습니다. "사울아, 사울아" 그는 자기의 이름을 부르는 음성을 듣습니다. "살인자"라고 부르는 음성이 아니라, "사울아, 사울아 네가 어찌하여 나를 핍박하느냐?"하는 음성입니다. 그는 얼굴을 땅에 대고 엎어졌습니다. 나는 그의 반응을 좋아합니다. 왜냐하면 그것만이 적절한 반응이기 때문입니다. 보세요. 여러분이 만일 차를 운전하고 가다가 눈을 멀게 하는 빛이 여러분을 확 비췄다면, 여러분은 눈이 부셔 차 밖으로 떨어져 얼굴을 땅에 부딪고, 자갈이나 다른 것에 부딪쳤을 때, 여러분이 한 음성을 들었다면 – 여기서 그의 반응은 참 좋았습니다. – "주여. 뉘시오니까?" 주권자이신 주께서 분명히 그 순간을 주도하십니다. – 나는 이것을 좋아합니다. – 심리학자는 이것을 인지적 부조화라고 부릅니다. 그런 것은 두 가지 작은 진리가 여러분의 마음에 와서, 서로 만나 갈등을 시작하는 것과 같습니다. – 그것은 마치 여러분의 마음에 – 지~ 소리가 나는 것과 같은, 인지적 부조화입니다. 나는 이 순간을 좋아합니다. – "주여, 뉘시오니까?" "나는... " 준비되셨습니까? 잔향으로 가서 베이스 노트를 더 크게 해보세요. "나는" 나는 여기서 문자 그대로 말하지 않습니다. 여러분도 그럴 필요가 없습니다. – "나는 예수라" 사울이 무엇을 듣습니까? 그는 유대인이 이와 같이 동사를 바탕으로 하는 말을 듣습니다. 그는 여기서 유대인들이 한 도시를 "베들레헴"이라고 부르는 것을 듣습니다. 그 뜻은 "떡집"입니다. 거기서 생명의 떡이 탄생하였습니다. 그는 예수, 예수아, "주께서 구원하신다."라는 음성을 듣습니다. 사울아, "주께서 구원하신다." "주께서 구속하신다." "주께서 회복하신다." "주께서 만물을 시작하시고 끝내신다." 그분은 – 여러분이 함께하는 분입니다. 그리고 전에 여러분이 결코 들어보지 못한 이름 같습니다. – 이제 원수의 이름이 아니라, 주권의 주님의 이름을 듣습니다. "나는 네가 핍박하는 예수라." 나는 그다음 순간을 좋아합니다. – 만일 내가 하나님이라면, 이제 내적 치유를 시작할 것입니다. 분명히, 이 사람은 아버지 문제를 갖고 있습니다. 그는 어이없게 – 백성들을 죽이고, 거기 서서 그들을 죽이도록 도와준 사람들을 마땅히 여깁니다. 무엇인가 잘못되었습니다. – 그는 사역이 좀 필요합니다. 나 같으면, 그의 더럽고 피 흘리는 얼굴에 안수하고 사역을 시작했을 것입니다. 그것은 여러분이 마지막에 하십시오. 우리는 어떻게 해서든지 그를 예수님의 사람으로 인도할 것입니다. 맞지요? "나는 네가 핍박하는 예수라." 준비되셨습니까? "네가 일어나 성으로 들어가라. 행할 것을 네게 이를 자가 있느니라. 굿바이!" 네. – 여러분 중에 얼마나 많은 사람들이 하나님께 포로 된 적이 있습니까? 여러분 중의 몇 사람은 "내가 막 들어올 때 – 그런 일이 일어났습니다."라고 말하겠지요. 아닙니다. 여러분 중에 얼마나 많은 사람이 하나님에 의해 포로 되셨습니까? 얼마나 많은 사람들이, 말에서 끌어 내려지고, 게임에서 퇴출당하여 사이드라인 밖으로 밀려나고, 하나님께서 여러분에게 주셨다고 믿던 사명을 감당하던 도중에 셧 다운(중지) 된 것이 있습니까? 여러분이 거기 있었다고, 그런 일을 겪었다고 … 그런 T-셔츠를 샀습니까? – 그런 일이 사울에게 일어났습니다. 그는 충실했고, 그의 판단으로는 그가 하나님의 마음이나 말씀에 죄를 짓거나 범하는 것을 하나도 하지 않았습니다. 그러나 그는 경기에서 퇴출당하고 땅바닥에 엎어졌습니다. 그때 하나님께서 그에게 말씀하십니다. "일어나 성으로 들어가라. 네가 이 간단한 명령에 순종한 후에, 네가 할 일을 내가 말하리라. 사울아, 네가 다음에 할 일은 일어나 성으로 들어가는 것이다." 그런 후 놀라운 일들을 말하고 있습니다. 이 사람들이 겸손해지고, 눈 멀고, 더러워진 이 큰 지도자인 그를 손으로 끌고 가고 있습니다. 동료들이 말을 못 하고 멍하니 거기 서 있었습니다. 여러분이 욥의 친구들로부터 배울 것이 매우 많습니다. 말 못 하고 멍하게 된 것은 좋은 일입니다. 때로 말하지 않는 것이 아주 현명합니다. 그들은 말문이 막혔습니다. 그들도 음성을 들을 수 있었으나 아무도 보지 못했습니다. 그때 사울은 땅에서 일어나 눈을 떴으나 아무것도 볼 수 없었습니다. 그들이 그를 손으로 끌고 다메섹으로 가야만 했습니다. 그는 사흘 동안을 보지 못하고, 식음을 전폐했습니다.

ii) 아나니아

지난해 나와 내 가족이 마음의 큰 상처를 겪었습니다. 우리는 20년 동안 캐나다에 살았습니다. 미국으로 돌아오라는 분명한 소명감을 느꼈습니다. 그때 많은 힘든 일들이 우리에게 발생했습니다. 나는 노력하지 않았어도 몇 개월 동안에 18kg이 빠졌습니다. 그런 일이 바로 나에게 생겨났습니다. 왜요? 늘 음식을 소화시키던 내 위장에 혹이 생겼기 때문입니다. 나는 아무것도 먹을 수 없었고, 겨우 조금 마실 수는 있었습니다. 나는 관계로 인한 너무 많은 스트레스를 계속 받았습니다. 그들이 바울을 끌고 갔다고 여기서 말합니다. 그는 계속해서 사흘 동안을 보지 못하고, 식음을 전폐했습니다. 왜요? 그의 모든 세계가 깨졌고, 하나님 앞에서 그가 부름을 받았다고 믿던 사명이 산산조각이 나서 땅바닥에 온통 흩어졌고, 그의 정체성도 잃어버렸고, 목적의식과 사명의식도 잃어버렸다고 느꼈기 때문입니다. 그때 다메섹에 아나니아라고 불리는 제자가 있었습니다. 이 사람은 잘 알려지지 않은 영웅이었습니다. 그는 좋은 사람이었습니다. 우리 모두가 아나니아라고 써진 T-셔츠를 입고 "아나니아, 아나니아"라고 해야 할 것입니다. 사람이 모인 어디서나 그렇게 말하세요. 스타벅스에 가서도 – 가운데 서서 "아나니아, 여러분들, 여기 아나니아가 아나니아."라고 말하세요. 사람들이 당신을 바라보며 모두 놀라 그 방안이 조용해지겠지요. – 아마도 그 순간에 동의가 있었을 것입니다. "일어나라" – 나는 이 말을 좋아합니다. – 아나니아의 반응을 들어보세요. – "네. 주님!" 이것은 사울이 예스하며, 주여, 뉘시오니까? 하는 것과는 다릅니다. 이것은 "주여" 하는 말로, "내가 주님을 압니다. 나와 함께 하신 주님을 압니다. 우리가 함께 여행한 것을 압니다. 네. 주님. 당신께서 무엇이든지 말씀하시면, 내가 하겠습니다 ("whatever you say, I will do", 찬송 가사). – 이 방황 중에도 내가 당신과 함께 행할 것입니다. 얼마나 미치던지, 최선을 다해서, 계속해서 앞으로 나가겠습니다. 하나님나라 일을 할 때, 나를 참여시켜 주세요. 당신과 함께 새 창조를 전하게 하소서. 치유자이시며, 생명의 회복자이신 당신 안에 내가 있게 하소서." 우리 모두는 그렇게 말합니다. "달려가자, 포리스트, 달려라!" 나는 이렇게 하는 것을 사랑합니다. 그리고 나는 감격하며 다음 페이지로 가서 갈라디아서를 읽겠습니다.

아닙니다. 여기서 말합니다. "네. 주님"이라고 그는 대답했습니다.– 하나님께서는 우리가 들어야 할 것만 아실 뿐만 아니라, 우리가 어떻게 들어야 할 것도 아십니다. 사울에겐 단순히 "일어나 성으로 들어가라."라고 하셨습니다. 아나니아에겐

"일어나 직가(Straight Street)라 하는 거리로 가라."라고 하셨습니다. 얼마나 놀라운 이름인지요. "곧은 길" 그것은 참 훌륭합니다. - 사울이 직가에서 곧게 되었기 때문입니다. 휴! 참 스윗합니다. 누군가에게 또 하나의 T-셔츠가 필요하네요. "유다의 집에서 다소 사람 사울을 찾아라." 네. 그는 아직도 일반적인 말로 지칭되고 있습니다. 이때 다소에서 온 많은 사람들이 있었습니다. 아나니아는 마치 "알았습니다. 내가 가겠습니다. 직가로 가겠사오니, 그다음엔 주님이 자세히 말씀해주세요 - 나는 하나님께서 자세한 것을 말해주실 때를 좋아합니다."라고 말했을 것입니다. "일어나 직가라 하는 거리로 가서 유다 집에서 다소 사람 사울이라 하는 자를 찾으라." 나는 여기서 하나님께서 조용히 말씀하시는 것을 거의 듣는 것 같습니다. - "그의 이름은 사울이다. 거기서 기도하고 있는데, 그가 막 꿈을 꾸었는데, 거기서 그는 아나니아라는 사람을 보았다." 그래서 아나니아는 "워" 했을 것입니다. 나는 이 순간을 상상해 봅니다. "그의 이름은 사울이라 그리고 등등... " 그리고 홀연히 아나니아는 "워, 워, 워, 워! 살인자! 살해자! 나쁜, 나쁜, 나쁜, 나쁜 사람! 워!"라고 했을 것입니다. 나는 그다음 순간을 좋아합니다. 그들은 바로 우리들입니다. "그의 이름은 사울이다. 그는 기도하고 있고, 꿈을 꾸었다." - 나는 이때 하나님께서 그에게 위로의 먹이를 던지셨다고 생각합니다. "그는 꿈을 꾸었다. 나는 네가 그의 꿈속에서 그에게 나타나게 했노라. 그러니 이 사실을 가지면, 네가 잘 하겠지." 맞지요? "그가 꿈속에서 아나니아라는 사람이 집으로 들어와 그에게 안수하여 다시 보게 하는 꿈을 꾸었노라. 만일 여러분이 어떤 사람이 꿈에 나타나면, 그 사람 좋지 않습니까? 그것은 마치 하나님께서 이렇게 말씀하는 것과 같습니다. "무엇인지 알아맞히어 보아라. 그들이 지난밤 네가 그들에게 가서 이러이러한 일을 하는 꿈을 꾸었노라." 여러분 같으면 "그 꿈이 아주 신기하네요! 내가 무엇이든지 하겠습니다!"라고 말할 것입니다. 그러나 그 대신에 - 내가 이점을 좋아합니다. 아나니아는 말합니다. "하나님, 당신은 정말 랩탑(컴퓨터)이 필요하십니다. 당신께서 하이 스피드 랩탑을 가지시고 실제로 세상 돌아가는 것을 좀 아실 때라고 생각합니다." 나는 이것을 좋아합니다. — 여러분이 하나님께 무엇을 알려 드린 적이 있습니까? "보세요. — 여기에 이런 방법이 있고요. — 아니죠. 당신께서는 바쁘셔서, 아마 이것을 놓치셨을 것입니다." 이제 여러분이 설명합니다. 그리고 아나니아가 프로테스트(항의) 했습니다. 여기서 개신교 운동이 일어났습니다. 그냥 조크입니다. 하여튼 아나니아는 항변했습니다. "주님. 그게 아니죠(웃기지 마세요)! 정말로 아니시겠죠! 내가 우리의 역사로부터 알고 있습니다. 당신께서 조크 하신다는 것을. 지금도 조크하고 계시죠. 안 그렇습니까? 당신께서 정말 아니시겠죠? 모든 사람들이 이 사람에 대해서 말합니다. 그가 해온 무서운 일들, 그가 예루살렘에서 당신의 백성들을 향해 공포로 억압했던 일, 이제 그가 대제사장의 공문을 가지고 여기 나타났습니다." — 보세요. 그는 하나님께 알리고 있습니다. — "이제 그가 여기 나타났습니다." — 그를 볼 수 있습니다. "이제 그가 나타났습니다. 그가…" 누가 금방 방을 둘러봤을 때, 그들이 여러분에게 말하고 있지 않은 척했으나, 그들은 지금 모든 사람에게 말하고 있었습니다. "그가 여기 나타났습니다. 그가…" 이것은 미친 짓입니다. "그러나 그는 대제사장의 공문을 가지고 있었습니다. 이제 권세가 있습니다. 하나님." 여러분이 아시는지 모르겠으나, 이 사람들은 권력을 마구 휘두릅니다. 그들은 무섭습니다. 대제사장의 공문은 그에게 권력을 줍니다. 그는 우리들에게도 같은 일을 하도록 허락받았습니다. 나는 이 것을 좋아합니다. 하나님께서는 우리가 들어야 할 것, 들어야 할 때 우리가 듣는 방법을 아십니다. 그러나 주께서 말씀하셨습니다. "그 사람은 멋있는 사람이다. 나한테 논쟁하지 말고 가라. 내가 그를 이방인과 왕들과 유대인에게 보낼 나의 특사로 선택했다." 모세에게도 말하는 순간이 그런 순간이었습니다. — 하나님께서 말씀하시는 그 순간도 나는 좋아합니다. "보라. 우리가 바로의 집으로 간다. 이 지 팡이를 들고!" 모세가 말합니다. "기다리세요. 나는 말을 더듬습니다. 당신께선…" "알았다. 어쨌든 우리가 하려는 것은, 우리가 거기 가서 지팡이를 가지고, 상당히 멋진 일인데 — 뭘 만들 것이다." "그래 네가 이해 못 하는 것 같구나…" "그렇다.

어쨌든 우리가 이것을 하려는 것은” 그리고 마침내 그가 말합니다. “오케이” 하나님과 논쟁하는 것은 무모한 일입니다. 그러나 계속해서 그것을 하십시오. 그분은 걱정하는 것 같지 않습니다. 만일 여러분이 다 행했을 때가지 그분이 완전히 여러분을 무시하셔도 놀라지 마십시오. 맞습니다. 그분은 여러분을 쓰십니다. 나는 지금도 왜 그분이 그렇게 하시는지 모릅니다. 그러나 그분은 하십니다.

주님이 말씀하셨습니다. “나한테 논쟁하지 말라. 내가 그를 나의 특사로 선택했다.” - 나는 이것을 좋아합니다. 여러분, 우리는 오늘 여기 앉아있습니다. 왜냐하면 이 작은 사람은 항의할 수도, “아니요”나 혹은 “아마도”라고 하나님께 말할 수 없었고, 다만 꼼짝 못 하고 “네”라고 말하였습니다. “내가 그를 이방인, 왕들과 유대인들에게 복음을 전할 내 특사로 선택했다. 아나니아야, 너의 시간은 오늘이나 위하고, 내일만을 위한 것이 아니다. 그리고 만일 네가 나를 위하여, 내 목적을 위하여 네 생명을 잃는다면, 그것도 장차 올 수많은 세대에 비칠 것이다. 내가 네게 원하는 것은 네가 ‘네’라고 말하는 것이다.” 그래서 아나니아는 아마도 거기 앉아서 그가 “네”라고 대답했기 때문에 시온의 찬양을 부르는 수많은 세대의 찬송을 듣고 있었을 것입니다. 이제 하나님께서 그에게 또 하나의 미끼를 던지시며 권고하셨다고 생각합니다. “이제 내가 그의 당할 일이 무엇인지 그에게 보이리라. 아나니아야, 내 일로 인해 그가 큰 고난을 받으리라.” 나는 아나니아가 “오, 그가 고난을 받는다고요? 많은 고통을 받는다고요? 알겠습니다. 내가 가겠습니다. 네. 정말로 가겠습니다.”라고 말했을 것이라고 믿습니다. 그리고 아나니아는 떠나, 그 집을 발견하고 눈먼 사울에게 안수하며 말했습니다. “형제 사울아, 주 곧 네가 오는 길에서 나타나시던 예수께서 나를 보내어 너로 다시 보게 하시고, 성령으로 충만하게 하신다.” 하니 “즉시 사울의 눈에서 비늘 같은 것이 벗겨져 다시 보게 된지라. 일어나 세례를 받고 음식을 먹으매 강건하여지니라.”

어떤 사람이 말했습니다. "여행의 기술은 새로운 장소를 보는 것이 아니라, 새로운 눈으로 옛 장소를 보는 것입니다." 그의 눈이 떠졌습니다. 그는 그의 백성들의 이야기를 봅니다. 그는 다시 볼 수 있습니다. 그는 자기 발로 일어섰습니다. 세례를 받았습니다. 그리고 그들과 함께 앉아 건강하게 음식을 먹었습니다. 여러분의 삶에서 커다란 소란이 지나간 후, 내가 진실로 권하는 것은, 여러분이 앉아 음식을 먹고 건강하시기를 바랍니다. 구속에서 풀려났을 때, 먹고, 먹고, 또 먹습니다! 다시 축하합니다. 그렇지 않습니까? 먹고 축하하고 감사하세요! 오늘 아침, 축하합니다.

3) 신비의 새 – 피닉스

여러분에게 드리기 원하는 세 가지 아이디어가 있습니다. 우리의 삶에서는 이런 회전하는 패턴이 반복해서 계속 일어난다고 믿습니다. 눈멀고, 버려지고, 직장 잃고 – 어떻게 다 타버린 잿더미에서 찬양이 나올 수 있을까? 내가 피닉스에 있었을 때 이 메시지의 제목을 붙이리라고는 생각조차 못 했습니다. 사람들은 피닉스가 고대의 신비스러운 새라고 믿었습니다. – 어떤 사람들은 그것이 불의 영(fire-spirit)이라고 믿었고, 다른 사람들은 그것은 실제로 살아있던 진짜 새라고 믿었습니다. 그들은 그 새가 500~1000년을 산다고 믿었습니다. 그 새가 죽을 때 하는 일은, 작은 나뭇가지로 작은 둥지를 만들고, 그 둥지에 들어가 스스로 타는 것입니다. 스스로 활활 탑니다. 지금 우리에겐 우스운 이야기지만, 그들에겐 그렇지 않았습니다. 전설에 의하면 스스로 불에 타서 재가 된 것에서 알이나 작은 새가 나옵니다. 죽은 재에서 살아있는 것이 탄생하고, 재를 먹고, 재속에서 성장합니다. 황홀한 이야기입니다.

그러나 우리는 이 구절에서 사울의 고난의 생애 가운데 이렇게 재가 되는 회전 패턴이 계속되는 것을 보게 됩니다. 우리가 잠시 이것을 통과하여 가기를 바랍니다. 그런 다음에 점심 식사 시간 전에 함께 기도하는 시간을 인도하겠습니다.

i) 육신의 시력을 잃고 영안이 열리다

첫 번째 개념 – 그때는 비전을 보기 위하여 우리의 시력을 잃어야 합니다. 아주 오래전에 나의 할아버지와 나는 3마일(떨어진 섬이) 원자핵 재앙으로 가장 유명하게 된 펜실베니아 주, 미들타운에 있는 할아버지의 집 현관 앞에 앉아있었습니다. 나는 그것을 증명하기 위하여 바로 여기에 재능의 눈(직감)을 갖고 있습니다. 우리는 포치 앞 그네에 앉아있었고, 할아버지는 산소탱크와 함께 작은 얼음조각이 든 컵을 가지고 있었습니다. 그는 마실 공기와 물만 허용되었습니다. 그는 젊은 나에게 미소 지으며 말했습니다. "하하, 봐요. – 공기와 물 이 두 가지 가장 귀한 것을 하나님께서 우리에게 선물로 주셨지. 나는 지금 어느 한 가지도 많이 가질 수 없어요." 그리고 그는 웃었습니다. "하하" 나는 젊어서 거기 앉아, "헤이, 오 그것은 이상하군."이라고 생각했습니다. 나의 조부는 나를 무척 사랑했고, 나도 그를 사랑했습니다. 우리는 긴 세월 동안 매우 가깝게 지냈습니다. 그는 나에게 사랑에 대하여 말하곤 했습니다. "단, 어떤 사람들에게는 사랑이 '와우, 와우, 와우'(환호)로 시작하지만, 그 후 빠르게 변하여 '우우, 우우'(절망)로 된단다." 또한 "사랑은 장미와 같아 향기가 있고 오래가며 아름답지."라고 말하곤 했습니다. 나는 그때 "참 멋있는 비유구나" – 그러나 "장미는 잘라내면 곧 죽고 말지"라고 생각한 것을 기억합니다. 어쨌든 할아버지는 나에게 이런 작은 지혜를 주었습니다. 그는 현재 내 아내가 될 사람에게도 말했습니다. – 내게 한 사람밖에 없는 아내인데 – 내가 왜 "현재"라는 말을 했는지 모르겠군요. – 그러나 내 아내는 실제로 그가 병실에서 죽기 전에 그를 보았습니다. 그는 심장병을 앓고 있어 – 노년에 심장기능이 나빠졌습니다. 내가 그녀를 데리고 들어갔을 때 할아버지는 올려다보며 나에게 쉰 목소리로 말하기를, "그녀가 참 아름답구나. 다 자연스러운 거지."라고 한 것을 기억합니다. 나는 그전에 사람의 얼굴에서 그렇게 깊고 붉은 그늘을 결코 보지 못했습니다. 참 놀라운 순간을 − 그녀는 매우 생생하게 기억하고 있습니다. 그러나 − 그는 놀랍게도 아름다운 영혼을 갖고 있었습니다. 우리는 거기 앉아있었고, 나는 할아버지가 운명하시던 날을 기억합니다. 그는 자기 집 침대에 누워있었고, 심장기능이 쇠하여 갔습니다. 나는 그의 침대 가에 앉아있었습니다. 어느 날 아침 할아버지는 고통으로 몸부림치며 헛소리를 했습니다. − 할아버지는 그의 어머니를 부르고, 옛날 군대 친구의 이름을 불렀습니다. 생각나는 대로 부르고 있었습니다. 여러분은 그가 이렇게 정신 나간 상태에 빠진 것을 볼 수 있었을 것입니다. 그때 나는 혼자 있었고, 간호사는 다른 방에 있었습니다. 나는 할아버지의 두 손을 잡고 앉아있었습니다. − 두 손은 아주 크고 힘이 세셨습니다. − 그러나 이제 두 손은 가냘프고 힘이 없습니다. − 나는 내 손으로 그의 손을 잡고 있었고 − 그는 정신이 나간 상태에서 어머니와 아버지를 부르고, 어린 시절의 친구들을 부르고 있었습니다. 생각나는 대로 부르다가 멈춥니다. 그는 몇 해 동안 느껴보지 못했던 힘으로 내 손을 꽉 잡았습니다. 그리고 내 눈을 바라보며 나를 가까이 끌어당기곤 말합니다. "다니엘아, 네 인생을 즐겨라. 예수님이 너를 돌보실거야. 내가 너를 사랑한다. 너를 사랑해." 그리고 할아버지는 다시 정신없는 채 어렴풋해졌습니다. 그는 나에게 하나의 육신을 남겨주었습니다. 그가 잘 보지 못하고 혼미스러운 중에도, 그는 우리 가문의 여러 세대가 기억할 하나의 유산을 나에게 남겨주었습니다.

몇 시간 후에, 나는 일을 가야 했고, 그들은 나에게 전화를 걸고 앰뷸런스가 왔으며, 그는 곧 사망할 것이라고 말했습니다. 그들이 그를 싣고 2분쯤 갔을 때, 그는 앰뷸런스 안에서 운명했습니다. 며칠이 지난 후, 우연히 그날 앰뷸런스에 타고 있던 친구가 나에게 전화를 했습니다. 그는 앰뷸런스 뒤쪽에 할아버지와 함께 있었습니다. "나는 당신에게 전화하는 것을 많이 망설였네. 왜냐하면 그가 나를 무척 놀라게 했기 때문일세. 그러나 앰뷸런스 안에서 일어났던 일을 당신에게 말해야 겠네. 당신의 조부는 혼수상태에서 무척 고통스러워하셨네. 그런데 갑자기 우리가 그분을 태우고 집에서 나와 몇 분 지났을 때, 그는 위를 바라보셨는데, 마치 아무도 보지 못하는 것을 보고 있는 것 같았어. 그러더니 그의 두 손을 버쩍 들고 말하기를 '예수님, 내가 당신을 봅니다. 나는 갑니다.'라고 한 후 뒤로 눕고 돌아가셨어." 또 하나의 유산 – 때로 우리는 눈멀고, 때로 보지 못하고, 때로 하나님의 날개의 그늘 아래 어두움에 처하여, 정신이 혼미해지고, 혼돈스럽고, 방황하며, 어떤 일이 전개되는지 알 수 없는 그런 와중에, 우리는 하나님을 새롭게 보게 됩니다. 성서가 "비전이 없으면 백성이 망한다."라고 말할 때, 계획이 없는 것을 의미하는 것이 아니라, 하나님이 계신 것을 새롭게 보지 못하는 것을 의미합니다. 여러분이 눈먼 적이 있었습니까? 체포된 적이? 말에서 떨어진 적이 있습니까? 여러분의 생애에서 계속하여 여러분 자신이 끝났다고 생각하는 상태에서, 하나님을 새롭게 보게 된 적이 있습니까? 그리고 여러분으로 하여금 응답하도록 그분의 빛을 본 적이 있습니까?

ii) 오늘을 잃고 영원을 본다

두 번째 개념 – 우리가 이제 바울이 된, 사울의 이런 경험으로부터 배우는 교훈은 – 우리가 영원을 얻기 위하여 오늘을 잃어버려야 하는 것입니다. 때로 경배자는 영원을 얻기 위하여 시간을 잃어야 합니다. 우리가 찬송을 부르며 – 모여서 경배 드리면서 행하는 것은 – 우리가 떡을 떼고 잔을 마시면서 되찾고 기념하는 것은, 모든 것을 다스리는 이 이야기에 새롭게 헌신하는 것입니다. 우리는 마음을 열고 이스라엘의 살아계신 거룩하신 분에게 우리 자신을 복종시킵니다. 우리는 하나님의 임재, 하나님의 얼굴 앞에서(코람데오), 충만히 살아있는 생명의 넘치는 생에 응답합니다. 바로 그런 일이 하나님께서 우리에게 주신 많은 방법으로 우리가 경배를 드리려고 모였을 때, 일어납니다.

여러 해 전에 있었던 일로, 내가 멘토링 했던 한 젊고 아름다운 워십 리더의 이야기를 하겠습니다. 그는 한 여인과 깊은 사랑에 빠졌습니다. 그들은 좋은 친구가 되었고, 여러 해 동안 가깝게 지내다가 마침내 결혼하겠다고 알려왔습니다. 그들은 캐나다 저쪽에서 결혼해야 하기 때문에, 결혼하려고 그곳으로 갔습니다. 그리고 7개월 지나서 다시 우리를 만나러 왔습니다. 그래서 우리 내외는 그들에게 결혼 선물을 주려고 했습니다. 선물을 주고 웃으며 밤늦게까지 이야기했습니다. 마침내 우리 내외는 그들의 눈에서 조금 수줍어하는 모습을 보고 낌새를 알았습니다. ― 그들은 서로 눈을 반짝이며 무슨 놀라운 비밀이라도 있는 것 같았습니다. 마침내 서로가 힐끗 보기에, 내가 밀했습니다. "그래. 우리에게 말할 것이 있는 것 같은데, 무엇이죠?" "우리는 임신했습니다. ― 아기를 낳을 거예요." 그들이 임신을 계획하지 않은 것에 개의치 않았습니다. ― 그것은 마치 "우! 우리가 아기를 갖겠네!" 하는 것입니다. 그들은 감격했고, 우리도 감격해서 기쁨의 눈물을 흘리며 우리는 그들을 허그 해 주고 기도했고, 서로 이야기했고, 식사도 같이 했습니다. 왜냐하면 나는 함께 "음식 먹는 것"을 좋아하고, 가능하면 자주 관계를 갖고 함께 예배드리는 것이 중요하기 때문입니다 그래서 우리는 그들을 축하해 주었고 그들은 그날 밤 떠났습니다. 며칠 후 잘 아는 친구로부터 아침 일찍 전화가 왔습니다. "단, 리사가 아침에 크리스를 직장에 태워다 주고 고속도로로 오다가 길 반대편에서 10대 청년이 고속으로 난폭하게 운전하던 차량과 정면으로 충돌했습니다. 리사가 사망했어요." 리사와 아기가 죽었습니다. 나는 그날 크리스와 같이 정신없이 걸었던 것을 기억합니다. 그는 지금도 매우 사랑하는 친구요, 내가 처음에 봉사하던 교회에서 워십을 리드하고 있습니다. 나는 그날 정신이 하나도 없었던 것을 기억합니다. 나는 그녀의 웨딩드레스를 장례사에게 주었습니다. 왜냐하면 크리스 자신이 그 일을 할 수 없었기 때문입니다. 나는 침묵과 고통, 분노와 평화 등 모든 것이 뒤엉켰던 한 날을 기억합니다. 1년쯤 지나서 우리는 커피숍에서 테이블을 사이에 두고 마주 앉았습니다. 크리스가 사람들이 있는 데서도 테이블 너머로 손을 내밀어 내 두 손을 잡았습니다. – 어쨌든, 나는 그런 것을 좋아합니다. 그가 테이블 너머로 손을 내밀어 내 두 손을 잡고 눈을 쳐다보며 말했습니다. "단, 나는 무척 많은 시간을 잃어버린 것 같아요. 시간이 사라진 것처럼 보여요. 나는 그냥 눈을 감았고, 일 년, 아니 이 년보다 더 긴 세월이 – 그냥 사라진 것 같아요. 나는 사람들을 더 이상 같은 방법으로 쳐다볼 수 없습니다. 내가 하는 모든 것은 내가 사람들을 보면서 영원을 봅니다. 내가 바로 그 순간, 그 시간, 그날, 그 해, 일생을 보는 것이 아니라 – 나는 가는 곳마다 영원을 봅니다. 나는 사람들에게 다가가고 싶습니다. 그들에게 소망을 전하고, 그들을 위해 기도하고 싶고, 그들을 격려하고, 그들에게 그들과 함께 그리스도가 되고 싶습니다." 그리고 그 순간, 매우 신기하게도 – 영원이 이 젊은이의 마음 안에 있었습니다. 여러분이 시간을 낭비했다고 느끼십니까? 시간이 여러분에게 낭비되었다고 느끼세요? 여러분의 생의 커다란 부분을 잃어버렸다고 느끼십니까? 혹은 너무 늦었다거나, 그 배를 놓쳤거나, 혹은 시간이 너무 지연되었다거나, 혹은 방향이 잘못되어, 여러분의 시계가 멈췄다고 느끼십니까? 때로는 여러분이 마음에서 영원을 얻기 위하여 시간의 개념을 잃어야 합니다. 그 후 바울은 여러 해에 걸쳐 성령의 가르침을 받고 제자가 되었습니다. 고난 가운데 지나간 시간은 여러분과 나의 삶으로부터 넘쳐흐르는 가장 귀한 살아있는 경배 행위를 낳을 수 있습니다. 초대교회에서 경배는 하나의 정치적 행위였습니다. 그것은 누가 주님이신가 : 황제냐 혹은 예수님이냐? 하는 것입니다. 예수님이 주님이십니다. – 그것은 일종의 정치적 행위로서 – 복종, 충성, 맹세의 말입니다. – 이런 말들이 초대교회 경배의 말이었습니다. 그들이 찬양하는 모든 것들은 이것을 강화시키고, 그들의 주님을 축하하는 것을 의미했습니다.

iii) 성금요일 다음엔 부활주일의 영광이 온다
마지막 세 번째 개념 – 때로 우리들은 사명을 얻기 위하여 우리의 일을 잃어야 합니다. 때로 우리는 사명을 성취하기 위해 우리의 직업을 잃어야 합니다. 지난해 성금요일 – 그런 일이 나의 삶 속에서 다른 때에, 다른 이유로 일어났습니다. – 나는 그곳의 여러 친구들과 함께 사무실로 걸어 들어갔습니다. 내 친구들은 내가 관계했던 세계에서 너무 많은 일들이 일어나고 있었기 때문에 혼란스러워했던 것이 분명합니다. 나는 그 새로운 일의 한 부분을 맡는데, 그들은 내가 담당했던 한 일이 중단되었다고 나에게 말했습니다. 그날은 성금요일이었습니다. 거룩한 날이었습니다. – 그러나 마음에 아픔을 당한 사람에겐 고통과 아픔과 상실의 날입니다. – 여러분을 위한 공휴일이 있습니다. 그것은 성금요일이었습니다. 그래서 우리 모두는 남아서 말했습니다. "오늘은 정말 매우 거룩한 금요일이 아니군." 그래도 좋습니다. 그러나 예수님에게도 거룩한 날이 아니었습니다. 아니었습니다. 성금요일 – 꿈은 산산이 깨졌고 – 누군가 여러분에게서 비즈니스 명함을 취해서 다 찢어버리고, 여러분이 일했던 모든 것을 지워버리고, 그것을 없었던 것으로 만듭니다. 여러분의 신분이 여기에 있는데 – 나는 그 방에서 걸어 나왔습니다. 은혜와 사랑과 우정이 있던 곳이었습니다. 나는 그 방을 걸어 나와 당황한 채 그 거리를 떠나 내쉬빌 거리를 지나갔습니다. 우리 가족이 얼마 전에 그곳으로 이사했습니다. 그러나 이 모든 드라마가 일어났습니다. 나는 차를 타고 어느 교회 주차장으로 갔습니다. 나는 오늘까지도 그 교회가 무슨 교회인지 모릅니다. 내가 아는 것은 – 큰 교회 주차장이었는데, 내가 한적한 저쪽 구석에 주차를 할 수 있었습니다. 아무도 나를 볼 수 없는 곳에서 나는 운전대를 탕탕 두드렸습니다. 하나님과 내가 결말을 내야 했습니다. 하나님은 나와 함께 결말을 내는데 관심이 없었습니다. 그분은 그 뒤에서 마음속으로 보고 계셨을 것입니다. 나는 하나님께 대들며 말했습니다. "왜, 왜, 왜 당신은 나에게 이렇게 하셨습니까? 나의 순종을 그렇게 취급해도 되는 것입니까? 그것은 나쁜 양육입니다!" 맞지요? "어떻게 그렇게 하십니까? 이 모든 사랑, 정열, 이 모든 약속을 가지고 나는 오랫동안 한 방향으로 순종해왔습니다. 하나님! 당신은 누구십니까? 왜 이런 것을 허락하셨습니까?" 그

중에 가장 우스운 것은 내가 자동차 키를 꼽아놓고 있었던 것입니다. 한 시간 후에, 차 문이 조금 열려있었습니다. 무슨 일이 일어났을까요? 배터리! 내가 한 시간 동안 운전대를 두드린 후에, "됐습니다. 하나님. 당신을 사랑합니다. 우리는 괜찮을 거예요..." 클릭. "오, 제발!" 심각합니다! 이것은 하나의 이야기입니다 - 나는 누가 내 차에 점프 케이블로 연결해 줄 사람이 없나 찾았습니다. 나의 휴대폰도 죽었고, AAA에 전화도 할 수 없었습니다. 어떻게 할 수가 없었습니다. 주위를 돌아다니다가 마침 한 사람이 거리를 걸어가고 있는 것을 보았습니다. "오. 예. 내가 차가 있어요. 내가 도와주겠습니다. 나는 테네시에 살고 있고, 항상 트럭에는 점프 케이블을 갖고 다닙니다." 그는 나를 데리고 갔고, 내 차를 충전해 줘서 나는 집으로 갔습니다. 그리고 나는 "이런 일을 어떻게 아내에게 말해야 하나 - 실제로 계약이 끝나서 일어난 일인데 - 도대체 이게 뭡니까? 어떻게 이렇게 됩니까? 하나님 여기서 무엇을 하세요?" 하는 문제로 갈등했습니다. 그래서 나는 당황스러웠습니다. 성금요일 다음날은 언제나 거룩한 토요일이 옵니다. 그렇지 않습니까? 그리고 그 거룩한 토요일이 요상합니다. 누군가 요상한 토요일을 맞이하고 있습니까? 여러분은 아직도 슬픔 가운데 비탄에 빠져 왜 이런 일이 일어났을까 하고 묻고 있습니다. 여러분, 너무 놀라서 그런 질문을 합니다. 그런 질문을 부끄럽게 여기지 마십시오. 하나님은 우리의 질문을 두려워하지 않으십니다. 사실, 우리가 질문을 하면, 그 기간에 교회 안에서 변화가 일어나, 실제로 사회의 모든 면에 깊이, 그분의 이름을 알지 못하면서 예수님을 찾고 있는 세상 속에 파고들어가 실제로 말할 수 있는 교회를 낳는 것을 보게 된다고 믿습니다. 성금요일은 거룩한 토요일로 이동합니다. 당황, 고통 그러나 이 작은 그늘, 소망의 실마리가 내 안에(직장에서) 생겨납니다. "네. 우리가 전에도 여기에 있었습니다. - 손실" - 나는 전에 내 역할을 잃은 적이 있었습니다. 내가 무슨 잘못을 해서가 아니라 - 그렇다면 내 잘못이지만 - 단순히 다른 일이 일어났기 때문이었습니다. 그래서 누가 말했습니다. "오, 어쨌든 미안합니다." 나는 말했습니다. "나는 당황했고, 거룩한 토요일에 비탄스럽고 슬펐습니다. 아직도 - 여전하지만, 이번엔 너무 고통스러웠습니다. 나는 내 감정을 잃었습니다. 나는 아주 INFB(인격 타입) 사람으로 차트 밖에 있는 사람입니다. 그래서 나는 나의 자제력을 잃었습니다.

그러나 거룩한 토요일 다음엔 부활절 주일이 옵니다. 부활주일이 오면 여러분은 깨어나서 말합니다. "비록 당신이 나를 누가 죽인다 하더라도, 나는 당신을 찬양할 것입니다. 저편에 소망이 있는 것을 믿습니다. 나는 누구에게도 이것을 양보하지 않을 것입니다. 나는 이런 일을 너무 많이 겪었습니다." 성령께서 여러분에게 생명을 불어넣고 다시 여러분을 고양시킵니다. 여러분은 반복해서 앞으로 뒤로 뛰면서 여전히 감정의 파도를 뚫고 나갑니다. 파도가 더 많이 밀려오면 더 많이 춤추게 되고, 더 많이 움직이고 이동합니다. 당신이 어디로 가시며, 어디로 나를 인도하실는지, 여기에 무슨 일이 일어날는지... 그러나 그날 마지막에 우리는 다시 소망하며 일어납니다. 왜냐하면 하나님의 성령이 우리 안에 계시고 능력을 주어 소망하게 하기 때문입니다. 그래서 예배자의 삶은 재로부터 일어납니다. 최근에 여러분이 직장을 잃으셨습니까? 그것을 하나의 비유로 혹은 글자 그대로 사용하십시오. 직장을 잃으셨습니까? 어떤 시명을 성취해서가 아니라 사명을 위해서 - 여러분을 얻기 위해서 - 여러분 모두는 같은 질문을 다시 합니다. "왜 내가 여기 있습니까? 당신께서 나에게 이 세상에서 무슨 일을 하라고 하십니까? 왜 나를 당신의 동역자요, 파트너로 부르셨습니까? 하나님, 우리가 이 세상에서 무엇을 해야 합니까? 아직도 내가 주안에 있습니까? 혹은 아닙니까?" 그러면 우리의 영혼이 그 질문에 대답합니다. - 우리의 신앙이 진실함을 증명하므로, "네, 나는 아직도 주안에 있습니다." 그다음에 따르는 결단은 전에 물었던 질문보다도 훨씬 더 강력한 생명이 됩니다. 그래서 그 춤은 계속됩니다.

영원한 본질에 대한 이 모든 것의 비전이 경배 뒤에 있는 이야기입니다. 우리를 초대하여 그분과 함께 춤을 추는 것에 마음을 연 사람의 비전입니다. 그분은 이 세상에서 우리와 함께 파트너가 되시고, 그분은 우리가 비전을 얻기 위하여 우리의 시력을 잃는 것을 허락하시며, 시간도 잃어버리거나 그렇게 느끼게 하십니다. 이는 그런 와중에 우리의 마음에 영원을 두기 원하시기 때문입니다. 때로 우리는 직장도 잃고, 우리의 정체성도 잃어, 하루가 끝날 때, 그분이 우리의 비즈니스 명함을 취하여 그 위에 그분의 말씀을 쓰신 후 다시 돌려주십니다. 거기서 여러분은 여러분의 이름이 적힌 것을 봅니다. 그 밑에 간단히 "아들" 혹은 "딸"이라고 쓰인 이름입니다. 직책도 아닙니다. 치유자도 아닙니다. 목사도 아닙니다. 교사도 아닙니다. 워십 리더도 아닙니다. 슈퍼 영웅이라고 써진 이름도 아닙니다. – 단순히 "아들", "딸"이라고 쓰여 있습니다. 그리하여 경배는 가장 큰 손실로부터 일어납니다. 크고, 큰 것을 얻기 위하여, 우리만을 위한 것이 아니라, 바울같이 장차 올 여러 세대를 위하여. 친구여, 여러분의 워십 스토리가 다 끝난 것이 아닙니다. 우리는 그 이야기의 시작에 있습니다. 다 함께 일어나세요.

이번 사역 시간에는, 우리가 있는 곳에 그냥 서 있을 것입니다. 그리고 내가 그렇게 하려는 이유는, 여러분 각자를 위하여 거룩한 공간을 만들려고 하기 때문입니다. 음악인들이 올 것입니다. 왜냐하면 찬양이 필요하기 때문입니다. 그렇지 않습니까? 그것은 인터넷같이 어떤 한 장소가 아닙니다. 실제로 우리는 그곳에 가지 않습니다. 그러나 무슨 일이 일어납니다. – 만남이 일어납니다. 찬송이 그와 같습니다. 우리가 가는 곳이 많이 있어 지금 그곳으로 갑니다. 하나님과 함께. 여러분이 개인적으로 그분과 함께 그곳에 가기를 바랍니다. 오늘 밤에 더 많이 사역할 시간이 있을 것입니다. 나는 지금 앞에 나가 사람들을 위해서 기도하겠습니다. 특별히 누가 기도해주길 원하시면 이리로 올라오시거나, 내게 오십시오. 우리는 기도에 아주 집중하는 시간을 가지겠습니다. 지금 여러분이 나와 함께 눈을 감으시고, 두 손을 앞으로 벌리고, 우리의 마음이 간구하는 것을 몸으로 나타내겠습니다.

눈멀고, 버려지고, 직장을 잃은 채 - 우리는 옵니다. 우리가 잘 보입니까? 감사합니다. 이 시간이 매우 가치 있고, 풍성하며, 우리가 직장도 있고, 정체감도 큽니다. - 주여, 감사합니다. 그러나 당신과 나는 어떤 때에, 사이클 자체가 다른 방법, 다른 사람, 다른 이유로 반복되는 것을 알고 있습니다. 그리하여 우리가 계속해서 비전을 얻고, 우리 마음에서 영원을 얻고, 당신의 사명이 우리를 더욱 온전히 사로잡을 수 있습니다. 그러나 우리는 그 손실로부터 도망가지 않고, 그 안에서 위대한 일이 일어나는 것을 보고 싶습니다. 우리는 폭풍우에서 도망가지 않고, 그 속으로 뛰어들어 그 가운데서 당신을 발견하기 원합니다. 우리 주위가 파괴된다 하더라도 거기서 당신은 우리를 가르치시고 권고하실 것입니다. 오, 위대하시고 중심에 계신 하나님, 우리가 당신께 옵니다. 당신의 경배자로서, 이 세상에서 허기지고 갈망하나, 당신을 위해 밝게 타기를 기뻐합니다. 분명히 당신이 작열케 하신 이 불길은 우리의 내면에서 일어나는 당신과 함께하는 인티머시의 불결입니다. 이 방에 모인 우리 각자의 내면의 생명의 불길입니다. 그곳은 작은 모충이 회심하고 발전하고 변화되어 아름다운 나비가 되는 곳입니다. 하나님, 자궁에서 새 생명이 탄생되듯이, 캄캄한 무덤에서 수정체가 생겨나는 것과 같습니다. 그러므로 우리가 간구하오니, 주여. 오시옵소서. 우리가 손을 벌리고, 우리의 큰 소원을 나타냈사오니, 우리가 늘 눈먼 중에 말씀하시고, 잃어버린 시간에 말씀하시고, 지금 우리에게 생기를 불어넣으사 살아있는 경배의 샘물이, 복종하며 온전히 충성하는 삶으로 나타나게 하시고, 이 세상에서 당신의 견습생으로 살아가면서 당신에게 충성하게 하시고, 이 우주에서 당신의 충만한 새 피조물로 살아가게 하소서. 오늘 밤 당신의 새 피조물이요, 예술 작품인 우리가, 주께서 새롭게 변화시키는 것에 기뻐하게 하소서. 여기서 큰 찬양의 제물로 우리 자신을 드립니다. 모두의 삶으로부터 전과같이 스윗한 향기가 올라가게 하소서. 이 찬양이 연주되는 동안 우리는 하나님을 만나기 원합니다. 그리고 찬양이 끝나면 집회를 마치고, 점심 식사를 하러 갑니다. 이 찬양이 끝날 때까지 같이 계속 서 계십시오.

(이후 찬양, 기도와 사역시간)

03

하나님 나라가 왔다,
그리고 오고 있다.

– 엘리노 멈포드

... 매우 은혜롭게, 여러분이 우리 방문객들을 크게 환영해주셔서 감사합니다. 우리가 여러분들에게 많이 배워야 한다고 생각합니다. 우리가 시작하기 전에 영국 사람에 대해서 이해하는 것이 필요합니다. 해외로 여행하는 영국인들은 날씨에 관심이 많습니다. 남편(존)과 나는 5일 동안 여기 있었습니다. – 캘리포니아에서 5일을 있었는데, 하늘은 무거운 회색이었고, 비가 쏟아졌습니다. 그때 그들이 우리에게 말했습니다. "당신이 애리조나 주에 가면, 하늘이 이 끝에서 저 끝까지, 아침부터 밤까지 완전히 파랗습니다." 그러나 지금까지 매우 실망했다고 말해야겠습니다. 나는 이 주간이 끝나기 전에 여러분이 나를 데려다주기를 바랍니다. 왜냐하면, 여러분이 영국 여자요, 외국을 여행하는 소녀라면, 날씨를 예상치 못할 때 옷장에 가야 합니다. 이제 아주 중요한 다른 것을 말하겠습니다.

나는 오늘 저녁 하나님나라에 대해서 말하겠습니다. 컨퍼런스의 주제가 우리가 사랑하는 경배와 하나님나라입니다. 그래서 오늘 저녁 하나님나라에 대하여 말하며, 그 의미를 고찰하고, 내일 아침에는 왕이신 예수님께 우리가 마음을 다해 경배 드리는 이유를 말씀드리겠습니다. 그러니까 두 부분으로 나누어 말씀드립니다. 오늘 밤 우리는 하나님나라가 왔고, 또 오고 있다는 것에 대해서 말씀드리겠습니다.

1) 치유 체험과 치유사역

나는 하나님을 경외하는 가정에서 자라는 언제나 착한 소녀였습니다. 하나님께서 나에게 생명을 주신 것을 어렸을 때 알았지만, 예수님이 나를 구원하신 것을 대학 시절에 알게 되었습니다. 그러나 성령님에 대해서는 많이 알지 못했습니다. 하나님나라에 대해서도 전혀 이해하지 못했습니다. 대학 졸업 후 결혼해서 더없이 행복했습니다. 그러나 나는 몹시 앓았습니다. 존과 결혼한 직후에 나는 뇌막염을 앓게 되었습니다. 여러분이 30년 동안 이런 병을 앓았다는 것은 전혀 웃을 일이 아닙니다. 나는 이 아픔으로 내 생애에 어떤 일이 일어날까, 결혼생활을 잘 해낼 수 있을까 하는 의심을 했습니다. 병을 고치려고 병원에도 갔으나 너무 아팠습니다. 6주 동안 입원해서 치료를 받은 후, 회복됐으나, 나아지지 않고 – 머리가 쪼개질 것 같은 두통, 아무것도 할 수 없는 무서운 무력감, 결혼하려고 여러 해를 기다렸던 새댁이, 말은 모두 그럴 듯하지만, 나는 너무 아파서 심지어 찬장에 있는 새 그릇도 꺼내서 사용할 수 없었습니다.

그때 우리는 한 교회를 섬겼는데, 그 교회의 스태프는 성령과 그분의 모든 은사가 오늘날을 위한 것이라는 것을 충분히 이해하고 있었습니다. 존과 나는 조금 조심했습니다. 존은 나보다 더했는데, 나는 사실 그것을 상당히 반대했습니다. 그러나 내가 몹시 아팠을 때 그들은 나에게 말했습니다. "내일 아침 교회에 와서 스태프 미팅에 참석하세요. 그러면 우리가 기쁜 마음으로 당신을 위해 기도하겠습니다." 그리고 나는 생각했습니다. "오, 내가 그것을 참을 수 있는데, 그들이 무엇을 할는지 나는 아는데 – 그들은 엄청 스윗하고 잘 웃고 사랑스러운데, 그들은 나에게 은사적인 일을 할 것이고 – 그들은 나의 개인적 공간에 몰려와 불쾌하게 땀나는 손으로 안수하며 방언 기도를 할 텐데." 마치 기계로 천을 짜는 소리처럼 들린 그들의 기도 소리가 나는 싫었습니다. 그러나 우리는 스태프 미팅에 참석했습니다. 모든 것은 나의 예상대로였습니다. 그들은 나의 개인적인 공간에 쳐들어와서 내게 안수기도를 하며 시끄럽게 방언 기도를 했습니다. 그러나 내가 여러분에게 말할 수 있는 것은, 나의 지독한 뇌막염이 이때 치유된 것입니다. 원더풀! 그 일은 나를 진퇴양난에 빠지게 만들었습니다. 내 생애에서, 내 몸으로 단번에 예수님의 통치(즉, 하나님의 나라)를 만났기 때문입니다. 단번에 나의 온 세계가 변했습니다. 그것은 왕이 내 안에 들어오셨고, 하나님의 나라가 갑자기 충만해진 것을 체험하였기 때문입니다. 그래서 하나님의 나라가 우리의 모든 삶과 행동을 지시하는 신학의 중심적 주제라는 것을 발견하게 되었습니다. 그것은 그런 삶을 살아야 하는 것으로, 단순히 믿어야 하는 이론만은 아닙니다.

나는 상당히 실용적인 사람이라서, 만일 나에게 일어난 것이 참된 것이고, 말씀대로 체험할 수 있는 것이고, 그 증거가 논쟁할 여지없이 존과 나에게 나타나 모든 것이 우리 손에서 변화될 수 있다면, 주께서 다른 사람들의 삶에서도 그런 변화를 만드실 수 있다고 생각했습니다. 그리고 그것은 매우 드라마틱한 발견이었습니다. 그래서 우리는 실천에 옮기기로 결정했습니다. 만일 나에게 일어난 것이 사실이고, 다른 사람들을 더 좋게 만들기 위하여 우리가 할 수 있는 일이라면, 또한 성령 하나님께서 우리를 도우신다면, 이것은 실험해 볼 필요가 있는 것입니다. 우리는 간계를 부리지 않고 순전했고, 믿음으로 충만해서 매우 고무되었습니다. 우리는 우리 교회에서 친구들로 구성된 소그룹을 함께 인도하며 말했습니다. "실천해 보십니다."

그때 우리는 런던 중심부로 이사해서 웨스트민스터 사원 아주 가까이, 런던 한복판에 있는 아파트에서 살았습니다. 우리의 작은 지하실 아파트에서 친구들을 데리고 실천에 옮겼습니다. 만일 여러분이 아픈 데가 있다면 와도 됩니다. 그러나 아프지 않으면, 병을 만들어야 합니다. 실천해보기 위하여 여러분이 문으로 들어가 어떤 발진이나 감기, 혹은 나무다리를 만들어야 합니다(조크). 그러나 주께서 우리에게 매우 스윗하셨습니다. 왜냐하면 우리 서로가 기도해주고, 성경을 읽으며, 서로 안수하면 사람들이 병이 낫기 시작했기 때문입니다. 그 후 우리는 매우 익사이팅했고 담대해져, 길거리로 나아갔습니다. 우리 중에 존이 먼저 나갔는데, 어느 날 비가 쏟아지는 웨스트민스터 도시 한복판에 거리 청소하는 사람이 쓰레기통과 빗자루를 들고 밝은 노란색의 조끼를 입고 왔습니다. 그가 갑자기 존에게 와서 아프다고 말했습니다. 그래서 존은 두 번 생각하다가 더 잘 알기 전에 말했습니다. "내가 당신을 위해서 기도해드리겠습니다." 존은 의심하지 않는 이 불쌍한 사람의 등을 한 번 탁 치고 그를 위해서 기도했습니다. 그는 곧 치유되어 길거리를 따라 걸어갔습니다. 존은 기분이 좋아 집에 돌아왔고, 이런 일이 교회 밖 길거리에서 일어났기 때문에 무척 스릴을 느꼈습니다.

나 역시 경쟁적인 마음으로, 나도 그와 같은 일을 해야겠다고 마음먹었습니다. 그래서 그 다음날 나는 정육점 주인에게 갔습니다. 그는 심한 우울증을 앓고 있는 불쌍한 사람이었습니다. "당신을 위해서 기도해드릴까요?"라고 내가 말하자, 그는 나를 데리고 정육점 뒤로 갔습니다. 그곳엔 토막 내는 칼들과 무섭게 보이는 칼들이 있었습니다. 나는 그의 우울증을 위해서 기도했습니다. 그런데 전혀 아무 일도 일어나지 않았습니다. 증세가 하나도 개선되지 않았고, 차도가 없었습니다. 그래서 즉시 우리는 "현재, 그러나 아직 아니다."(the now and the not now)를 발견했습니다. – 때로는 (치유 기도가) 역사하지만, 때로는 역사하지 않는다는 것입니다. 또한 우리는 매우 놀라운 경험이 있었는데, 우리 교인 중에 매우 연세가 많은 귀족 한 분이 있었습니다. – 오늘날 상원의원 같은 분이었는데, 매우 위엄 있는 노인이었습니다. 그의 조부는 궁정에서 조지 5세를 섬겼습니다. 그래서 우리는 여기서 조심스럽게 말합니다. 이 사람은 평생 동안 그의 작은 손가락 하나가 그의 손바닥 밑으로 꼬부라져 있는 유전인 질병이 있었습니다. 그의 조상 여러 세대부터 내려오는 선천적 질환이었습니다. 그런데 그가 우리의 작은 그룹에 와서 존과 나에게 "내 사랑하는 젊은이들, 당신들이 내 손을 위해서 기도해줄 수 있겠소?"하면서 기도 받기를 원했습니다. 우리는 마음속으로 생각하기를 "오, 아니야. 발진이나 감기나 다른 병이면 몰라도, 선천적인 질병은 안 돼." 그래서 존이 말했습니다. 스윗하게, 믿음이 충만해서 – 존은 그의 손에게 말했습니다. "예수의 이름으로 곧게 돼라." 그러자 곧 그 손가락이 불쑥 펴졌습니다. 여러 세대에 걸쳐 내려오던 유전병이... 다시 우리는 "하나님나라"에 대해서 생각했고, 그 후 논쟁의 여지가 없는 – 삶을 변화시키는 하나님의 실체를 만나기 시작했습니다.

그리고 우리들의 경험은 설명이 필요했습니다. 우리는 항상 성서의 사람들이었고, 성경을 사랑해서 우리의 다림줄(척도)로 여겼습니다. 성경은 우리의 금본위제였고, 안전망이었고, 우리들의 모든 것이었습니다. 우리는 성서로 돌아가서 "성경이 무엇이라고 말하는가?"라고 바울이 말한 로마서를 읽었습니다. 그리고 우리는 발견하기 위하여 항해를 시작했습니다. 우리는 성경이 하나님나라에 대한 가르침으로 가득 찬 것을 발견했습니다. 그것에 대하여 말씀드리기 원합니다.

2) 하나님나라 – "지금, 그러나 아직 아니다"

먼저 하나님나라의 도래에 대하여 보겠습니다. 예수님의 최초의 말씀이 처음으로 기록된 복음서는 – 막 1:15입니다. :

> *"때가 찼고, 하나님나라가 가까웠으니, 회개하고 복음을 믿으라."*

이 구절은 예수님이 말씀하신 것을 처음으로 기록한 것입니다. 이것은 중대한 말씀입니다. 왜냐하면 예수님 자신이 그분 자신을 선포하는 것으로, 왕이 그분 자신의 나라를 선포하고, 이것으로부터 거대한 드라마가 전개되고, 역사가 이루어지며, 여기에 구약성서의 모든 약속이 들어있고, 계속되어 신약성서가 선포되고, 여기서 미래가 초래되고, 왕이 들어오셔서, 하나님나라가 오게 되고, C. S 루이스의 놀라운 말처럼, "모든 역사의 저자(예수님)가 역사의 무대에 등장하신 것입니다." 그래서 예수님은 하나님나라가 가까웠고, 그 나라가 오고 있다고 말씀하셨습니다. 마가복음 1장에 나타난 견해는 하나님의 나라가 거의 여기에 있고, 손 닿는 곳에 있다. 그러나 언제 완전히 도래할는지는 아직 모른다는 내용입니다. 이것은 매우 익사이팅해서 기대감에 부풀게 합니다. 그러나 또한 신비스럽게, 아주 정직하게 말해 매우 좌절스럽습니다. 이것은 우리가 "지금과 아직 아니다."(the now and the not yet)라고 말하기 때문입니다. 이것은(하나님나라가) 이미 왔으나 아직 완전히 오지 않은 것입니다(the already and the not quite). 이것을 신학적으로 "종말론적 긴장"이라고 말하는데, 그 안에 우리가 살고 있고, 이는 유용한 어귀로서 우리가 갖고 나가 여러분의 친구에게 보여줄 수 있는 것으로, 그 안에 우리가 살고 있습니다.

우리가 그것을 파악할 때, 이것이 이해되는 설명이며, 우리의 경험이 이를 반영합니다. 지난 수 세기에 걸쳐, 교회는 "지금, 그러나 아직 아니다."라는 개념을 이해하려고 애써왔고, 그 흔들리는 추가 한 쪽에서 저쪽 끝까지 흔들렸습니다. 그래서 어떤 크리스천들은 말했습니다. "하나님나라가 모두 충만히 지금 여기에 와 있다. 그래서 모든 치유가 지금 일어나고, 모든 것이 지금 구출되며, 여러분이 누구에게 설교할 때마다 그들이 지금 치유된다."라고 말합니다. 그러면서 말하기를 "만일 당신이 치유되지 않는다면, 그것은 당신의 잘못이다. 당신에게 무엇인가 잘못이 있기 때문이다." 다른 사람들은 아마도 이에 대한 반작용으로 말합니다. "아니요, 바로 지금이 아니요. 아직은 아니요. 그리고 지금까지도 아닌데,라고. 아직 하나님나라가 이루어진 것이 아니요, 그러므로 신약성서에서 우리가 보는 것이나, 성경에서 약속된 어떤 것도 그때까지 믿어야 합니다." 그들은 "아직 아니다."라는 미래의 개념에 강조합니다. 지금을 무시합니다. 그러나 나는 성경은 "둘 중의 하나"(either or)를 말하는 것이 아니라, "둘 다"(both and)를 말한다고 확신합니다. – 둘 다 – 지금과 아직 아니다 모두를.

구약성서는 하나님나라에 대한 가르침으로 가득 차 있습니다. 물론 우리가 그 모두를 고찰할 시간이 없지만, 구약성서에서 주님은 계속해서 왕이요, 오실 왕으로 언급됩니다. 사 9:6에서 선지자는 말합니다.

> "이는 한 아기가 우리에게 났고 한 아들을 우리에게 주신 바 되었는데 그의 어깨에는 정사를 메었고 그의 이름은 기묘자라, 모사라, 전능하신 하나님이라, 영존하시는 아버지라, 평강의 왕이라 할 것임이라 그 정사와 평강의 더함이 무궁하며 또 다윗의 왕좌와 그의 나라에 군림하여 그 나라를 굳게 세우고 지금 이후로 영원히 정의와 공의로 그것을 보존하실 것이라 만군의 여호와의 열심이 이를 이루시리라"(이사야 9:6-7).

이사야가 말하는 "그 나라"가 "오고 있습니다." 그런 다음에 그는 계속해서 말합니다.

모든 사람들이 그 왕이 오시는 날을 학수 고대할 때, 그분 – 왕이신 예수님이 오셨고, 세계 무대에 나타나셔서 첫 말씀을 하셨습니다. "때가 찼고, 하나님나라가 가까웠으니, 회개하고 복음을 믿으라."

그런 후 무슨 일이 일어났습니까? 첫 번째 일어난 일은 영적 전쟁을 하는 것입니다. 여기서 우리는 하나님나라의 도래를 볼 뿐만 아니라, 두 번째로 하나님나라의 전쟁을 보게 됩니다. 막 1:23부터 예수님의 최초 선포가 이루어진 같은 장에서 우리는 다음과 같이 있습니다.

> "마침 그들의 회당에 더러운 귀신 들린 사람이 있어 소리 질러 이르되 나사렛 예수여 우리가 당신과 무슨 상관이 있나이까 우리를 멸하려 왔나이까 나는 당

신이 누구인 줄 아노니 하나님의 거룩한 자니이다 예수께서 꾸짖어 이르시되 잠잠하고 그 사람에게서 나오라 하시니 더러운 귀신이 그 사람에게 경련을 일으키고 큰 소리를 지르며 나오는지라 다 놀라 서로 물어 이르되 이는 어찜이냐 권위 있는 새 교훈이로다 더러운 귀신들에게 명한즉 순종하는도다(막 1:23-27).

여기서 우리가 무엇을 봅니까? 왕의 권세를 봅니다. 그분을 알아본 자들에 의해 최초로 도전받는 권세입니다. 이들 어두움의 나라의 에이전트들은 악을 행하고, 예수께서 그 희망에 들어가실 때 그들이 보고 모든 것을 알았습니다.

2000년이 지난 후에도 아무것도 변하지 않았습니다. 왕이 오셨고, 그 나라는 가까웠고, 최후의 승리를 얻었으나, 전쟁과 갈등은 치열하게 계속되고 있습니다. 바로 여기에 그 나라의 모든 신비가 들어있습니다. 우리가 매일 그 안에 살고 있는 현실 – 그것이 우리를 (속여서) 당황하게 합니다. 그러나 우리가 오직 성경으로 돌아가, 성경이 말하는 것을 알아보고 – 이미 왔고 오고 있는 – 하나님나라의 실체에 대한 설명을 발견할 때만이 – 하나님나라가 놀랍게 성취되는 것을 우리가 경험하고, 그와 함께 안타깝게 나라가 뒤집히는 것은 예수님에게와 마찬가지로 우리에게도 같은 것을 볼 때만이, "지금, 그러나 아직 아니다." "이미, 그러나 아직 아니다."를 이해할 때만이, 크리스천 삶의 갈등이 우리에게 이해될 때만이 하나님 나라를 이해할 수 있습니다.

이제 오스카 쿨만(Oscar Cullmann)이라는 독일 신학자가 일찍이 예를 들어 이 딜레마(진퇴양난의 어려움)을 다음의 방법으로 설명했습니다. 그것은 나와 모든 사람들을 단번에 이해시켰습니다. 여러분도 전에 그의 설명을 들어보셨을 것입니다. 한때 널리 퍼졌던 실례입니다. 그것은(하나님나라를 이해하는데) 놀라운 도움을 줍니다. 2차 대전 당시 D-데이와 V-데이 사이를 구별합니다. 2차 대전 최후 단계에, 연합군이 1944년 6월, D-데이에 노르만디에 상륙 거점을 확보해서 승리합니다. 그 결과 승리를 확신했습니다. 그러나 그 후 계속 진격해서 실제로 최후 승리는 1945년 5월에 성취했습니다. 그 사이 11개월 동안 전투가 계속되어 사상자가 엄청났습니다. 그와 마찬가지로, 예수님이 위대한 구원자요, 왕이요, 하나님나라를 가져오는 분으로 오신 날이 D-데이었습니다. 그날 하나님나라의 상륙 거점이 확보되었습니다. 그러나 우리는 그 나라가 완성되는, 최후의 승리, 마지막 명령으로 모든 원수가 모든 무기를 내려놓을 때까지 기다릴 것입니다. 그리고 예수님이 재림하실 때, 그분은 V-데이로서, 유럽에서의 승리와는 다르지만, 이 땅에서 최후 승리가 완성될 것입니다. 그러나 그날이 오기까지, 전쟁이 계속되고, 사상자가 계속 나올 것입니다. 크리스천의 삶은 이렇게 하나님 나라가 이미 왔고, 또한 오고 있는 긴장 사이에 살고 있습니다. 그래서 "둘 다"(both and)가 우리에게 의미 있는 것입니다. "둘 중의 하나"(either or)가 아니라, "둘 다"입니다. 이것은 왜 하나님나라에 전쟁이 있는가에 대하여 나에게 잘 설명하여 줍니다.

이것은 그리스도 안에서 이미 승리한 현실과 우리가 여전히 아침부터 밤까지 수많은 전선에서 치르는 계속되는 영적 전쟁을 설명해 줍니다. 이것은 우리가 그리스도와 함께 죽었으나, 아직도 육은 악령과 대항해서 전쟁을 치르고 있는 현실을 말해줍니다. 이것은 왜 어떤 사람들은 극적으로 치유되고, 다른 사람들은 병들어 죽게 되는가를 설명해줍니다. 이것은 왜 그 거리의 청소자는 치유됐으나, 정육점 주인의 깊은 우울증은 치유되지 않았나를 설명해줍니다. 이것은 왜 어떤 아기들은 기적적으로 태어났는데, 다른 아기들은 여전히 죽어서 태어나는가를 설명해줍니다. 이것은 왜 우리가 개 교회에서 가장 영광스러운 세례식을 갖는데, 장례식에선 가장 가슴 아픈 일을 당하는가를 설명해줍니다. 세례에 대해서 한 가지 언급한다면, 며칠 전 나는 북아일랜드 빈야드 교회를 목회하는 한 친구로부터 작은 편지를 받았습니다. 그 교회는 놀랍게 하나님나라가 성취되는 것을 보고 있는데, 그들이 감격한 것은 11명의 사람들이 세례를 받은 것입니다. 놀라운 일입니다. 가장 작은 교회인데 11명의 사람들이 줄을 서서 세례를 받는 놀라운 예배를 드렸답니다. 실제로 그들은 25명에게 세례를 주었는데, 14명은 물속으로 점프해서 뛰어 들어갔다고 합니다. 왜냐하면 그들은 이미 구원받았기 때문이랍니다. 놀랍지 않습니까? 하나님나라의 일! 하나님나라의 일!

하나님나라에 대한 오직 이와 같은 신학적 이해만이 왜 우리가 연약한 가운데 강하게 되고, 나중엔 사망을 통하여 영생에 이르는가를 설명해줍니다. 왜 베드로가 감옥에서 나올 때, 어느 누구도 아닌 천사의 도움을 받은 것을 설명하고, 왜 야고보란 사람이 고통을 겪다가 거기서 죽었는지를 설명해줍니다. 그것은 히브리서 11장에서 놀라운 사실들을 설명해줍니다. 거기서 우리는 믿음의 영웅들에게 대한 것을 읽는데, 그들은 믿음으로 "나라들을 이기기도 하며", "사자들의 입을 막기도 하며", "불의 세력을 멸하기도 하며", "칼날을 피하기도 하며", – 35절에 보면, "여자들은 자기의 죽은 자를 부활로 받기도 하며" – 35절 계속됩니다. – "또 어떤 이들은 더 좋은 부활을 얻고자 하여 악형을 받되 구차히 면하지 아니하였으며, 또 어떤 이들은 희롱과 채찍질뿐만 아니라 결박과 옥에 갇히는 시험도 받았으며 돌로 치는 것과 톱으로 켜는 것과 시험과 칼에 죽는 것을 당하고 양과 염소의 가죽을 입히고 유리하여 궁핍과 환란과 학대를 받았으니 저희가 광야와 산중과 암혈과 토굴에 유리하였느니라."

만일 여러분이 믿음이 더 많으면, 여러분은 치유될 것이라고 말하는 사람들에게 그것을 말씀하십시오. 냉장고에 그것을 붙여놓으세요. 왜냐하면 그것이 크리스천 삶의 실제이기 때문입니다. 우리의 하나님나라의 신학은 왜 어떤 사람들은 전쟁터에서 관에 넣어 옮겨지는데, 다른 사람들은 전쟁터에 끌려 나와 죽는가를 설명해 줍니다. 그래서 만일 누가 치유되면, 그것은 하나님나라가 온 것을 나타내는 표적입니다. 그리고 누가 치유되지 않으면, 그것은 하나님나라가 아직 오지 않았다는 표시입니다. 그리고 우리는 이 두 가지 현상을 다 이해하며 살아야 합니다. – 왜냐하면 예수님이 오셔서 왕이 역사 속으로 들어오셨을 때, 그분은 마치 하나님나라를 조금 그분의 팔에 끼고 갖고 오신 것과 같습니다. 미래의 하나님나라를 조금 갖고 오신 것과 같습니다. 하나님나라가 하늘에서 이루어진 것 같이 이 땅에서도 이루어졌습니다. – 진실로 미래가 현실 속으로 들어왔습니다. 우리는 이런 종말론적 긴장 안에 열심히 살아갑니다. 왜냐하면 미래가 현재 속으로 들어왔기 때문입니다. 그러므로 우리는 치유되는 것을 확실히 보고, 우리는 기도하며, 치유를 기대해야 합니다. 또한 거리로 나가서 이웃을 위해 기도해야 합니다. 코스코나 어떤 상점에서도 줄 서 있는 사람을 위해서 기도해야 합니다. 아시겠죠?

나는 주님과 함께 이런 일을 감당해왔습니다. 우리 도시에는 테스코스라는 크고 무서운 상점이 있는데, 가장 부정한 방법으로 엄청난 이윤을 남기는 상점입니다. 그러나 많은 식품을 팔고 편리하기 때문에 우리는 그곳에 가서 커다란 거짓말을 믿고 삽니다. 그러나 나는 그런 상황을 구제하고 싶어서 주님과 함께 일을 감당합니다. 우리가 계산대를 통과할 때마다, 그곳에 계산하는 소녀가 있어서 통증이 있거나, 어디가 아프다고 호소하거나, 혹은 코를 훌쩍이면, 나는 그녀를 위해서 기도합니다. 호소하는 사람들이 많은 것을 알면 놀라실 것입니다. "오오, 등이 아파서 죽겠어요." "머리가 뻐개지는 것 같아요." 혹은 코를 훌쩍이거나, 재채기하는 사람들이 모든 그로서리마다 많이 있습니다. 그래서 나는 그들을 위해 기도합니다. 솔직히, 나는 여러분도 똑같이 해보시기를 권합니다. 여러분이 명석해서 "주님, 여기에 무슨 일이 계속되고 있습니까?" 하고 물으면 물을수록 그분이 여러분에게 더 많은 것을 말씀하실 것이고, 여러분이 자꾸 그렇게 할수록, 더 용감해질 것입니다. 이런 기도를 할 때, 중요한 것은 빨리 기도하는 것입니다. 왜냐하면 여러분이 계속 이동해야 하고, 여러분 뒤에 사람들이 줄을 서 있기 때문입니다. 그래서 이것은 놀랍고 훌륭한 방법입니다.

그렇게 하나님나라는 우리에게 뛰어 들어옵니다. 최근에 우리에게 있었던 몇 가지 실례를 말씀드리겠습니다. 우리는 런던에 있는 우리 교회에서 가장 원더풀한 세례를 베풀었습니다. 한 여인이 와서 수영장 풀 가장자리에 서서 자기의 이야기를 매우 조심스럽게 했습니다. "나는 나 자신의 안전을 위해서 런던에 왔습니다." 알고 보니 경찰이 그녀를 런던으로 데리고 왔는데, 그 이유는 폭력을 휘두르는 그녀의 남편으로부터 피신하기 위한 것입니다. 남편은 감옥으로, 그녀는 병원에 입원하게 되었습니다. 그 후에 경찰이 그녀를 런던으로 데려왔습니다. 그녀는 말했습니다. "나는 나의 안전을 위해서 런던으로 와서 이 교회의 한 사람을 만났습니다. 예수님을 전하려고 사람들을 찾아 돌아다니는 작고 늙은 할머니였습니다." 그녀는 계속 말합니다. "나는 '왜 예수님일까'라는 소책자를 읽었습니다. 그리고 내 삶이 결코 전과 같지 않게 되었습니다." 그리고 세례 물속으로 들어갔습니다. 하나님나라가 왔습니다.

또 한 젊은 부부가 있었는데, 그들은 우리가 예배드리는 학교 정문 가까이에 있는 작은 아파트에 살고 있었습니다. 주기적으로 우리는 소그룹에 속한 몇몇 아이들을 내보냅니다. 경찰이 조사하므로 어른들의 책임 하에 보냅니다. 그래서 애들을 이웃에 보냅니다. 그들은 성탄절을 위해서 사람들에게 꽃, 전구나 캔디 등을 줍니다. 양해를 구하며 이웃의 문을 노크하고, 작은 선물을 주며 하나님께서 그들을 사랑하신다고 전합니다. 작은 아이가 말하니 매우 사랑스럽습니다. 그래서 이 작은 아이는 말합니다. "우리가 당신을 위해 기도해드릴까요?" 그때 다시 믿음이 오고, 하나님나라가 옵니다. 그래서 이 젊은 부부는 문을 열어주었습니다. 이 젊은 여인은 아름다웠으나 가장 무서운 만성 귀염을 앓고 있는 것을 알게 되었습니다. 그녀는 여러 의사들에게 다녀봤으나, 아무도 치유할 수 없어서 더 좋아지지 않았습니다. 그래서 "사실은, 그래요. 나는 귀를 몹시 앓고 있어요." 그래서 이 순진한 애들이, 잘 알지도 못하면서 말했습니다. "우리가 당신을 위해서 기도하겠습니다." 그들은 그녀를 위해서 기도했습니다. 손을 높이 올려 그녀에게 안수했습니다. 그녀는 즉시 치유되었습니다. 그녀와 그녀의 남자 친구가 교회에 와서 모두 구원받고, 세례 받고, 두 사람이 사역팀으로 코스타리카에 가서 수고하고 있습니다. 그들은 젊은이들을 위해서 음식을 만듭니다. 그들의 삶도 변화되었습니다. 그들도 곧 결혼할 것입니다. 우리 모두 한시름 놓게 됩니다. 그것은 마치 말 앞에 마차나, 마차 앞에 말 같습니다. 그러나 하나님나라는(그들에게) 임했습니다. 네? 그것은 우리의 최선의 방법과는 – 아주 다른 것이었으나, 잘 된 일이었습니다. 주께서 그들 가운데 들어가서 성취하셨습니다. 우리 교인들은 옥스퍼드 거리에서 벨파스트까지, 카디프에서 아파턴까지, 런던에서 리버풀까지 거리에 나가 전도합니다. 그들은 병든 사람들을 위해서 기도하고, 예수님을 전합니다. 지난 몇 십 년 동안 교회가 우리나라에서 보지 못하는 용감한 방법으로 전도합니다. 왜냐하면 하나님나라가 오고 있기 때문입니다. 그래서 교인들은 더 용기를 가지고 전도합니다. 훌륭한 일입니다.

여기 시계가 있군요. 내게는 전혀 상관이 없습니다. – 아닙니다. 그건 사실이 아닙니다. 아니죠. – 그건 맞지 않습니다. 나는 상당히 법을 잘 지키므로, 시계를 매우 유의해서 바라봅니다. 그건 그렇고, 나는 또 하나의 이야기를 갖고 있습니다. 금년 여름에, 우리는 아주 멋있는 크리스천 축제에 갔었습니다. 존과 내가 – 나는 짧은 토크를 하고 있었습니다. 토크가 끝났을 때, 한 작은 소년이 나에게 말을 하려고 내 뒤에서 기다리고 있었습니다. 그 모임은 어른들의 모임이었으나 나는 그에게 말했습니다. "너 여기에 왜 있니? 왜 어른과 함께 오지 않았니?" 그러자 그는 매우 천천히 말했습니다. "당신은 나를 지루하게 하지 않은 유일한 여인입니다." 나는 격려하는 말로 들었습니다. 우리의 대화는 계속되었습니다. 내가 그에게 말을 했을 때, 그는 매우 느리게 말했는데, 알고 보니 그는 어렸을 때 사고로 머리를 몹시 다쳤습니다. 내가 그에게 계속 대화를 하고 있을 때, 주님께서 내 마음속에 급하게 말씀하셨습니다. "그가 예수님을 믿는지, 혹은 안 믿는지 물어보라." 그래서 나는 그에게 예수님을 아느냐고 물었습니다. "네. 엄마와 아빠는 알고 계세요. 그러나 잘 모르세요." 그래서 내가 "예수님을 알기 원해요?" "오. 알기 원해요!" "그럼 지금 어때?"라고 나는 말했습니다. "우리가 지금 기도할까요?" 그래서 우리는 기도했습니다. 그리고 하나님나라가 임했고, 이 소년은 그 자리에서 치유되었습니다! 이제, 기다리세요. — 다음날 아침, 그의 어머니가 나를 찾아왔습니다. 그녀는 말했습니다. — 그녀는 흥분했고 스릴에 차 있었습니다. "당신에게 내 이야기를 말해야겠어요." 그는 지금 14살인데 — 그 애가 8살일 때 큰 자전거에서 떨어졌습니다. — 여러분이 그런 자전거를 어떻게 부르는지 모르겠지만, 큰 자전거는 큰 바퀴를 가지고 있어, 위험하지만 아주 재미있습니다. — 내가 바라보고 있을 때 그 애가 자전거에서 떨어져 머리를 몹시 다쳐 런던 그레이트 오르몬드 가에 있는 카운티에서 제일 좋은 아동병원으로 급히 옮겼습니다. 깊은 코마에 빠져 죽게 되었습니다. 의사로부터 부모가 들은 말은 "가망이 없습니다. 곧 죽을 것입니다. 모든 것을 멈춰야 합니다. 신부님을 부르셔야겠습니다." 그들은 그대로 했습니다. 그리고 "당신들은 아이에게 마지막 작별의 말을 하세요." 그들은 그것도 했습니다. 어머니는 슬픔을 참을 수 없어서 병실을 나와 무턱대고 병원 주위를 걸었습니다. 그러다가 그녀가 병원 책방에 들어갔습니다. 저편 선반 위에 있는 한 책을 보았습니다. "메시지(Message)"라는 이야기 성경책이었습니다. 이제 알고 보니 그녀와 그녀의 남편은 알파코스에도 참석했습니다. 두 번을 마쳤습니다. 그러나 그것으로 전혀 터치되지 않았습니다. 그러나 그들은 말씀을 깨달았습니다. 그래서 그녀는 책방 점원에게 말했습니다. "저 책에 대하여 나에게 말해줄 수 있나요?" 그는 말했습니다. "오. 저 책은 보잘것없는 크리스천 책입니다. 1파운드만 내세요." 1달러 정도지요. "1달러만 내고 가져가세요." 그녀는 그것을 샀습니다. 그때 그녀는 주님께 말했습니다. "이 책을 열고 도움이 되는 것을 읽으면 – 당신께서 말씀하신다고 사람들이 하는 말을 들었습니다. 하나님 그 말이 맞는다면, 지금 당신께서 말씀하실 때입니다." 그녀가 그 책을 열어보니 에베소서 5장에 "메시지" 성경은 이렇게 써져 있었습니다. "잠에서 깨어나라. 너의 관에서 나오라. 그리스도가 너에게 빛을 주리라." 그녀는 윗 층 병동으로 돌아가서 의사들에게 말했습니다. "그 애는 괜찮을 것입니다. 하나님께서 나에게 말씀하시기를 '내 아이가 살 것이라.'고 하셨습니다." 의사는 그녀에게 바로 진정제를 투여했습니다. 그러나 그가 정말 깨어났습니다. 그의 관에서 나왔습니다. 금년 8월에 그리스도께서 그에게 빛을 주셨습니다. 그것이 어떻게 하나님나라입니까? 그것은 하나님나라가 온 것이고, 하나님나라가 오고 있는 것입니다. 만일 누가 여러분에게 와서, "그렇다면, 당신이 기도했는데 역사하지 않고, 아무런 일도 일어나지 않고, 사람들이 구원받지 못하고 치유되지 않았으면 무슨 일이 일어난 것입니까?"라고 묻는다면, "무엇이라고 대답하시겠습니까?" 나의 대답을 말하겠습니다. : 더 많은 사람들이 구원받고, 더 많은 사람들이 치유됩니다. 왜냐하면 내가 기도 안 했을 때보다 기도했기 때문입니다. 맞지요? 그래서 우리는 이것을 해야 합니다. 하나님의 사랑이 우리로 하여금 하나님나라의 일을 하라고 우리를 강권하시고, 독촉하십니다. 우리가 그것을 더 많이 하면 할수록, 우리는 하나님나라가 더 많이 임하는 것을 보게 될 것입니다. 그러나 언제나 우리가 그것을 보는 것이 아닙니다. 내가 ㄱ 섬을 여러분에게 설명해야겠습니다. 하나님나라는 어린 소년에게처럼 "지금"입니다. 그러나 또한 "아직 아닙니다."라고 설명드립니다.

얼마 전에 나는 아침에 산보하려고 밖에 나갔습니다. 사실 운동을 하고 있었으므로, 아름답게 보이지 않았습니다. 빨리 걸었습니다. 나는 걸어서 우리 동네 버스 정류장을 지나갔습니다. 그때 나는 버스 정류장에 앉아있는 한 사람을 보았습니다. 한 젊은이가 두꺼운 안경을 쓰고 이렇게 책을 읽고 있었습니다. 그는 다른 것은 볼 수 없었습니다. 나는 측은하게 느꼈습니다. 내가 그곳을 지나갈 때, 주님께서 내게 말씀하시는 것을 느꼈습니다. – 나는 그분이 나에게 말씀하시는 것을 압니다. – 그분은 말씀하셨습니다. "돌아가서 그를 위해서 기도하라." 나는 그것을 분명하게 기억합니다. 그래서 내가 말했습니다. "주님, 이런 경우에는 가능하면 아니죠. 왜냐하면 머리도 엉망이고 화장도 안 했기 때문입니다. 운동할 때 입는 옷이 좋게 보이지 않지요. 적절하다는 생각이 안 드네요!" 그때 주께서 실제로 상당히 다정하게 말씀하시는 것을 느꼈습니다. "음, 사랑하는 딸아. 내게 핑계대지 말라. 돌아가서 그를 위해서 기도하라." 그래서 나는 그대로 했습니다. 그때 생각하기를, "다른 방침을 시도해야겠다." 이 역시 빈야드에서 우리가 병든 자를 위해서 기도하는 것을 배운 것입니다. 우리는 그렇게 해야 합니다. 그래서 나는 말했습니다. "주님. 당신께서 말씀하시는 것을 듣습니다. 그러나 지금은 적절하지 않습니다. 왜냐하면, 나는 여자이기 때문입니다." 이것은 상당히 민감한 것인데, 그러나 주님께서 계속해서 말씀하셨습니다. "돌아가서 그를 위해서 기도하라." 어쩔 수 없이 나는 돌아가서 기도하며 그 사람에게 말했습니다. "방해를 해서 죄송합니다만, 당신이 그 책을 읽으려고 애쓰는 것을 보았습니다. 나는 예수님을 믿고, 그분이 오늘도 치유하신다고 믿습니다. 그분은 내가 당신을 위해서 기도하기를 기뻐하십니다. 그분은 당신의 시력을 도와주시기를 기뻐하신다고 생각합니다." "감사합니다."라고 그 젊은이는 말하며 나와 악수를 했습니다. 그것은 좋은 시작이었습니다. 나는 그를 위해 기도했습니다. 그에게 안수할 때 다소 용기가 솟는 것을 느끼기 시작해서, 나는 최선을 다해 함께 기도드린 후에 하나님께 감사드렸습니다. 163번 버스가 와서 그를 태워갔고, 모두 끝났습니다. 그리고 나는 계속 걸었습니다. 그러나 그때 나는 정말 내 심령이 솟아오르는 것을 느꼈고, 정말 감격했고, 나 자신이 무척 기뻤습니다. 참으로 용감함을 느껴 큰소리로 기도하기 시작했습니다. – 아마 참 우수꽝스럽게 보였을 것입니다. – 나는 하나님께 부르짖었습니다. "하나님, 나는 주께서 요구하시는 것을 했습니다. 주님이 말씀하신 것을 말했고, 순종했습니다. 주님 오셔서 당신의 일을 뒷받침해주세요." 바로 그때 나는 주께서 어느 때보다도 분명히 나에게 말씀하시는 것을 들었습니다. – "너는 결코 알지 못할 것이다." 와우 – "너는 결코 알지 못할 것이다." 이래서 여러분이 지금부터 앞으로 20, 30, 40, 50, 60년 동안, 그분과 얼굴과 얼굴을 대하여 볼 때까지, 위험을 무릅쓰고 병든 자를 위하여 기도하고, 예수님이 행하라고 말씀하신 그것을 하시겠습니까? 혹은 안 하시겠습니까? 그분에게 순종하시겠습니까? 혹은 안 하시겠습니까? 여러분이 보는 것에, 혹은 보지 못하는 것에 따라서 하겠습니까? 왜냐하면 어떤 때는 여러분이 예수님을 만나게 된 내 친구와 같은 어린 소년들을 보고, 다른 때는 나의 다른 친구와 같은 버스정류장에 있던 눈먼 사람들을 보기 때문입니다. 그러나 여러분이 하는 이편을 결코 알지 못할 것입니다. 내가 아는 한, 여기 성경 안에는 나를 이해시키는 것이 충분히 있어, 이것은 그분이 원하는 것이고, 이것에 우리가 헌신하는 것입니다. 날이 오고, 날이 가나 주께서 행하라고 하신 일을 하므로 우리는 매일 경배를 드립니다. 그리고 하나님나라가 "지금과 아직 아니다"를 이해하고, "이미 그러나 아직 아니다"를 충분히 이해하게 합니다. 이 사실은 우리를 바르게 지키며, 잘못을 범하게 하지 않게 합니다. 이 사실은 "하나님께서는 오늘날 어떤 기적도 결코 행하지 않으시기 때문에, 나는 시도해보지도 않겠다. 모든 기적적인 표적과 기사는 사도행전이 끝나면서 다 끝났다. 그것에 대하여 잊어버려라."라고 말하는 은사 종료 주의에서 오는 포기와 패배감으로부터 우리를 구원합니다. 내가 그것을 은사 종료 주의자들에게 말하는 것입니다. 비참한 삶의 방법입니다. 그러나 또한 이 사실은, 만일 우리가 기적을 믿는 믿음을 가진다면, 하나님께서 항상 기적을 행하신다고 주장하는 승리주의로부터 우리를 구원합니다. 이 주장 역시 나에게 견딜 수 없는 스트레스를 줍니다. 그것은 내가 다 감당하도록 지음 받지 않은, 아주 엄청난 책임감을 줍니다.

그래서 나는 어떤 일이 있어도 그것을 행하기를 권고합니다. 예수님이 말씀하셨으므로, 그것을 행하십시오. 여러분이 많이 하면 할수록, 더 많이(치유되는 것을) 보게 될 것입니다. 여러분이 더 많이 보면 볼수록, 더 많이 하기 원할 것입니다. 그러면 하나님나라가 더 많이 임할 것이고, 왕은 더 많이 높임을 받을 것입니다. 그러나 우리가 하나님나라의 도래를 말할 때, 우리는 또한 하나님나라의 전쟁을 말합니다. 그리고 그 사이에 마가복음 1장에서 내가 읽은 것처럼, 짧은 구절이 있습니다. 막 1:16은 다음과 같습니다. :

"갈릴리 해변을 지나가시다가 시몬과 그 형제 안드레가 바다에 그물 던지는 것을 보시니 저희는 어부라. 예수께서 가라사대 '나를 따라오너라 내가 너희로 사람을 낚는 어부가 되게 하리라' 하시니, 곧 그물을 버려두고 좇으니라."

이것이 하나님나라의 소명(부르심)입니다. 하나님나라가 처음으로 마가복음에 조금 임재하고, 다음의 두 짧은 구절에서 사이에서 예수님이 회당 안에 계셔서 말씀하시는 것을 봅니다. "나를 따라오너라." 와서 나와 함께하고, 와서 내가 행하는 일을 하고, 와서 내가 보는 것을 보라. 와서 나와 함께 하라. 그것이 하나님나라의 소명입니다. 그것은 원더풀, 원더풀한 일이고, 원더풀, 원더풀한 살아가는 방법입니다.

내가 스코틀랜드에 살고 계신 한 목사님의 편지를 읽겠습니다. 이야기는 만일 그분이 거기 계셨으면, 매일 예수님을 따르며, 예수님이 행하셨던 일을 하는 이야기입니다. 내 친구가 보내준 편지입니다. 그는 말했습니다. 나는 샌 앤드류 가에 있는 이탈리안 레스토랑, 바실리코에서 나의 옛날 친구와 점심 식사를 했습니다. 매우 중요한 것을 아주 자세하게 썼는데 – 우리가 주님에 대해서 이야기하고 있을 때 주문한 음식이 나왔습니다. 가까운 테이블에 앉아있던 한 여인이 일어나 우리에게 와서 말했습니다. "죄송합니다. 내가 당신들의 대화를 듣고 있으며 감격했습니다. 왜냐하면 예수님께서 오늘도 사람들을 치유하시는 것을 깨닫지 못했습니다. 그것이 사실입니까?" 우리는 그녀에게 말했습니다. "네. 예수님은 진실로 오늘도 사람들을 치유하십니다. 왜냐하면 그분은 사람들이 건강하기를 바라고, 우리가 그분을 믿기 원하십니다." 상당히 좋습니다. "그렇다면 예수님이 살아 계시다는 말이군요."라고 그녀는 말했습니다. "그분은 살아계십니다." 우리는 대답했습니다. "어떻게?" 그녀가 물었습니다. "성령을 통해서요."라고 우리는 말했습니다. "예수님은 성령을 받은 사람들을 통해서 치유하십니다." 그녀는 말했습니다. – 이것은 진실한 대화입니다.– "나도 성령을 받고 사람들을 치유할 수 있을까요?" 우리는 말했습니다. "네 물론이요. 그것은 당신이 조작해서 하거나, 돈을 주고 선반에서 사는 것이 아닙니다. 예수님은 우리의 마음을 원하시고, 다른 사람들을 고치기 위하여 그분을 사랑하는 사람들을 쓰십니다." 그녀는 말했습니다. "그렇다면 나도 예수님을 알기 원합니다." 그때 우리는 그곳에서 그녀를 위해서 기도했습니다. 성령이 그녀에게 임하시면서 눈꺼풀이 빠르게 움직이고, 두 손이 진동하면서, 주님께서 그 순간에 그녀를 주관하셨습니다. 하나님나라가 임했습니다. "그때 일어난 것을 바라보는 것은 놀라웠습니다."라고 그는 말했습니다. "우리는 눈물을 흘렸습니다." 그녀는 눈을 뜨고 말했습니다. "감사합니다." 그녀는 동네 대학에서 치유 클래스에 참석하고 있으나, 그들은 오늘도 치유하시는 예수님에 대해서 전혀 가르치지 않는다고 말했습니다. 그래서 그 코스를 검토해 볼 필요가 있는지 그들에게 알려주겠다고 했습니다. 놀랍지 않습니까? 훌륭하지 않습니까?

"그 코스를 검토해볼 필요가 있다는" – 이것이 하나님나라의 소명입니다. 우리가 레스토랑에 앉아서 친구와 이야기하며 이탈리안 음식을 먹을 때, 누가 우리의 대화를 들었는데, 그들을 예수님께 인도한 것입니다. 그러나 그것이 언제나 그런 식으로 일어나는 것은 아닙니다. 내가 말씀을 드리지만, 나는 많은 이탈리란 레스토랑에 갑니다. 평소에 이런 일이 늘 있는 것이 아닙니다. 그러나 가능성은 얼마든지 많이 있습니다. 이것이 하나님나라의 소명입니다. 나는 언제나 진실한 여자가 되기 원합니다. 활동가입니다. 구경꾼으로 자리에 앉아있는 것이 아닙니다. 나는 뇌막염이 치유되는 날 부름을 받아 나섰습니다. 병만 나은 것이 아니라, 나는 적극적으로 참여했고, 치유사역을 했습니다. 놀라운 모험입니다. 여러분이 그 외에 무엇을 더 원하십니까? 하나님나라에 소명이 어떤 것인가에 대해서 말씀드리며 – 내 말을 마치겠습니다.

3) 우리를 향한 하나님나라의 소명

마태, 마가, 누가복음에 유명한 구절들이 많이 있습니다. 누가복음 4장에 연속적으로 나오는 구절들을 잘 아실 것입니다. 이 구절들은 우리가 빈야드에 처음 왔을 때 25년 전에 존 윔버가 가르친 연속 구절들입니다. 여러분이 그분의 이름을 기억하겠지만, 하나님께서 그분을 쓰셔서 빈야드 교회를 처음 세우셨습니다. 그는 이 진리를 우리에게 보여주며 하나님나라의 일을 우리에게 가르쳤습니다. 그 가르침은 우리의 삶을 변화시켰고, 세계를 변화시켰습니다. 그 가르침이 여기서 시작합니다. 예수께서 누가복음 4장에서 말씀하신 성명서(manifesto)입니다.

> "주의 성령이 내게 임하셨으니 이는 가난한 자에게 복음을 전하게 하시려고 내게 기름을 부으시고 나를 보내사 포로 된 자에게 자유를, 눈 먼 자에게 다시 보게 함을 전파하며 눌린 자를 자유롭게 하고 주의 은혜의 해를 전파하게 하려 하심이라 하셨더라." (눅 4:18-19)

이것이 예수님의 성명서입니다. 이것은 그분이 땅에 오셔서 하신 일입니다. 그런 후 그분은 그 일을 우리에게 위임하셨습니다. 그분의 성명서가 있고, 이제 우리에게 위임되었습니다. 여러분이 마 10:1을 보시면 아래와 같습니다. – 물론 예수님이 "주의 성령이 내게 임하였으니"라고 말씀하신 후입니다.

"예수께서 그 열두 제자를 부르사 더러운 귀신을 쫓아내며 모든 병과 모든 약한 것을 고치시는 권능을 주시니라."

5절부터 보시면, "예수께서 이 열둘을 보내시며... 가면서 전파하며 말하되, 천국이 가까웠다 하고, 병든 자를 고치며, 죽은 자를 살리며, 문둥이를 깨끗하게 하며, 귀신을 쫓아내되 너희가 거저 받았으니 거저 주어라."

예수님은 그 자신의 성명서를 발표하시고, 그다음에 우리에게 이 일을 위탁하셨습니다. 그것을 12제자들에게 위임하셨습니다. 또한 누가복음 10장에서도 다음과 같이 말합니다. :

"이후에 주께서 달리 칠십인을 세우사... "

여러분은 여기서 발전하는 것을 보시죠? 그분은 "친히 가시려는 각동 각처로 둘씩 앞서 보내시며", 눅 10:9에서 다음과 같이 말씀하십니다.

"거기 있는 병자들을 고치시고 또 말하기를 하나님의 나라가 너희에게 가까이 왔다 하라."

바로 이것을 예수님이 그들에게 가르치신 것입니다. 그분은 받으신 권세를 그들에게 주셨습니다. 그 권세는 병든 자를 고치고, 복음을 전하며, 귀신을 내쫓고, 상한 자를 싸매는 권세입니다. 그분은 12제자에게 말씀하셨습니다. "이제 너희는 가서 그것을 행하라." 70인에게도 말씀하셨습니다. "이제 너희는 가서 그것을 행하라." 영광스러운 가르침, 우리는 위험을 무릅쓰고 가르침에 순종합니다. 혹은 등 한히 합니다. 그러면 하늘 이편에서 살면서, 예수님이 자신이 행하였던 것 같은 가장 위대한 모험을 놓치게 되기 때문입니다. 흥미롭게도 우리는 누가복음 10장 에서 알게 되는데 – 우리는 그것을 다 말씀드릴 수 없습니다. 시간이 모자라기 때 문입니다. 그러나 눅 10:17을 보면 – 파송 받은 70인이 기쁨으로 돌아옵니다. 그들 은 말했습니다.:

　"주여 주의 이름으로 귀신들도 우리에게 항복하더이다."

눅 10:21에 그들이 예수님께 돌아왔을 때, "예수께서 성령으로 기뻐하셨습니 다."(in the Spirit, 성령 안에서). 그리고 말씀하십니다. :

　"천지의 주재이신 아버지여 이것을 지혜롭고 슬기 있는 자들에게는 숨기시고
　어린아이들에게는 나타내심을 감사하나이다."

눅 10:23에서 제자들에게 조용히 이르셨습니다.

　"너희의 보는 것을 보는 눈은 복이 있도다."

나는 이 70인이 전도했을 때, 얼마나 큰 기쁨이 있었는지를 늘 알지 못했습니다. 그들은 예수님이 그들에게 주신 권세를 가지고 나가 예수님이 그들에게 하라고 보여주신 것을 하려고 노력했습니다. 그들은 병든 자를 고치려고 힘썼고, 귀신을 내쫓고, 가난한 자들을 돌보며 복음을 전파하려고 애썼습니다. 마치 우리가 그렇 게 하라고 요청받은 것처럼. 그것이 그들에게 어떤 느낌을 주었을까요? 그들은 매 우 기뻐했습니다. 무척 재미있었습니다. 놀라운 삶의 길이었습니다. 그러나 우리

에게는 실망도 있고, 가슴 아픈 일도 있고, 잘 안될 때도 많고, 잘 못 되는 때도 많았습니다. 사람들이 죽고 병듭니다. 그럼에도 불구하고 여전히 우리는 그분이 하라고 요청하였기에 우리가 할 일을 수행해야 합니다. 그것은 선택의 문제가 아닙니다. 여러분이 하고 싶다고 하는 문제가 아닙니다. 옷을 잘 입었던지, 혹은 아침에 산보 중이거나 상관이 없습니다. 그것은 "여러분이 할 것이냐, 혹은 안 할 것이냐?"에 관한 문제입니다. "너희가 나에게 순종할 것이냐, 혹은 순종하지 않을 것이냐?"에 대한 문제입니다. "너희가 나의 나라가 오는 것을 볼 것이냐, 혹은 안 볼 것이냐?"에 관한 문제입니다. 나로서는, 감히 "노"라고 말하지 않을 것입니다. 그것은 놀라운 소명입니다. 그것은 그분께 기쁨을 드립니다. 나는 최근까지 "예수님이 기쁨으로 가득 찬" 모습을 결코 보지 못했습니다. 그들은 그분께 돌아가서 기쁨을 드렸습니다. 그래서 우리가 이 일을 할 때에 그분께 기쁨을 드리는 셋입니다. 우리가 하려고 노력할 때 그분에게 기쁨을 드리는 것입니다. 우리가 그분에 대해서 전할 때 그분에게 기쁨을 드리는 것입니다. 우리가 이웃에게 전할 때 그분에게 기쁨을 드리는 것입니다. 우리는 바로 곁에 사는 이웃에게 초청을 받고 그들의 작은 네 자녀를 모두 세례를 주었습니다. 그리하여 하나님나라가 임할 때 우리가 예수님께 기쁨을 드리는 것입니다.

마지막으로, 윔버가 우리에게 오래전에 계속 가르쳐준 이 놀랍고 가장 위대한 구절로 가겠습니다. – 마 28:18입니다. – 그때는 예수님이 승천하시기 직전이었습니다. 아마 승천하실 준비를 모두 하셨겠지요. 그때 예수님이 그들에게 와서 다음과 같이 말씀하셨습니다. :

"예수께서 나아와 말씀하여 이르시되 하늘과 땅의 모든 권세를 내게 주셨으니 그러므로 너희는 가서 모든 민족을 제자로 삼아 아버지와 아들과 성령의 이름으로 세례를 베풀고 내가 너희에게 분부한 모든 것을 가르쳐 지키게 하라 볼지

어다 내가 세상 끝날까지 너희와 항상 함께 있으리라 하시니라." (마 28:18-20)

내가 너희에게 가르친 모든 것을 - 너희는 가서 그들을 가르쳐라. 내가 너희에게 명령한 모든 것을 그들에게 가르쳐 복종하게 하라는 말씀입니다. 그분이 그들에게 무엇을 명령하셨습니까? 복음을 전하고, 병든 자를 고치고, 귀신을 내쫓고, 가난한 자를 먹이고, 상한 자를 싸매며, 갇힌 자에게 가고, 짓밟힌 자를 돌보며, 억눌린 자를 자유케 하라. 이것이 우리가 위임받은 일입니다. 이것이 그분이 우리보고 하라고 하신 일입니다. 그래서 여러분이 이 말씀이 계속되는 것을 보며 부르시는 음성을 들으십니까? 내가 여러분에게 말한다면, 지금부터 영광에 이를 때까지 내가 주님을 경배하며 사람들을 구하는 일보다 시간을 더 잘 소비하는 방법을 모르겠습니다. 왜냐하면 우리가 그 일을 하라고 부름받았기 때문입니다.

행 1:8 말씀으로 마치겠습니다. 주 예수님의 마지막 말씀입니다. 흥미롭지 않습니까? 우리는 예수님이 공생애를 시작하시면서 최초로 말씀하신 것을 고찰했습니다. "하나님의 나라가 가까웠다." 이제 그들을 떠나실 때 하신 마지막 말씀을 고찰합니다. 그분의 지상 사역을 끝내시며 다음과 같이 말씀하셨습니다.

"오직 성령이 너희에게 임하시면 너희가 권능을 받고 예루살렘과 온 유대와 사마리아와 땅 끝까지 이르러 내 증인이 되리라 하시니라" (행 1:8)

그리고 예수님의 교회는 말했습니다. "아멘," 모두 일어나시겠습니까?
(말씀 후 기도 사역시간)

04

왕이신
예수님

― 엘리노 멈포드

(시스틴 채플, 앞면, 천장, 벽면)

1) 빈야드 찬송 : "땅 끝까지 퍼지리라"

안녕하십니까? 내가 (마이크)배터리를 갖고 있는 한 걱정할 것 없습니다. 여러분은 안 그런지요? 나는 예수님이나 존 웨슬리 그리고 조지 윗필드가 배터리 없이 수 천 명의 군중들에게 어떻게 말씀을 전했는지 의아해 합니다. 전에, 어느 때 나는 미술 역사가를 만나게 되었습니다. 지금 그것이 조금 거창하게 들리겠지만, 10대 소년들을 가르칠 때 이탈리안 예술의 손길을 감상하도록 하였습니다. 이탈리안 르네상스 중심에 가장 찬란한 것 중의 하나가 로마 도시이고, 그 중심부에 성 베드로 대성당이 있습니다. 여러분을 기쁘게 하기 위해, 내가 성 베드로 성당의 사진을 마련했습니다. 잠시 후에 나오겠습니다. 이것에 대하여 말씀드리기 전에 – 잠시 그 이유를 생각하면 – 내가 준비하면서 성 베드로 성당에서 있었던 신기한 일이 생각났습니다. 그때 전 세계에서 온 빈야드 목사님 그룹이 로마를 방문했습니다. 오, 벌써 거의 10년 전입니다. 국제 빈야드 지도자 그룹으로 그곳에 갔었는데 – 함께 있으니 참 좋았습니다. 우리는 폭스(Fox)라는 귀한 분의 안내로 3일 동안 로마를 둘러보았습니다. 그는 신부로서 정경 변호사로 바티칸에서 봉사하며, 교황인 존 바울의 마지막 때에 아주 가까이서 섬겼던 분입니다. 그가 로마를 구경시켜주며 우리와 같이 3일을 지냈습니다. 그는 놀랍게도 뛰어난 분이었습니다. 우리는 그와 함께 그가 하는 일도 둘러보게 되었는데, 매우 흥미로운 일을 한 가지 알게 되었습니다. 어느 날 저녁, 우리는 레스토랑에서 모였는데, 그가 신부 복장이 아닌 랄프 로렌(옷의 상표 이름)을 입고 있었습니다. 우리가 전혀 예상치 못한 일이어서 나를 아주 즐겁게 만들었습니다. 폭스 신부는 우리를 데리고 로마를 구경시켜주며 아름다운 곳들을 모두 보여주었고, 일반 대중에겐 허락되지 않는 곳까지 구경시켜 주었습니다. 우리는 바티칸 정원에도 들어갔는데, 그곳은 교황이 가끔 산책하는 곳이었습니다. 바티칸 박물관에도 갔었고, 아침에는 대중에게 공개한 적이 없는 시스틴(Sistine) 채플에 갔습니다. 환상적인 경험이었습니다.

저기 로마의 성 베드로 성당이 있고, 저리 가면, 이것은 우리 교회죠? 네. 이것은 크리스천 세계의 개교회입니다. 로마의 베드로 성당.

우리가 그곳에 있을 때, 폭스 신부는 말했습니다. "주일 아침에 나는 성 베드로 성당 지하실에서 미사를 집전할 것입니다. 나에게 영광이 되는 것으로," 계속 말하기를 "만일 여러분 중에 원하시는 분이 계시면 나와 함께 하시기를 바랍니다." 그것은 큰 특권이었습니다. 그래서 작은 그룹의 빈야드 목회자들이 성 베드로 성당 지하실로 내려갔습니다. 성 베드로의 유골이 보존되어있다는 곳 바로 옆에 있는 작은 채플이었습니다. 우리는 폭스 신부와 함께 작은 미사를 드렸습니다. 끝날 때 그는 우리에게 돌아서서 말했습니다. "나는 여러분들이 여러분의 워십 송을 부르는 사람들인 줄 알고 있습니다. 우리가 다 마치고 떠나기 전에 찬양으로 인도해주실 수 있을까요?" 이 작은 그룹의 빈야드 목사님들은 눈에 보이는 악기도 없고, 음향시설도 없고, 배터리도 없이 찬양하기 시작했습니다.

그들은 "신실하신 분"(Faithful One)을 불렀습니다. 물론 빈야드에서 늘 불렀던 가장 놀라운 찬송 중의 한 곡입니다. 이 아름다운 찬양의 소리가 그 지하실 창문을 통해 올라가 웅장한 성 베드로 성당 중앙, 그 거대한 브루넬리스치 돔의 커다란 둥근 천장까지 울려 퍼지며, 돔 주변을 맴돌다가 중앙봉로를 지나 계단을 거쳐, 성 베드로 광장까지 퍼져나갔습니다. 빈야드 찬양이! 우리는 너무 깊이 감동되었습니다. 왜냐하면 우리는 빈야드 초창기에, 하나님께서 우리에게 간단하고 단순한 찬송을 주시기 시작하면서, 빈야드 찬송이 땅 끝까지 퍼지리라고 약속하신 것을 기억했기 때문입니다. 그것이 크리스천 세계의 중심부로 가서 로마의 성 베드로 성당까지 퍼졌고, 전 세계로 퍼져나갔습니다. 이 얼마나 아름다운 일입니까? 그것은 보화요, 빈야드 찬양이 보화가 되었습니다. 우리는 이것을 우리끼리 말할 수 있습니다. 왜냐하면 우리가 가족이기 때문입니다. 우리는 자만이나 위선이나 과장하지 않고 말합니다. 하나님께서 우리에게 주신 것을, 우리가 함께 해온 것이 측량할 수 없는 귀한 것이라는 것을 기억하는 것은 잘하는 일입니다. 보화로서 우리에게 맡겨진 그것을 그렇게 잘 보존해야 합니다. <u>그리고 우리는 할 수 있는 한 최선을 다해 그것을 전 세계로 나누어줘야 합니다.</u> 그리하여 우리는 남들이 많이 부러워하는 사람들이요, 특권을 받았습니다. 그러나 맡겨진 만큼 우리에게 큰 책임이 있습니다. 그런 까닭에 이와 같이 중요한 때에 우리가 함께 모여 시간을 보내는 것입니다.

로마의 성 베드로 성당으로 다시 돌아갑니다. 이 영광스러운 교회 이쪽엔 여기 시스틴 채플이라는 곳입니다. 그곳에 추기경들이 정기적으로 모여 새 교황을 선출합니다. 그리고 이것은 시스틴 채플 내부인데, 이탈리안 르네상스시대 최고의 명성을 가진 사람 중의 한 사람인 미켈란젤로가 그렸습니다. 미켈란젤로는 이탈리아 화가였는데, 3년 동안 트롤리에 누워서 천장에 그림을 그렸습니다. 1508년부터 1511년까지 – 원하시는 분은 써넣으세요. – 그 가운데 그는 선지자들과, 미녀들, 천사들과 귀신들 그리고 표적과 기사들과 이상한 사건들을 그렸습니다. 이것이 그가 그린 것입니다. 그것은 여러분이 알아보실 가장 유명한 중앙 패널판인데, 그것은 역시 아담의 창조입니다. 그러나 여러분이 알아보지 못하는 것은 여러분이 이곳으로 들어와 천장을 쳐다보며 한 번에 5~10초 동안만 볼 수 있습니다. 왜냐하면 육체적으로 너무 힘들고, 바라보는 것이 불편하고, 정서적으로, 심미적으로 압도되기 때문입니다. 그래서 바티칸 당국자들은 큰 지혜를 짜내, 이만큼 눈높이에 여러 개의 거울을 채플 둘레에 놓았습니다. 그래서 여러분이 들어가서 위를 쳐다볼 수 있습니다. "와, 놀랍구나." 그런 다음 거울을 들여다보면, 천장의 모든 영광스러운 모습이 완벽하게 반사되는 것을 볼 수 있습니다.

예수님은 하나님의 충만한 영광을 계시하기 위하여 우리가 쉽게 이해할 수 있는 사람의 형상과 동일한 모습으로 오셨습니다. 그래서 우리가 하나님을 바라보려고 노력할 때, 우리 목이 신학적으로 경직되어 죽지 않을 것입니다. 그 말이 이해가 되십니까? 여러분은 그것으로는 하나님을 이해하기 힘들다고 말할지 모르나, 나로서는 아주 훌륭하다고 생각합니다. 왜냐하면 그것은 아주 비상하기 때문입니다. 여러분이 하나님이 어떻게 생기셨을까 알기 원하고 우리를 부르셔서 사랑하고 경배하며, 머리 숙이고 축하하라고 부르신 그분을 알기 원한다면, 예수님을 바라보시면 되기 때문입니다. 예수님은 한 분이기 때문입니다. 예수님 안에 모든 신성의 충만함이 몸의 형태로 살아있습니다. 그래서 이런 놀라운 이틀간의 집회 마지막에, 집회를 끝내면서 우리의 왕이신 예수님, 그분 자신을 바라보는 것이 적절하다고 생각합니다. 우리는 어젯 밤에 하나님나라에 대해서 말했고, 아침부터 저녁까지 경배 드렸습니다. 이제 우리가 끝나면서, 왕에 대해서 말씀드리겠습니다.
: 그분은 누구신가? 누구이시기에 우리를 무릎 꿇게 하시고, 고개를 숙이게 하실까요?

2) 우리의 왕이신 예수님

여러분은 우리 주 하나님을 마음과 뜻과 영혼과 온 힘을 다해 사랑하라는 그분을 알기 원합니다. 그러면 그 예수님을 바라보고 사랑하십시오. 한 영국 시인이 ─ "예수님은 나의 북쪽이요, 나의 남쪽이요, 나의 동쪽이요, 나의 서쪽이시라. 내가 일하는 한 주간과 주일 쉬는 날. 나의 정오요, 나의 한밤중이요, 나의 대화요, 나의 찬송인 ─ 그분은 내가 경배하는 예수님일세."라고 노래했습니다. 알프레드 로드 테니슨(Alfred Lord Tennyson)은 예수님에 대하여 썼습니다. ─ "그의 성품은 가장 큰 기적보다도 더 원더풀 하셨다." 러시아의 작가 도스토예프스키는 말했습니다. ─ "예수님보다도 더 사랑스럽고, 더 깊으며, 더 동정심을 갖고, 더 완전한 사람이 아무도 없다!" 놀랍게도 나폴레옹 황제도 말했습니다. — "이 세상 어느 누구도," 그다음은 우리가 추가해도 됩니다. "어떤 왕도, 황제도, 민족도, 제국도, 문명이나, 군대나, 어떤 중간 선거나, 그 어떤 것도, 그 어떤 한 개인이나 하나의 사건도." 나폴레옹은 말했습니다. "인류 역사를 그렇게 변화 시키지 못했다. : 그렇게 사랑받고, 멸시받고, 증오되고 찬양받으며, 나쁜 것을 선하게 바꾸고, 추한 것을 아름답게 만든 것이 나사렛 예수님 같은 사람은 한 사람도 없었다."

우리나라에는 참 놀라운 저널리스트가 있었는데 — 지금부터 여러 해전, 그는 말콤 머거리즈(Malcolm Muggeridge)로서, 실제로 테레사 수녀를 세상에 소개한 사람입니다. 그는 캘커타에 살고 있는 그녀를 방문했고, 그녀에 대한 책을 썼습니다. 그 책을 통해서 그녀가 서방세계에 알려졌습니다. 머거리즈는 지독한 무신론자였습니다. 그런 후 그는 영광스럽게 예수님께 회심했습니다. 적어도 캘커타 거리에서 그가 본 것 때문이 아닙니다. 그는 칼럼을 통해서 여러 해 동안 복음에 대해 가십 기사를 썼던 사람으로 이렇게 말했습니다. "자칭 엄숙한 우리 슈퍼맨들 같은 부스러기 뒤에 거대한 한 분이 서 있습니다. 왜냐하면 그분 때문에, 그분 안에, 그분에 의해, 그분 한 분을 통해서 아직도 인류는 소망을 갖고 있기 때문입니다. — 예수님 그 한 분에게." 또 다른 유대 저널리스트는 예수님을 찬송하는 자로 — 그분의 원수의 하나로 여겨졌으나 — 참으로 놀라운 경배자가 된 것을 — 우리가 너무나 잘 압니다.

그는 이렇게 썼습니다. "그리스도의 본질이 영혼을 가진 어떤 사람의 영혼도 꿰뚫기에 충분하지 않은가? 그는 지금도 세상에 거대한 모습으로 나타나시고, 그분의 메시지는 분명하며, 그분의 자비는 여전히 무한하며, 그분의 위로는 지금도 역사하고, 그분의 말씀은 여전히 영광, 지혜 그리고 진리로 충만하다." 그는 유대인으로 그분을 믿지 않던 사람이었습니다. 우리가 경배하는 예수님이 얼마나 놀라운 분이신가요!

우리나라에 상원위원이 된 한 노인이 있었는데, 상원의장을 역임한 사람으로 헤일 샴이라고 불리는 유명한 사람이었습니다. 그가 젊어서 옥스퍼드에 다닐 때 그리스도에게 회심했습니다. 그가 후에 "내가 들어간 문"이라는 책을 썼는데, 그 책에서 그는 예수님에 대해서 쓰며, 한 사람으로서 예수님을 거역할 수 없는 매력을 가진 분이라는 것을 발견했다고 말했습니다. 헤일 샴은 말했습니다. "너무 매력적인 분으로 사람들이 순전한 기쁨으로 그분을 따랐다." "우리는 영광스럽고 복된 분에게 사로잡히게 될 것이다. 그분이 단순히 임재만 하셔도 그의 친구들을 기쁨으로 충만케 하셨다." 예수님을 따르는 것이 힘들고, 가혹하고, 벅차고, 피곤하고, 도전적이나, 너무나 기쁜 일입니다. 또한 기뻐해야 합니다. 그렇게 기쁜 일인데, 왜 우리가 힘들게 노력합니까? 그것은 위해서 싸울 가치가 있기 때문입니다. 여러분은 예수님과 제자들이 길에서 기뻐하셨다는 것을 상상할 수 있습니까? 여러분은 그들이 힘들게 전도했던 것을 알고 있습니다. 그러나 그들은 그룹으로 모여서 기뻐했습니다.

3) 영국에서 첫 빈야드 교회 개척

우리가 런던에서 빈야드 교회를 처음 시작할 때 – 우리 가족 4명으로 시작했습니다. 기쁘게, 온전히 기쁘게 시작했습니다. 그래서 우리 4명은 말했습니다. "시작합시다. 해 봅시다. 우리 집에서 작은 빈야드교회를 시작합시다." 윔버가 우리를 축복해주었고, 애나하임에서 훈련받고 다시 보내주어서, 그가 관대하게 베풀어진 비행기를 타고 런던 집으로 왔습니다.

몇 달 치 생활비도 넉넉히 주었습니다. 존과 나 그리고 6살과 6개월 된 두 형제였습니다. 이것은 1987년에 도착한 국가적 징조였습니다. 그리고 그것이 세상을 변화시켰습니다.

i) 환상 중에 나타나신 예수님 – "나를 모방하라"

우리는 시작했고, 그 후 한 개의 작은 소그룹을 갖게 되었고, 또 하나의 그룹, 그 후 또 하나의 그룹을 계속 갖게 되었습니다. 왜냐하면 여러분도 이렇게 바닥부터 교회를 시작하였기 때문입니다. 참 좋은 우리 교인들에게 말했습니다. "우리가 두 가지 일을 잘 하려고 합니다. 경배 드리는 것을 배우고, 소그룹으로 함께 모이는 일, 즉 경배하는 공동체입니다." 그렇게 해서 교회가 시작되었습니다. 어느 날 저녁, 우리는 우리의 작은 앞방에서 찬양을 드렸습니다. 런던에 있는, 우리 방들은 아주 작습니다. 우리에겐 모든 것이 작습니다. 여러분에겐 모든 것이 큽니다. 우스운 이야기이지만 – 거리도 넓고, 집들도 크고 도움도 큽니다. 그러나 우리들에겐 모든 것이 작습니다. 그래서 우리는 매우 작은 집에, 작은방에서 삽니다. 우리는 앞방에 가득 모였습니다. 우리가 찬양을 시작해서 마칠 때, 방 저편을 바라보았습니다. – 나는 그때 사람들이 말하는 열린 환상이라는 것을 처음 보았습니다. 매우 거창하게 들리겠지만, 나로서는 마치 방 한구석에 있는 TV를 보는 것 같았습니다. 나는 주님이 나에게 등을 돌리고 있는 모습을 보았습니다. 제자들로 둘러싸여 계셨습니다. 그들은 남자들로 보였는데 모두 롱드레스를 입고 있었고, 샌들을 신고 둥글게 서 있었습니다. 내 앞방에서 일어난 일인데, 엉뚱하게도 그들은 대화하며 웃고 있었습니다. 그 광경에 정말 마음이 끌렸습니다. 그들은 너무 매력적으로 보였고, 큰 소리로 기뻐하고 있었습니다. 일제히 서로 대화하고 계속 담소했습니다. 지난밤 우리가 누가복음에서 본 그들이 전도하고 돌아왔을 때 찾아온 기뻐하는 모습이었습니다. 그들은 모두 함께 있었고, 내가 꼼짝 못 하고 바라보고 있을 때 <u>주님께서 내게로 몸을 돌리시더니 나를 바라보며 말씀하셨습니다. "내가 네게 딱 한 가지 요구하는 것은 나를 모방하라."</u> 그것은 표적과 기사를 행하고, 병든 자를 위해서 기도하고, 가난한 자를 돌보는 것만 모방하라는 것이 아니라, 믿는 자들과 함께 기뻐하고 즐거워하는 것을 모방하라는 말씀입니다. 단순히 함께 기뻐하는 일입니다. 그런 것을 우리의 크리스천 삶에서 충실히 실천합니다. 그리고 빈야드 안에서 그렇게 되기를 바랍니다.

ii) 예수님 : 길이요, 진리요, 생명이시다

그래서 이분이 우리가 경배하는 왕, 예수님입니다. 이 놀라운 예수님 자신에 대해서 우리가 엎드려 경배 드리는 분에 대해서 말씀드리기 원합니다. 신약성서에서 그분의 입으로부터 자신에 대해서 말씀하신 것을 보겠습니다. 진리를 찾는 남녀에게 예수님이 말씀하신 것으로부터 시작하겠습니다. - 요 8:31입니다.

> "너희가 내 말에 거하면 참 내 제자가 되고, 진리를 알찌니 진리가 너희를 자유케 하리라."

예수님은 진리를 말씀하십니다. 그분만이 길이요, 빛이요, 진리요, 생명입니다. 우리가 진리를 원하시면 - 우리는 그분을 봅니다. 그분은 우리에게 아버지에 대해서, 하나님에 대한 진리를 말해주십니다. 왜냐하면 그가 아들이기 때문입니다. 그분은 아버지를 직접 보신 분입니다. 그분은 마치 시스턴 바닥의 거울 같아 아버지, 하나님의 진리와 영광을 우리에게 비쳐줍니다. 예수님만이 유일하게 하나님의 뜻을 우리에게 전하고, 그분의 말씀을 순수하게 우리에게 전달하실 수 있습니다.

예수님은 요 14:10에서 말씀하셨습니다.

> "내가 너희에게 이르는 말이 스스로 하는 것이 아니라 아버지께서 내 안에 계셔 그의 일을 하는 것이라."

그것은 훌륭하고 놀라운 것입니다. "예수님을 본 사람은 아버지를 보았습니다. 만일 너희가 아버지의 말씀을 듣기 원하면, 나를 통해서 들을 수 있다."라는 의미입니다. 그래서 예수님은 진리이십니다.

헨리 드 루박이라는 프랑스 신학자가 있었습니다. 들어보셨나요? 아니겠죠? 내가 먼저 들었으므로 전해드리겠습니다. 그는 이렇게 썼습니다. 내가 바보같이 웃음의 이야기를 합니다. 내가 시차증 때문이라고 핑계를 못 대겠습니다. 왜냐하면 여기 온 지 일 주간이 되었고, 하늘은 파랗습니다. 캘리포니아와 애리조나 사람들이 파란 하늘을 나한테 보여주기까지 일 주간이 걸렸습니다. 인상적이지도 않고, 상쾌하지도 못했으나, 지금은 아름다운 날씨입니다. 이제 옷장에서 예쁜 옷을 꺼내 입을 수도 있고, 안경도 찾아 쓸 수 있습니다. 헨리 – 노트로 가지 마십시오. 내가 노트를 보고 토크 하지 않습니다.

다시 헨리 드 루박으로 돌아갑니다. 그는 "그리스도의 벽"이라는 책을 써서 그리스도의 진리를 말했습니다. 그는 구식으로 이렇게 말했습니다. "이 위대한 사랑의 행위, 예수님, 당신이십니다. 당신 자신 사람들이 영접할 수 있게, 겸손하시고, 유대 땅 구석에서 죽으신, 오. 당신은 사람이셨습니다. 이새의 꽃, 당신은 진실로 이 땅의 열매요, 여인에게서 태어나시고, 사람의 형상을 입으셨습니다. 하늘 구름을 타고 온 어떤 유령도 아니요, 이 땅에 깊이 뿌리내리셨습니다. 이 세상 어떤 아기가 아닌, 오직 예수님, 당신 안에서 하나님이 자신을 나타내셨습니다. 당신은 단순한 메신저가 아니라, 살아계신 그분의 본체를 나타내십니다. 당신을 통하여 그분을 말씀할 뿐만 아니라, 또한 그분의 말씀은 행동이요, 행위입니다. 십자가에서 땅과 하늘을 연합시킨 분은, 예수님 당신 자신입니다." 예수님은 진리입니다. 우리가 경배하는 왕이십니다.

두 번째로 내가 좋아하는 것은 – 예수님도 가이던스가 필요한 사람들에게 이렇게

말씀하십니다. 요 14:6입니다:

"내가 곧 길이요 진리요 생명이다."

예수님만이 덧없는 인생 삶의 변화에서 우리를 인도하실 수 있습니다. 우리는 항상 변하는 가치, 상황과 문화, 다른 가치관, 대중의 수요와 언론에 따라 변하는 가치 기준에 둘러싸여 있습니다. 도덕적 가치는 늘 바뀌고 있습니다. 세상이 엉망입니다. 세계 뉴스 방송은 매우 실망스럽습니다. 우리가 어디로 가야 할까요? 그것을 어떻게 알 수 있을까요? 이 세상이 무섭습니다. 그러나 예수님이 말씀하십니다. "내가 곧 길이다. 내가 너의 발길을 안내하리라. 참된 진리의 디딤돌을 주어, 너희가 그것을 딛고 덧없는 세상, 지뢰밭 같은 세상을 살아갈 수 있게 하리라." 나는 여러분 나라의 입법에 대해서 모릅니다. 도덕적 가치도 모릅니다. 그러나 분명히 우리나라에서는 굉장합니다. 우리는 지금 두 여자가 아기를 입양해서 함께 사는 제도를 갖고 있습니다. 왜냐하면 그들은 더 이상 아버지가 필요 없다고 생각하기 때문입니다. 사람들은 무엇을 생각하고 있습니까? 아 땅 위에 무슨 일이 일어나고 있습니까? 이런 여러 가지를 듣고 읽으면 ─ 실망하실 것입니다. 만일 그분이 길이요, 진리요, 생명이라는 것을 모르면 실망하실 것입니다. 그분의 길과 진리가 성경에 써져 있으며, 성령에 의해서 증서 되며, 항상 도전을 받습니다. ─ 우리가 어젯밤에 말씀드린 로마인들에게 보낸 바울의 말씀과 같이 되어야 합니다. ─ "성경이 무엇이라고 말하는가?" 이것이 우리의 다림줄이요, 금본위제(황금 표본)요, 이 힘든 세상을 살아가는 우리의 안내자입니다. 때로 예수님의 절대적 진리, 그분이 말씀하시고 보여주신 길은 아주 분명하고, 직선적입니다. 그분은 그분의 길을 평탄하게 만드십니다. 그래서 우리가 어려움에 처할 때, 우리는 그분께 가고, 그분의 말씀으로 가야 합니다. 우리는 왕이신 예수님을 경배합니다. 그분이 우리의 안내자이기 때문입니다. 그분은 우리가 너무 큰 어려움을 지나가며, 너무 힘든 고통의 회의주의를 지나가는 것을 보시며, 우리에게 크고 편한 길을 보여주실 것입니다. 그리하여 우리는 위험을 무릅쓰고 그분의 길을 따라갑니다.

iii) 예수님 : 심판의 주님

그다음에 정의를 위해서 싸우는 사람들이 있습니다. 그들에게 예수님께서 행 17장의 바울을 통해서 말씀하십니다. – 바울이 로마에서 말했습니다. – "그가 한 날을 정했으니" – 그는 하나님을 말합니다. – "그가 지정한 사람을 통해 정의로 세상을 심판하리라." "오, 그래서" 바울이 말합니다. "그가 모든 사람에게 이것을 증거로 주셨으니, 곧 죽은 자 가운데 그를 살리심이라." 예수님은 심판자이십니다. 내게는 이 말이 큰 위로가 되는 개념입니다. 심판에 대하여 말할 때 – 나는 최근에 런던 남동쪽에 있는 한 교사에 대한 이야기가 생각났습니다. 그는 자기 반의 작은 어린이들과 부활절 연극 예행연습을 했습니다. 그들은 8살 된 애들이었습니다. 큰 날이 다가오므로, 모든 것이 계획대로 진행되었습니다. 애들은 모두 흥분했고, 의상을 모두 입었습니다. 흰옷을 입고, 머리에 수건을 두르고... 의상을 모두 입었습니다. 부활절 연극이 시작되었습니다. 군중들은 지체 없이 바라바를 석방시키라고 소리쳤습니다. 8살 된 본디오 빌라도가 무대 중앙에서 판결문을 낭독하게 되었습니다. 그는 예수님께 몸을 돌려 매우 불길한 큰 음성으로 분명하고 느리게 말했습니다. "그러므로 이제는 굿바이입니다. 본드 씨." 심판 – 정말 웃기는 것이었습니다. – 여러분은 예수님이 그 조크를 어떻게 받아들이셨을지 이해합니다. 심판은 나에게 놀랍게도 위안을 주는 교리입니다. 만일 나에게 톱 10교리를 가지라고 허용한다면, 물론 웃기는 것으로 그렇게 되지는 않겠지만 – 심판은 거기에 포함될 것입니다. 아마도 주권 교리와 함께 상위에 있을 것입니다. 그다음엔 속죄요, 그다음엔 하나 더 믿음의 교리가 들어가겠지요! 얼마나 놀라운 교리인가요! 그러나 심판의 교리는 나에게 가장 확실한 디딤돌의 하나입니다. 왜냐하면 그것은 정의를 향한 우리의 깊은 부르짖음에 해답을 주기 때문입니다. 그것이 폴

포트나 조셉 스탈린 같은 악한 사람들에 의해 인류에게 가해진 범죄든지, 누구든지 - 아돌프 히틀러도 여기 들어가겠지요. 혹은 인종 청소자든지, 성매매자나 마약업자든지, 최근에 깨어진 병으로 어린 소년들을 때려 계단에서 피 흘려 죽게 한 런던 동남부에 있던 흉악범이든지 - 모두가 정의를 위해 울부짖습니다. 태어나지 못한 아기들이 정의를 위해 울부짖습니다. 빛을 보지 못한 아기들, 그들에게 가해진 일로 인해, 우리는 그들의 정의를 부르짖습니다.

나의 남편 존은 런던에 있는 교회를 다니며 자랐습니다. 청년그룹에 있는 그의 친구와 함께 다녔습니다. - 그의 이름은 닉입니다. 존은 아니죠? 그는 심한 지체장애자로, 그의 작은 몸은 구부러지고 뒤틀렸습니다. 그는 들것 침대차에 타야만이 어디든지 갈 수 있었습니다. 여러분은 바퀴 달린 들것이라고 부르나요? 우리는 하우스(TV 쇼)를 봅니다. 들것에 대해서 알고 있습니다. 우리는 하우스 쇼를 좋아합니다. 아시는 대로 영국 사람인데 매우 용감한 영웅입니다. 어쨌든 청년그룹에 있는 닉이라는 존의 다정한 친구는 - 들것에 실려 교회에 오게 되었습니다. 어느 날 저녁 - 존이 아주 어렸을 때 - 교회에서 친구를 데려와 초청 예배를 드렸습니다. 어떤 사람이 닉의 믿음에 대하여 닉과 인터뷰를 했습니다. 그들은 닉에게 마이크를 주며 말했습니다. "닉, 당신이 이와 같은 삶을 사는 것이 공평히다고 생각합니까?" 닉이 말했습니다. "아닙니다. 공평하지 않습니다. 그러나 하나님께서 그것을 바르게 하기 위해 영원을 준비하십니다." 여러분, 그것이 우리가 필요한 견해입니다. 하나님께서 세상을 심판하시기 위하여, 그분이 지정한 분을 통해 우리에게 주시는 견해입니다. 내가 좋아하는 것을 인용하겠습니다. - 오스트리아의 앤 공주가 프랑스의 악한 추기경 리체루(Richelieu)에게 말했습니다. "나의 추기경님, 하나님께선 매일 하루가 끝날 때마다 댓가를 지불하지 않으십니다. 그러나 끝 날에, 그분은 지불하실 것입니다." 그것이 크리스천 삶의 가장 큰 위로 가운데 하나입니다. 그래서 정의를 찾는 사람들에게, 예수님은 심판자이시며, 우리는 모든 땅을 심판하시고, 분명히 바르게 하실 그 왕을 경배합니다.

iv) 예수님 : 사랑의 주님

그다음에, 사랑을 찾는 사람들이 있습니다. 우리 모두가 아닌가요? 사랑을 구하는 사람들에게 예수님은 이렇게 말씀하십니다. 요 15:9입니다.

"아버지께서 나를 사랑하신 것 같이 나도 너희를 사랑하였노라"

만일 우리가 하나님께서 우리를 사랑하신다는 것을 우리의 둔한 머리로 이해할 수 있다면, 그분이 우리를 사랑하시기 때문에 – 우리가 얼마나 좋겠습니까? 우리가 아침에 부른 찬송은 내가 여기서 갖고 갈 것입니다. – "사랑은 결코 떨어지지 아니하고, 포기하지도, 다 하지도, 결코 나를 포기하지 아니하고, 계속되고 계속됩니다." 여러분을 향한 하나님의 사랑은 다 측량할 수 없고, 파악할 수 없고, 이해할 수도 없는 놀라운 것입니다. 다시 요 15장으로 돌아가서, 그분은 말씀하십니다. "아버지께서 나를 사랑하신 것 같이 나도 너희를 사랑하였노라." 하나님께서 예수님을 얼마나 많이 사랑하셨나요? 그만큼 그분이 여러분을 사랑하십니까? 우리가 그것에 대하여 멈추어 생각하면 완전히 압도당합니다.

나는 중세 독일 신비가였던 요한네스 에크할트(Johannes Eckhart)라는 사람이 쓴 놀라운 글을 읽었습니다. 그는 매우 구식 스타일로, 기묘한 방법으로 썼습니다. 이런 방법으로 그는 이 세상을 향한 예수님의 사랑을 설명하려고 노력했습니다. 그는 이렇게 말했습니다. "일찍이 하나님께서 인간을 위하여 행하신 최고는 자신이 인간이 되시는 것이었습니다. 내가 나의 견해를 설명하기 위하여 한 스토리를 말하겠습니다." "일찍이 한 부자와 그의 아내가 살았습니다. 그 부인은 잘못해서 한쪽 눈을 잃었습니다. 그녀는 몹시 슬퍼했습니다. 그때 그 주인이 그녀에게 와서 말했습니다. '오, 아내여. 왜 그렇게 슬퍼하시오?' '주인님. 내가 내 눈 때문에 슬퍼하는 것이 아네요. 두려운 것은 당신이 날 덜 사랑할까 봐서입니다' '아니요. 아내여. 내가 당신을 사랑하오.' 그 후 얼마 지나지 않아, 그는 자기의 눈 중에서 하나를 빼냈습니다. 그리고 그의 아내에게 가서 말했습니다. '부인. 이제 내가 당신을 사랑하는 것을 아실 것입니다. 나도 당신처럼 만들었습니다. 이제 나도 눈이 하나뿐이요.'"

예수님의 사랑은 그것보다도 훨씬 더 큽니다. 예수님이 우리를 사랑하십니다. 그분이 우리에게 흠뻑 빠지셨기 때문입니다. 그분은 우리에게 아주 반하셨습니다. 그래서 우리를 그냥 지나치시지 못하십니다. 그분은 우리를 아무리 사랑해도 부족하실 정도입니다. 그분은 측량할 수 없는 놀라운 사랑으로 여러분을 사랑하십니다. 그것이 모두 은혜입니다. 모두 거저 주시는 은혜입니다. 내가 망상에 사로잡힌 것이 아닙니다. 그분은 은혜 때문에 나를 사랑하십니다. 크리스천 신앙에서 가장 두드러진 것은 우리가 그렇게 사랑하는 것으로, 어떤 다른 종교와도 비교할 수 없는 은혜입니다. 어떤 다른(교회) 시스템, 다른 철학, 다른 종교, 지구상에 있는 어떤 다른 문명도 죄 많은 남자와 여자에게 은혜를 퍼부으시는 것과 결코 비교가 되지 못할 것입니다. 우리는 자녀들에게 은혜를 가르칠 필요가 없습니다. 그리스도의 은혜에 대한 모든 것을 가르쳐야 합니다. 그리스도의 희생으로 넘치도록 풍성하게 주시는 은혜. 우리가 그것과 함께 삽니다. 그렇게 우리가 넘치도록 사랑을 받았습니다.

요 1:16은 "우리가 다 그의 충만한 데서 받으니 은혜 위에 은혜러라." 하나 위에 또 하나가, 더하고 더하며, 찬송 가사처럼. "그것은 계속되고, 계속되고, 계속됩니다."

그래서 이것에 대해서 생각하십시오. 만일 여러분이 다른 것을 조금 기억하신다면 – 사람이 얼마나 많이 기억하는지 모르겠지만 – 이 순간에 여러분이 전에 들으셨겠지만 – 저의 할머니에게 달걀을 깨는 방법을 가르치는 것 같은 것으로 – 내가 그 말을 결코 깨닫지 못했는데, 누가 사람들에게 말할 수 있는 가장 어리석은 일로 보입니다. (우리가 하는 일은 그런 허황되고 어리석은 일이 절대 아닙니다). 그러나 이것을 생각해 보세요 : 이런 아름다운 교회당에 편안하게 앉아있는 시간에, 혹은 상황이 어떻든 간에, 이 세상에서 하나님이 여러분을 더욱 사랑하시도록 할 수 있는 것이 아무것도 없고. 또한 여기 앉아서 여러분이 실제 삶 가운데, 그분이 여러분을 덜 사랑하시도록 만들 수 있는 것이 아무것도 없습니다. 이미 다 성취된 놀라운 일입니다. 그러기에 우리가 서둘러 나가 사람들에게 전하기 원하는 것이 전혀 이상한 일이 아닙니다. 사람들이 그 사랑 없이 살아간다는 것은 나로서는 도저히 믿을 수 없습니다.

이것은 천지를 지으신 하나님, 이 세상의 구원자의 은혜입니다. 왜 우리가 고개를 숙이고 그분을 경배하지 않겠습니까?

v) 예수님 : 용서의 주님

그다음에 또 다른 그룹의 사람들이 있는데 – 어느 한때 죄를 짓지 않았으나 때로 죄를 짓고 죄책감으로 괴로워하는 사람들입니다. 여기에 예수님이 필요합니다. 요 1:29에서 세례 요한이 말했습니다.

"보라. 세상 죄를 지고 가는 하나님의 어린양이로다."

거듭 말하지만 이 세상 어떤 다른 신도, 어떤 다른 시스템(학문 등)도, 어떤 철학도, 어떤 영웅도, 세상 역사의 어떤 사건도, 어떤 그룹의 사람들도, 그 외의 어떤 것도 죄의 문제를 다룰 수 없었습니다. 사람들은 말합니다. "모든 종교는 다 같습니다. 같은 산꼭대기로 올라가는 다른 길일뿐입니다." 오 그래요. 웃기는 일입니다. 불교신자가 죄에 대해서 무엇이라고 말합니까? 용서라고요? 그것은 어리석은 말입니다. 물론 길이 같지 않습니다. 어리석은 말입니다. 언제나 같지 않은 것이 당연합니다. 우리는 그 모든 것을 넘어, 남들이 무척 부러워하는 사람들입니다. 그것은 우리를 주제넘게 만들지 않습니다. 북을 치며, 성경을 높이 흔들고, 사람들의 목구멍에 무엇을 쑤셔 넣는 것도 아닙니다. 그보다도 지음 받았으나 아직 하나님의 자녀가 되지 못한 그들을 더욱 불쌍히 여기게 합니다. 왜 그들은 이것을 전하지 않아야 합니까? 그분 외에는 누구도 완전한 용서, 완벽한 자유를 줄 수 없습니다. 왜냐하면 예수님이 우리를 대신하셨고, 우리를 위해 죽으셨기 때문입니다. 그래서 영광의 찬송을 부릅니다. "내 빚이 청산되었네." 어느 것도 그것으로부터 우리를 떼어놓을 수 없습니다. 내 빚이 지불되었기 때문입니다. 그분이 우리를 위해 죽으셨고, 우리의 죄짐을 맡으셨습니다. 그분은 사선(사격선)에 서서 강타당하셨고, 우리의 갇힌 것을 풀어놓아 우리를 자유케 하셨습니다. 그래서 우리는 골 1:7을 읽습니다.

> "우리가 그리스도 안에서 그의 풍성함을 따라 그의 피로 말미암아 구속 곧 죄 사함을 받았으니... 우리에게 넘치게 하사..."

어떻게 우리가 그분을 사랑하지 않을 수 있습니까? 어떻게 우리가 경배하지 않을 수 있습니까? 어떻게 우리가 얼굴을 땅에 대고 왕이신 예수님을 경배하지 않을 수 있습니까?

vi) 예수님 : 부활의 주님
마지막으로, 죽음을 두려워하는 사람들에게 예수님은 이와 같이 말씀하십니다.

요 11:25-26.

> "나는 부활이요 생명이니 나를 믿는 자는 죽어도 살겠고, 무릇 살아서 나를 믿는 자는 영원히 죽지 아니하리라. 이것을 네가 믿느냐?"

이렇게 그분은 마르다와 마리아에게 그렇게 말씀하셨습니다. "주여, 그러하외다." 라고 마르다가 믿었습니다.

> "내 아버지의 뜻은 아들을 보고 믿는 자마다 영생을 얻는 이것이니 마지막 날에 내가 이를 다시 살리리라"(요 6:40).

나는 죽어가는 많은 사람들의 곁에 있었습니다. 런던에 사는 한 목사님의 사모님이 며칠 전에 죽어가고 있었습니다. 존과 내가 지난주 런던을 떠나기 전에 그녀에게 작별 인사를 하러 가서 그녀를 위해 기도를 했습니다. 나는 사람들이 천천히, 괴로워하면서 죽어가는 것을 보았습니다. 심장마비로 죽어가는 사람들을 보았습니다. 차에 치거나 혹은 비참하게 죽습니다. 우리 교회 이사 중에 매우 훌륭한 한 사람이 횡단보도를 걸어가다가 흰색 밴에 치여 길을 다 건너기 전에 사망했습니다. 참 생각할 수 없는 일입니다. 그러나 그와 같은 사람들에게 예수님은 말씀하실 것입니다. "나는 부활이요 생명이다. 그 횡단보도에서 그녀에게 일어난 일이 끝이 아니다." 존과 나는 양가 부모님 네 분을 매장했습니다. 각각 두 분씩입니다. 그녀가 일찍 사망했을 때, 어머니의 관을 따라가는 작은 어린아이들을 바라보며 나는 생각했습니다. "어떻게 사람들은 예수님이 없이도 이런 일을 할 수 있을까?" "어떻게 사람들이 아침부터 밤까지 그분 없이 살아갈 수 있을까?" 어떻게 사람들은 그분이 부활이요 생명이신 것을 알지 못하고 잘 살아가며, 다음의 숨을 쉴 수 있을까? 예수님은 말씀하실 것입니다. "그것은 잘 될 것이다. 그러므로 그것은 잘 될 것이다." 만일 우리가 그것을 믿지 않는다면 어떻게 우리가 살아갈 수 있을까요? 생각할 수도 없고, 견딜 수도 없는 일이 아닌가요! 누구나 죽습니다. 그러나 예수님이 세상의 소망이요, 부활이요, 생명이라는 것을 알지 못하고 어떻게 죽을 수 있을까요?

이 이야기를 드리며 마치겠습니다. 1900년대 웰스에서 시작된 웰쉬 부흥회 때 있었던 한 이야기가 전해옵니다. 한 작은 목동이 있었습니다. 웰스 시골 지방에 사는 많은 사람들은 전혀 글을 읽지 못했습니다. 그가 한 작은 성경반에 갔는데 – 쓸 수도, 읽을 수도 없었습니다. 그러나 그는 양을 잘 쳤습니다. 그는 주일학교 여선생님한테 "주는 나의 목자요."라는 위대한 진리를 배웠습니다. 그녀는 그것을 그녀의 손가락으로 가리켰습니다. "The Lord Is My Shepherd." 다섯 마디의 말, 다섯 손가락 – 그는 그렇게 할 수 있었습니다. 그리고 그것을 사랑했습니다. 양에 대한 것이기 때문입니다. "The Lord Is My Shepherd." 그렇게 그녀는 그에게 가르쳤습니다. 가을이 되어 그는 아버지의 양과 함께 산으로 올라갔습니다. 엄청난 눈보라가 몰아치는데, 너무 일찍 몰아쳤습니다. 그는 눈에 갇혀서 영영 다시 돌아오지 못했습니다. 눈이 많이 와서 산길이 막혔습니다. 여러 달이 지나 눈이 녹아, 사람들이 산에 올라가 그의 작은 양 떼들이 죽어있는 것을 발견했습니다. 작은 소년도 그들 곁에 죽어 있었습니다. 그들이 이 작은 소년을 일으켰을 때, 그들은 그의 오른손의 손가락들이 그의 4번째 손가락을 꼭 붙잡고 있었습니다. "The Lord Is My Shepherd."

나는 그분 없이 살 수 없고, 그분 없이 죽을 수도 없습니다. 주는 나의 목자이기 때문입니다. 초대 교부 중의 한 분인 에피네시스(Ephinaesis)는 다음과 같이 썼습니다. "만일 우리가 우리의 구세주께서 성취한 일들을 헤아린다면, 그것은 넓은 바다를 바라보며, 파도의 숫자를 세는 것과 같을 것이다. 만일 우리가 우리의 구세주께서 성취한 일들을 헤아린다면, 우리의 왕 예수님, 길이요 진리요 생명이신 예수님, 온 땅의 심판자이신 예수님, 우리의 영혼을 사랑하시는 예수님, 부활이요 생명이신 예수님, 그분을 경배하지 않고 그밖에 무엇을 우리가 할 수 있을까요?" 모두 일어나시겠습니다.

지극히 아름다운, 더 높은 이름 없네. 너무 원더풀한 예수님의 이름
지극히 아름다운, 당신 같은 분 없네. 너무 능력이 많으신 예수님의 이름
예수님의 이름

모두 무릎 꿇고 절하세, 하늘과 땅에서
모든 눈이 볼 것이라 당신의 위대함을
당신 같은 분 없네. 부활하신 하나님의 아들
거룩하시다 당신의 이름, 거룩하시다 당신의 이름

모두 무릎 꿇고 절하세, 하늘과 땅에서
모든 눈이 볼 것이라 당신의 위대함을
당신 같은 분 없네. 부활하신 하나님의 아들
거룩하시다 당신의 이름, 거룩하시다 당신의 이름

모두 무릎 꿇고 절하세, 하늘과 땅에서
모든 눈이 볼 것이라 당신의 위대함을
당신 같은 분 없네. 부활하신 하나님의 아들
거룩하시다 당신의 이름, 거룩하시다 당신의 이름

지극히 아름다운, 더 높은 이름 없네. 너무 원더풀한 예수님의 이름

지극히 아름다운, 당신 같은 분 없네. 너무 능력이 많으신 예수님의 이름

예수님의 이름 거룩하시다 당신의 이름 거룩하시다 당신의 이름

거룩, 거룩, 거룩, 전능하신 주 하나님

모두 무릎 꿇고 절하세, 하늘과 땅에서

모든 눈이 볼 것이라 당신의 위대함을

당신 같은 분 없네. 부활하신 하나님의 아들

거룩하시다 당신의 이름, 거룩하시다 당신의 이름

거룩하시다 당신의 이름, 거룩하시다 당신의 이름

지극히 아름다운, 더 높은 이름 없네. 너무 원더풀한 예수님의 이름

지극히 아름다운, 당신 같은 분 없네. 너무 능력이 많으신 예수님의 이름

예수님의 이름 거룩하시다 당신의 이름 거룩하시다 당신의 이름

예수 예수 당신을 사랑합니다. 예수 예수 당신을 사랑합니다.

예수 예수 당신의 이름을 사랑합니다.

찬양하네 예수 예수 당신을 사랑합니다. 예수 예수 당신을 사랑합니다.

예수 예수 당신을 사랑합니다. 예수 예수 당신의 이름을 사랑합니다.

찬양하네 예수 예수 당신을 사랑합니다. 예수 예수 당신을 사랑합니다.

예수 예수 당신의 이름을 사랑합니다.

주여, 우리는 당신을 경배합니다. 당신의 모든 것을. 우리를 위해서 행하신 모든 것을 경배합니다. 이루신 모든 것을 헤아리는 것은 바다를 보고, 파도를 헤아리는 것과 같나이다. 주 예수여, 당신을 사랑합니다. 당신께 감사를 드립니다. 당신이 얼마나 귀하신지 다 찬양할 수 없고, 말로 다 할 수 없습니다. 주님, 오시기를 초

대합니다. 당신의 성령으로 이곳에 있는 남자와 여자들의 마음에 인을 치소서. 그들이 터치되는 것, 찬양하는 것, 들은 진리, 그들의 삶에 성령의 역사로 인치시사, 그들이 나가서 신령과 진정으로 예배드리는 사람 되게 하시고, 그들의 말과 행함을 통해 당신이 세상의 빛이며, 소망이고, 구원이신 것을 알게 하소서.

내가 확실히 모르겠는데, 내가 말씀드리고 싶은 것은, 우리가 앞에서 경배 드리는 동안에 가졌던 느낌입니다. 하나님께서 리더들을 통하여 교회에 역사하십니다. 그래서 오늘 여기에 담임목사님과 부목사님까지 해당됩니다. 또한 워십 리더나 워십 목사님이 여기 계시면 - 혹은 공식적으로나 비공식적으로 찬양팀을 돌보는 - 워십 리더가 계시면, 그분들은 주일날 교회에 사람들이 오면, 제일 먼저 만나는 분들이 담임목사나 워십 리더입니다. 그들은 무거운 책임을 지고 있습니다. 우리가 마치면서 그분들을 위하여 기도하기 원합니다. 하나님께서 그들을 축복하시기 원합니다. 그들이 새로운 책임감을 갖고 이곳을 떠나며, 교회가 주의 일을 하도록 인도하기를 원합니다. 나는 빈야드에 새로운 은혜의 계절이 오기를 갈망하며 기도합니다. 우리의 찬양이 나갈 때 표적과 기사가 따르기를 바랍니다. 왜냐하면 찬양으로 우리가 시작했고, 그것은 우리에게 맡겨진 일이며, 위임받은 일이기 때문입니다. 그래서 담임목사님과 워십 리더들이 우리를 그 길로 잘 인도하십니다. 만일 그런 분이 여러분이라면, 맞는 말이죠? 브라이언?

(브라이언) : 여러분의 배우자까지 포함되겠습니다. - 여기 계시다면.
(엘리노) : 분명히 맞습니다. 여러분 앞으로 나오세요. 우리가 여러분을 위해 간절히 기도하기 원합니다. 그리고 주께서 역사하시는 것을 보겠습니다. 여기 그분들이 오시네요. 하나님께서 맡기신 귀한 남자와 여자들입니다. 이것은 화려하게 보이는 일이 아니라, 하나님의 소명입니다. 자니(남편), 여기 있어요? 오셔서 이 사람들을 위해 기도해주세요. 이제, 주여, 당신을 초대하오니 오시옵소서. 특

별히 지금 이 남자와 여자들을 축복하소서. 주님. 우리는 그들을 사랑합니다. 그들로 인하여 주님께 감사를 드립니다. 그들을 우리의 지도자로 세워 주신 것에 깊이 감사드립니다. 하나님, 기도합니다. 지금 큰 능력으로 임하사 그들의 마음에 그들이 보고 들은 것에 인치시사, 결심을 새롭게 하며 왕과 하나님나라로 교회를 인도하게 하시고, 그들이 예수님을 더 사랑하고, 더욱 결단하는 심정으로 교회를 하나님나라로 인도하게 하소서. 하나님, 기름부음 받은 찬양, 새 찬송의 계절이 오기를 기도합니다. 우리가 부르는 영광의 새 찬송들이 계속 나오게 하시고, 주여, 그 찬송들이 밖으로, 교회로 퍼지게 하시고, 온 나라를 지나 전 세계에 퍼지게 하소서. 주여, 다시 부흥케 하소서. 우리를 위해서 전에 하셨던 것처럼. 우리에게 맡기셨던 것처럼, 온 빈야드에 다시 찬양이 살아나게 하소서. 우리에게 새 노래로 축복하시고, 창조성과 상상력을 풍성케 하시고, 가사를 주시고, 명문장을 사용케 하소서. 우리를 성서의 사람으로 만드사, 이 시대 남자와 여자를 위해서 시를 쓰게 하소서. 그 시안에 주님 자신을 담으소서. 그 시안에 주님이 배어들게 하소서. 그런 시를 노래하게 하시고, 새로운 시를 쓰게 하소서. 하나님, 새로운 경배와 새로운 찬송으로 교회를 축복하소서. 그러나 같은 성령으로 경배하게 하사, 신령과 진정(성령과 진리)으로 경배하게 하소서.

주님, 기도하오니, 표적과 기사와 치유의 새 세절이 오게 하소서. 귀신을 쫓아내는 권세를 더 주시고, 가난한 자에게 소망이 되고, 억눌린 자에게 구원이 되고, 소망 없는 자에게 주께 소망을 두게 하소서. 그들은 이 세상에서 그리스도를 모르기 때문입니다. 하나님, 우리에게 더 귀한 새로운 계절을 주소서. 주여, 기도하오니 주를 더 잘 섬기도록 우리 빈야드를 잘 갖추어 주소서(온전케 함). 이 방에 있는 모든 성도들을 온전케 하소서. 그리하여 우리가 밖에 나가 복음으로 대화하고, 복음을 전파하며, 병든 자를 위하여 기도하고, 귀신을 쫓아내고, 가난한 자들을 돌보며, 배고픈 자들을 먹이고, 상한 자들을 싸매며, 압제당하는 자들에게 소망을 주는 – 새 계절이 오게 하소서. 주여, 우리를 용감하게 하소서. 이들에게 용기의 영을 불어넣으시고, 진실로 용감한 사람들이 되게 하소서. 그들의 결심을 굳게 하소서. 그들을 인도하시고 축복하소서. 하나님, 이 컨퍼런스가 끝난 후에 놀랍게 달라지게 하소서. 한 주가 지나고, 한 달이 지나고, 일 년이 지나도 더욱 놀랍게 변화되기를 기도합니다. 그래서 이다음에 우리가 돌아보며 말하게 하소서. "하나님께서 우리에게 크신 자비를 베푸셨다."라고. 주님을 송축합니다. 여기 계신 목사님들을 축복합니다. 강건하게 하시고, 맑은 생각과 흔들리지 않는 마음을 주시고, 성령을 사랑해서 우리가 바르고 참된 하나님나라 백성으로 "지금" 오늘 하나님나라를 실천하며, "그러나 아직 다 오지 않은" 하나님나라를 가르치게 하소서. 하나님, 우리의 소명에 진실하게 하시고 우리를 축복하소서. 축복하소서.

여러분 중에서 감동을 느끼신 분이 계시면, 나오셔서 여러분 교회의 귀한 지도자들을 위해서 기도해주시겠습니까? 만일 그들이 여러분의 리더라면, 특별히 익사이팅한 마음을 가질 것입니다. 나오셔서 이분들을 위해 기도해주십시오. 특별히 오늘 아침 성령의 임재를 강하게 느끼는 사람들이 있고, 기도 받기 원하는 분들이 있습니다. 옆 사람에게 가서 기도해주십시오. 그들이 크리스천이면 좋은 기회가 될 것입니다. 여기를 떠나기 전에 그리스도를 알 필요가 있습니다. 서로 몸을 돌려 기도해주세요. 우리가 그리스도의 몸이 아닙니까? 우리 믿는 자들은 모두 제사장들입니다. 우리는 서로를 위해 기도하는 권세를 갖고 있습니다. 이렇게 기도하며 집회를 마치기 바랍니다. 그러하오니 주여, 우리가 사랑하는 성경 말씀에 의해, 주께서 여러분을 축복하시며, 지키시며, 주께서 그분의 얼굴을 여러분에게 비추사 여러분을 은혜롭게 하시며, 오늘 그분의 얼굴빛을 여러분에게 비추사, 평안을 주시기를 축원합니다. 그리하여 이 귀한 백성들이 "아멘"으로 화답하게 하소서.

(말씀 후 기도 사역시간)

존 윔버/빈야드 시리즈

치 유 :
예수님이 본(모델)이시다

Healing : Jesus is the Model

저 자 ㅣ 존 윔버
옮긴이 ㅣ 조병철 엄정섭

21cmi.com
컨템포러리 목회원 / 하나님나라빌더스

치유 : 예수님이 본(모델)이시다

(Healing : Jesus is The Model)

초판 1쇄 발행 2019년 2월 5일
저 자 존 윔버
옮긴이 조병철, 엄정섭
편 집 박은혜
출 판 하나님나라빌더스 / 컨템포러리 목회원
출판등록 2010년 4월 16일
주 소 한국: 서울 송파구 신천 7동 장미아파트 19-906
      미국: 450 S. Grand View St. #1110 Los Angeles, CA 90057
전 화 미국: 001-1-213-380-3398
홈페이지 www.21cmi.com
이 메 일 cbc1419@hanmail.net

ISBN 979-11-950939-9-1

치유:예수님이 모델이다

(Healing : Jesus is The Model)

부록 : 치유하는 교회

(Healing Church)

지음 | 존 윔버

옮김 | 조병철 엄정섭

21cmi.com

컨템포러리 목회원 / 하나님나라빌더스

마태복음 9장을 함께 보겠습니다. 오늘 밤 우리는 치유에 대해서 중요한 것을 간단히 고찰하겠습니다. 지난 1년 동안 나는 치유에 대해서 가르치지 않았는데 주께서 오늘 나에게 말씀하시기를 치유를 다시 가르칠 때라고 하셨습니다. 오늘 아침에 우리는 요한복음 9장에서 가르치며, 소경이 치유되는 것을 보았습니다. 육체적으로, 영적으로 치유된 것입니다. 주께서 그에게 육체의 시력을 주셨을 때 영적인 시력도 주셨습니다. 그래서 오늘 밤 예수님께서 치유하신 것과 치유가 일어나는 과정 사이의 관계에 대해서 말씀드리겠습니다. 그분은 어떻게 치유가 일어나는지에 대해서 치유의 모범을 보여주셨고, 거기서 우리는 예수님의 다양한 치유를 돌아보고, 계속하는 사도들의 치유사역을 고찰하겠습니다. 그래서 우리는 복음서와 사도행전을 왔다 갔다 하며 여러 가지 치유 사이에 있는 서로의 관계를 말씀드리겠습니다.

1. 예수님 : 죄의 용서로 치유하심

오늘 밤 우리는 중풍병자의 치유로 시작하겠습니다. 마태복음 9장에 기록된 것으로, 마치 삽입된 기사처럼 보이나, 그 기사는 신약성서에서 만성적 장기 질환이 치유되는 대표적인 사례입니다. 여러분이 본문을 자세히 읽어보면 이런 사실을 발견할 수 있습니다. 이 치유 내용은 후에 사도들이 다른 중풍병자를 치유한 것과 서로 관련이 없는 독특한 치유의 모델입니다. 그래서 이 어려운 질병을 예수님이 고치셨다는 것을 기억하는 것이 중요합니다. 많은 사람들에게 그런 만성적 질환으로 인해 사망에 이르는 힘든 질병이지만 – 그분께서 고치셨습니다. 그러므로 주님의 손으로 고치지 못할 병이 전혀 없다는 것을 잘 명심하시기 바랍니다. 그분이 성취하지 못하실 것이 하나도 없습니다. 그러므로 우리가 할 일은, 말하자면, 하나님을 믿는 거대한 믿음의 저수지로 들어가 그분의 기름 부으심 아래, 그분의 인도와 말씀을 따라, 그분이 지시하며 이끄시는 대로 사역하는 방법을 배워야 합니다. 그렇게 우리가 그분을 따라 함께 사역하므로 우리 주위의 많은 사람들을 치유하며 축복할 수 있을 것입니다.

마태복음 9장 첫 절부터 시작합니다. 예수께서 배에 오르시고 본 동내에 오셨습니다. 그때 사람들이 침상에 누운 중풍병자를 데려왔습니다. 예수님께서 그들의 믿음을 보시고 그 환자에게 말씀하셨습니다. "소자야. 안심하라. 네 죄 사함을 받았느니라." 이런 기사는 다른 공관복음서에도 나옵니다. 거기서는 사람들이 지붕을 뚫고 중풍병자를 예수님이 계신 집안으로 내려보냈습니다. 여러분, 그것을 상상해보십시오. 지붕을 모두 뚫고, 어렵고 힘든 작업을 했습니다. 네 사람이 환자를 들고 지붕 위까지 운반했고, 밑으로 내렸으니 예수님이 얼마나 놀라셨겠습니까? 그 환자의 정신적, 영적 상태는 비참했을 것입니다. 마침내 예수님 앞에 환자가 오게 되었지만, 예수님 역시 지붕을 뚫고 환자를 내려온 그런 소란에 놀라셨을 것입니다. 여하튼 예수님께서는 침착하게 이 환자를 보시며 말씀하십니다. "안심하라!" 예수님의 위로의 말씀은 그로 하여금 안심하게 하신 것이나, 그가 안심할 수 없는 자신의 처지를 생각해서 더 당황했을는지도 모릅니다. 그런데 여기서 예수님은 한 걸음 더 나아가 "네 죄 사함을 받았느니라."라고 말씀하셨습니다.

이제 내가 오늘 아침 요한복음 9장에서 언급한 치유는, 날 때부터 소경이 되었고, 그의 아버지나 자신의 죄와는 상관이 없다는 것입니다. 예수님 자신이 말씀하신 대로 그 치유는 누구의 죄가 아니라 "하나님이 하시는 일을 나타내고자 하심이니라."라는 것입니다. 말하자면, 이 사람은 태어날 때부터 소경이었으나 후에 그가 치유받은 것은 자신에게 은총일 뿐만 아니라 하나님을 영화롭게 하는 일이 되었다는 것입니다. 또 다른 치유 기사가 요한복음 5장에 나오는데, 여기서는 38년 된 중풍병자가 치유된 이야기입니다. 그런데 여기서는 그의 치유가 직접적으로 그의 죄와 관련되어 있었습니다. 그러기에 예수님께서 그를 치유하신 다음에 "보라, 네가 나았으니 더 심한 것이 생기지 않게 다시는 죄를 범치 말라."라고 당부하셨습니다. 그래서 어떤 때는 죄와 질병 사이에 직접적 관계가 있습니다. 야고보서 5장에서도 병든 사람이 있으면 장로들을 불러 기도하라고 하시며 주의 이름으로 기름을 바르며 위하여 기도하라고 하셨습니다. 그리고 "너희의 죄를 서로 고하여 병 낫기 위하여 서로 기도하라"라고 하셨습니다. 그러나 죄와 질병이 아무런 연관이 없는 경우도 있습니다. 그들의 죄나 부모의 죄와는 관련이 없는 질병도 있습니다.

지금 마태복음 9장의 중풍병자의 경우에서는 그의 병과 죄가 관련이 있는 것으로 보입니다. 그러기에 예수님께서 그의 죄를 용서하심으로 치유를 시작하십니다. 이때 "어떤 서기관이 속으로 이르되 이 사람이 참람하도다!"라고 비난했습니다. 그들은 오직 하나님만이 죄를 용서할 수 있는 것을 알기 때문에 이렇게 반응한 것은 당연했습니다. 근본적인 문제는 지금 죄를 용서하시는 그분이 누구이신 줄을 깨닫지 못한 것입니다. 예수님께서 그들의 생각을 아셨습니다. 측량할 수 없는 성령의 충만함 가운데, 아마도 성령의 은사를 통해서 그들의 마음속 생각을 아시고 말씀하십니다. "너희가 어찌하여 마음에 악한 생각을 하느냐? 네 죄 사함을 받았느니라 하는 말과 일어나 걸어가라 하는 말이 어느 것이 쉽겠느냐? 그러나 인자가 세상에서 죄를 사하는 권세가 있는 줄을 너희로 알게 하려 하노라."하시고 중풍병자에게 말씀하시되 "일어나 네 침상을 가지고 집으로 가라."라고 하셨습니다. 그러자 "그가 일어나 집으로 돌아가거늘 무리가 보고 두려워하며 이런 권세를 사람에게 주신 하나님께 영광을 돌리니라."

이 치유 사건을 통하여 예수님은 무엇을 증명하고, 무엇을 나타내시고, 전하시려고 하십니다. 즉, 이 경우를 자료로 사용하셨습니다. 그분은 말씀하십니다. "그러므로 인자는 너희가 볼 수 없는 것을 볼 수 있고, 너희가 죄를 용서할 수 없으나 나는 죄를 용서할 수 있다." 왜냐하면 여러분이 주님 앞에 서기까지 죄가 용서받았는지를 알지 못하기 때문입니다. 내 말은 여러분이 그것을 측량할 수 없고, 다만 믿음으로만 알 수 있는 것입니다. 맞지요? 나는 여러분이 치유하려는 정열을 좋아합니다. 그러나 여러분은 그 사람이 걷거나 혹은 걷지 못하는데 따라서 그것을 측량합니다. 누가 "걸어라"라고 말했는데, 그가 걷지 못하면, 그 말이 효력이 없는 것을 알게 되지요? 맞지요? 그러나 만일 그분이 "네 죄 사함을 받았느니라."라고 말씀하시면, 그 말을 들은 사람은 죄가 용서받은 것을 알겠지만, 여러분은 죄가 용서받았는지 알지 못합니다. 그 사람은 믿음으로 용서함을 받았기 때문에 여러분에게도 그런 믿음이 생길 수 있습니다. 맞지요? 그러나 하늘나라에 가기 전까지는 모릅니다. 맞습니까? "네 죄 사함을 받았느니라."하는 말과 "일어나 걸어가라"하는 말 중에서 "어느 것이 쉽겠느냐?"라고 물으셨습니다. 그들은 어느 쪽 하나도 대답할 수 없었습니다. 한편으로는 그들의 성경 이해로 말미암아 죄를 용서할 수 없었습니다. 오직 구약성서의 율법에 따라서 이해하였기 때문에 그들은 죄를 용서할 수 없었습니다. 나가서 그들 자신의 능력으로 그 사람을 고칠 수도 없었습니다. 그들은 누구의 병도 고칠 수 없었습니다. 그러니 그들은 죄를 용서해줄 수 없었고, 병을 고쳐줄 수도 없었습니다. 여기서 예수님은 그들에게 매우 어려운 질문을 하신 것입니다. "누구에게글 일어났여 모세요."하는 식의 질문이 아닙니다. 그분은 그들에게 심각한 도전장을 주신 것입니다. 그 도전은 권세와 능력에 근거하고 있습니다. 그들이 속으로 하는 말을 아시고 "내가 하나님을 모독한다고, 너희는 마음으로 악한 생각을 하고 있구나." 하셨을 것입니다. "네 죄 사함을 받았느니라."라는 말과 "일어나 네 침상을 가지고 집으로 가라." 하는 말 중에서 어느 것이 말하기 쉽겠느냐?는 것입니다. 그들은 아무 말도 할 수 없었습니다. 어쩌면 우리도 아무 말도 못 할 것입니다. 그래서 예수님이 말씀하셨습니다. "인자가 세상에서 죄를 사할 수 있는 권세가 있는 줄을 너희로 알게 하려 하노라." 만일 예수님께서 그분의 사역을 입증하기 위하여 표적과 기사를 행하셨다면, 우리는 우리의 선한 사역을 입증하기 위하여 얼마나 많은 표적과 기사를 더 행하여야 하겠습니까? 만일 거룩하신 하나님 아들, 예수님도 그런 증명이 필요하셨다면, 예수님의 피로 구속받은 우리지만, 여전히 약한 우리가 전하는 구원의 복음을 증명하기 위하여 얼마나 많은 표적과 기사를 더 행하여야 하겠습니까? 그래서 예수님께서 말씀하십니다. "인자가 세상에서 죄를 사하는 권세가 있는 줄을 너희로 알게 하려 하노라." 다른 말로 하면, "인자가 죄를 사하는 권세를 가진 것을 너희로 알게 하려 하노라. 너희가 볼 수 없고 행할 수 없는 것은 나를 보고 행할 수 있느니라. 이제 너희가 볼 수 있게 내가 나타내 보이리라."라는 뜻입니다. 그리고 주님은 그에게 말씀하셨습니다. "일어나 네 침상을 가지고 집으로 가라." 그는 일어나 집으로 갔습니다. 그리고 무리들은 "보고 두려워하였습니다."

2. 권세와 능력을 주심

무리들은 "이런 권세를 사람에게 주신 하나님께 영광을 돌렸습니다." 무엇을 주신 누구에게요? 사람들에게요? 우리에게요? 아닙니다. 그 후에 예수님께서 마 28:18-20에서 이렇게 말씀하십니다. "하늘과 땅의 모든 권세를 내게 주셨으니" 마 10:1과 눅 9:1에서처럼 이 권세를 내가 너희에게 주노니, "그러므로 너희는 가서... 제자를 삼고... 세례를 주라." 그리하여 예수님의 권세는 제자들에게 주어졌고, 오늘날 능력과 함께 교회에 주어졌습니다(행 1:8).

3. 베드로 : 예수님의 치유 패턴을 따르다

이제 사도행전 9장으로 가겠습니다. 우리는 여기서 베드로가 치유하는 광경을 보게 됩니다. 32절에 "때에 베드로가 사방으로 두루 행하다가 룻다에 사는 성도들에게도 내려갔더니 거기서 애니아라 하는 사람을 만나매 그가 중풍병으로 상 위에 누운 지 8년이라." 8년씩이나 누워있던 환자였습니다. 여러분 8년간 누워있는 환자를 위해서 기도해 보신 적이 있습니까? 그렇게 오랫 동안 침상에 누워있는 환자를 위해서 치유기도하신 적이 있습니까? 나는 많습니다. 어떤 사람은 10년, 15년, 20년씩 누워있는 환자들도 있었습니다. 여러분에게 말씀드리면, 이렇게 오래 누워있는 환자들에겐 여러 가지 문제가 있습니다. 육체적 문제는 물론이고, 정신적 문제, 영적으로 침체되는 문제, 사회적으로 고립되는 문제 등 많은 문제가 있게 됩니다. 오랜 질병이 인격에도 영향을 미쳐 질병과 인격의 상실을 구분하기 힘들 때가 있습니다. 여러분 주위에 이런 상태에 빠진 사람은 없습니까? 여하튼 베드로는 이 사람에게 왔고, 쉽게 치유되리라고 아무도 상상할 수 없었습니다. 이해하시죠? 그가 매일 아침에 일어나지도 못했는데 "오, 좋습니다! 내가 오늘 치유받고 일어날 것입니다."라고 생각할 수 있었을까요? 오늘 일어나서 돌아다니며 TV도 보아야겠다고 생각할 수 있었을까요? 8년씩이나 오랫동안 중풍으로 누워있었으니까요. 그런 일이 도저히 가망 없는 일이겠지요. 그러나 내가 여러분에게 말하고 싶은 것은, 예수님을 생각해 보십시오. "나는 너희가 볼 수 없는 것을 보고, 할 수 없는 것을 할 수 있다."라고 말씀하신 예수님, 하늘은 아버지가 하시는 것을 보고 하시며, 아버지가 말씀하시는 것을 말한다."라고 하신 예수님을 생각해 보십시오. 이제 치유 기도를 하는 내가 여러분에게 말하는 것은 여러분이 집에 돌아가서 오랫동안 병상에 누워있는 이웃을 보면 그들을 찾아가 치유 기도를 하시기 바랍니다. 만일 여러분이 그런 사람을 만났는데, 그들이 준비되어있지도 않고, 아무런 기대도 하고 있지 않다면— 기대는커녕 오히려 절망과 자포자기에 깊이 빠져있어서, 영혼으로나 생각으로나 아무 준비도 되어있지 않은 사람을 만난다면, 매우 힘들겠다는 생각을 할 것입니다. 그들은 감동도 없고, 치유사역 기도자에게 협조도 하지 않을 경우라면 참 힘들겠지요. 바로 이런 경우 같은 때 베드로가 들어와 중풍병으로 8년 동안 누워있는 애니아라는 사람을 만난 것입니다. 베드로가 그를 보고 말했습니다. "애니아야, 예수 그리스도께서 너를 낫게 하시니 일어나 네 자리를 정돈하라." 성경에 보면 "곧 일어나니"라고 기록하고 있습니다. 즉시 일어난 것입니다. 애니아는 일어났고, "룻다와 샤론에 사는 사람들이 다 그를 보고 주께로 돌아갔다."라고 했습니다.

 놀랍지 않습니까? 내 생각에 더 놀라운 것은 베드로의 치유사역 방법입니다. 베드로는 마태복음 9장에서 예수님이 중풍병자를 치유하시던 광경을 보고 그 패턴을 따라 치유한 것입니다. 예수님이 하셨던 말씀 같은 말을 베드로가 했습니다. 아마 제스처도 비슷하게 했는지 모르죠. 예수님은 "일어나 네 침상을 가지고 집으로 가라."하셨고, 베드로는 "애니아야, 예수 그리스도께서 너를 낫게 하시니"라고 치유의 복음을 전한 후에 "일어나 네 자리를 정돈하라."라고 말했습니다. 다시 말씀드리지만 베드로는 예수님의 치유 사역 패턴을 그대로 한 것입니다. 모방한 것입니다. 그가 예수님이 하신 것을 보고 배워 그대로 따라 한 것입니다. 바로 그것이 내가 오늘 밤 여러분에게 전하는 말의 핵심입니다. 사도들은 예수님의 메시지를 믿었을 뿐만 아니라, 그들은 예수님의 본을 따라 그대로 행하였습니다. 그들은 예수님이 하신 것을 보고 그대로 하려고 한 것입니다. 물론 예외도 있습니다. 사도행전에서는 사도들이 예수님이 자연에 행하셨던 기적 같은 것을 행하였다는 언급이 없습니다. 그들은 물 위를 걷지도 않았고, 예수님이 행하셨던 기적을 많이 행하지 않았습니다. 그러나 치유의 경우에는 예수님을 많이 모방해서 치유한 기록들이 나옵니다. 다른 것은 사도들이 "예수님의 이름으로" 행한 것입니다. 내가 네 가지 카테고리를 여러분에게 말하겠는데, 첫 번째 카테고리는 지금 여기 나오는 중풍병자의 치유입니다.

 같은 챕터에서 계속해서 보겠습니다. 두 번째 것을 고찰하겠는데 이는 마 9:18-

26에 나오는 죽은 사람을 일으킨 기사입니다. 실제로 여기서는 두 번의 독특한 치유를 언급하고 있는데, 혈루증 여인이 치유된 것은 뛰어넘고, 야이로의 딸을 고친 이야기를 고찰하겠습니다. 마 9:18을 보겠습니다.

4. 예수님 : 아들은 아버지가 하시는 것을 보고 하시며 아버지가 말씀하시는 것을 듣고 말하셨다

"예수께서 이 말씀을 하실 때에 한 직원이 와서 절하고 가로되 '내 딸이 방장 죽었사오니 오셔서 그 몸에 손을 얹으소서. 그러면 살겠나이다.' 예수께서 일어나 따라가시매 제자들도 가더니..." 이제 여러분이 같은 내용의 기사를 누가복음에서 보면(8장), 아직 그 소녀가 죽지 않은 것을 알 수 있습니다. 그래서 야이로가 딸을 고쳐달라고 예수님께 온 것입니다. 그러나 오는 도중에 야이로의 하인들이 와서 말합니다. "당신의 딸이 죽었나이다." 그때 예수님이 반응하십니다. "두려워 말고 믿기만 하라." 이 말씀은 "잠시 기다려 보자. 우리가 그 집에 가서 어떻게 되었는지 보리라." 하시는 주님의 믿음이 내포된 이야기일 것입니다. 그리고 중간에 8:20-00에서 별루증 여인을 치유하신 후 다시 23절부터 시작합니다. 말하자면, 중간에 다른 사람이 끼어든 것입니다. 내 딸이 죽게 되어서 주님을 모시고 집으로 가는 도중에 그 여인이 끼어든 것입니다. 우리 같으면 화가 났겠지요. 이런 황급할 때에 치유하실 주님의 가는 도중에 길을 멈추게 하였으니까요. 아마 우리는 말했을 것입니다. "내가 먼저입니다. 내 다음에 말씀하세요. 공평하지 못합니다."라며 그 여인을 밀쳐냈을는지도 모르죠. "내가 주님께 먼저 말씀드렸습니다. 그런데 왜 당신이 끼어듭니까?"라고 했겠지요. 하여튼 주님이 가시는 도중에 누군가 주님께 다가와서 그분의 옷에 손을 댄 것입니다. 여기에는 중요한 의미가 있지만, 여기서는 다루지 않겠습니다. 여하튼 주님은 잠시 멈춰 서시고 그 여인을 무심코 고치게 되었습니다. 왜냐하면 그 여인이 주님의 옷자락을 터치하였을 때 치유의 능력이 주님에게서 나갔기 때문입니다. 이제 예수님은 야이로의 집에 들어가시려고 합니다. 여러분이 23절부터 보시면 다음과 같이 기록하고 있습니다. "예수께서 그 직원의 집에 가사 피리 부는 자들과 훤화하는 무리를 보시고 가라사대 '물러가라. 이 소녀가 죽은 것이 아니라 잔다.' 하시니 저들이 비웃더라."

여기서 여러분은 유대인의 장례식 전통에 대해서 조금 이해하는 것이 좋습니다. 모든 중동지역의 장례식 절차는 비슷한 면이 있습니다. 여러분이 아시는 대로 이삭과 이스마엘은 이복형제입니다. 그래서 아랍 사람들의 장례식과 이스라엘 사람들의 장례식에 같은 면이 많습니다. 한 가지 공통점은 그들이 전문적으로 통곡하는 사람들을 고용하는 것입니다. 그래서 누가 죽으면 통곡하는 사람들을 즉시 고용해서 며칠 동안 통곡하게 합니다. 그러나 크게 다른 점은 시신 처리와 매장 방법입니다. 여기엔 몇 가지 절차가 있는데, 그중 한 가지가 지금 성경에서 보시는 대로 이미 장례 절차가 시작되어 피리를 불고 통곡하는 사람들이 통곡을 하고 있는 것입니다. 이 절차를 진행하는 사람들은 누가 그들의 절차 진행을 중간에 방해하는 것을 좋아하지 않습니다. 바로 그런 때에 예수님이 도착해서 장례절차를 진행하고 있는 사람들을 그 장소에서 다 내보내신 것입니다. 아마 그들을 불쾌하게 만드셨던지, 혹은 화나게 하셨을 지도 모릅니다.

그러나 23절에서 보시면, "예수께서 그 직원의 집에 가사 피리 부는 자들과 훤화하는 무리들을 보시고" 말씀하셨습니다. "물러가라, 이 소녀가 죽은 것이 아니라 잔다." 그 말씀 속에는 아이가 자고 있을 뿐인데 왜 통곡을 하느냐 하시는 뜻이 들어있는 것 같습니다. 여기서 사용한 주님의 언어엔 "잔다"라는 개념과 "죽었다"라는 개념의 희랍어를 사용하셨는데, 기본적으로 소녀가 죽었으나 죽은 것이 아니라는 말씀입니다. 그 딸이 아직 살아날 수 있다는 말씀입니다. 내가 이 본문을 읽으면서 딸의 아버지가 예수님께 말했던 그 순간 그 딸이 회생될 수 있다는 생각을 주님이 하신 것으로 생각합니다. 여기서 기억하실 것은, 예수님이 오직 하늘 아버지께서 하시는 것을 보고 행하신다고 말씀하신 것입니다. 그래서 예수님께서 그 집에 들어가셨을 때, 하늘 아버지도 그곳에 계셨을 것입니다. 만일 주님이 딸을 다시 소생시키려고 하신다면, 아버지께서도 거기서 그 일을 하시는 것입니다. 맞지요? 바로 이것이 예수님께서 행하신 것을 해석하는 중요한 열쇠입니다. 그래서 그분이 여기 계셔서 이 딸을 다시 살리시려고 하시며 그런 말씀을 하신 것입니다. 그들을 내보내셨을 때, 그들은 예수님을 비웃었습니다. 그들은 화가 났겠지만, 무리를 내보내신 후 주님은 들어가셔서 그 소녀의 손을 잡고 일으키셨습니다. 눅 8:54에서 보면 "예수께서 아이의 손을 잡고... 아이야, 일어나라."라고 하셨습니다. "그 영이 돌아와 아이가 곧 일어났습니다." 예수님은 그 아이를 일어나게 하셨고, 그녀의 가족에게 다시 건네주셨습니다. "그 소문이 온 땅에 퍼지더라."라고 성경은 기록하고 있습니다.

이제 사도행전 9장에서 베드로가 똑같은 일을 한 것을 보겠습니다. 같은 기사지만 마태복음 9장에 나오는 기사가 가장 좋은 기사라고 말씀드리지 않겠습니다. 우리는 그곳에서도 쉽게 이 내용을 이해할 수 있습니다. 그러나 내가 누가복음에 기술된 것을 중간에 언급한 것은 거기에 더 자세하게 기술하고 있기 때문입니다. 그러나 여러분이 행 9:36을 보시면 이 점을 잘 이해하실 것입니다.

"욥바에 다비다라 하는 여제자가 있으니 그 이름을 번역하면 도르가라 선행과 구제하는 일이 심히 많더니 그때에 병들어 죽으매 시체를 씻어 다락에 누이니라 룻다가 욥바에서 가까운지라 제자들이 베드로가 거기 있음을 듣고 두 사람을 보내어 지체 말고 와 달라고 간청하여"(행 9:36-38)

베드로는 전도여행 중에 8년 동안 침상에 누웠던 중풍병자를 고친 후 욥바에 왔을 때, 이 여인이 죽었다는 전갈을 받은 것 같았습니다. 그리고 그는 그곳으로 갑니다. 베드로가 무슨 생각을 하며 갔는지는 모릅니다. 만일 내가 그런 전갈을 받으면, 소생이 아니라 장례준비를 했을 것입니다. 그러나 추측하자면, 베드로가 그곳으로 가는 길에 주께서 무슨 확실한 계시를 주셨을는지도 모릅니다. 왜냐하면 베드로가 그곳에서 죽은 이 여인을 다시 살리려고 하는 모습이 보이기 때문입니다. 39절은 이렇게 적습니다. "베드로가 일어나 저희와 함께 가서 이르매 저희가 데리고 다락에 올라가니 모든 과부가 베드로의 곁에 서서 울며…" 여기서도 장례 절차가 시작된 것처럼 보입니다. 과부들이 모여 울었습니다. 아마 밤샘하는 일도 있었을 것입니다. 중동지방은 말할 것도 없고, 여기 미국의 남부와 중서부에서는 아직도 그런 풍습이 조금 남아있습니다. 특히 사람이 가정집에서 죽었을 경우입니다. 여러분 중에서 내가 지금 말하는 밤샘을 해보신 적이 있습니까? 이곳 캘리포니아 남부에서는 밤샘이 흔한 일은 아니지만, 슬픈 시간을 보내는 밤샘으로 바쁘고 때로는 피곤하게 합니다. 지난 15년 동안 목회를 하면서 교인이나 친척이 사망하는 경우를 많이 보았습니다. 장례가 다 마치기까지 참으로 분주한 일들이 많이 있습니다. 매장을 하는 경우엔 아침에 참석해서 유가족을 위로하고 조의를 표하면 되겠지만, 어떤 경우, 요즈음은 잘 안 하지만, 밤샘을 해야 하는 경우가 있습니다. 무정하게도 우리는 시신을 곧 처리할 수 있는 것으로 생각해서, 가급적 서둘러 매장 시간을 정하기도 합니다.

* 베드로 : 사람들을 내보내다

다시 39절로 돌아옵니다. 베드로는 그들과 함께 그 집으로 가서 다락방으로 올라갔습니다. 거기에는 모든 과부가 그의 곁에 서서 울며 도르가가 저희와 함께 있을 때에 지은 속옷과 겉옷을 다 내어 보였습니다. 이 여인은 매우 사랑스럽고 자선을 베푸는 여인으로 구제도 많이 했습니다. 아마 공동사회에서 많은 사랑을 받았을 것입니다. 성경이 이 아름다운 여인의 모습을 증거하고 있습니다. 여기서 베드로는 그 주위의 사람들을 방에서 다 내보냈습니다. 이제 이와 비슷한 모습을 우리는 예수님에게서도 보았습니다. 예수님도 피리 불고 훤화하는 사람들을 다 내보내셨습니다. 장례절차를 중지시키셨으니, 사람들이 화를 내고 나중에는 예수님의 말씀을 비웃었습니다.

 이제 베드로가 무릎을 꿇었습니다. – 그 후의 방법은 누가복음에도 나오는데, 정확하게 예수님도 그렇게 하셨습니다. 그리고 베드로는 기도하고, 돌이켜 시체를 향하여 말했습니다. "다비다야 일어나라." 예수님이 그 아이에게 말씀하셨던 것과 같은 방법의 말입니다("아이야, 일어나라"라는 말씀). 그녀가 일어나서 베드로를 보고 일어나 앉았습니다. 확실히 프로들이 달라요. 우리가 하는 것은 아무래도 아마추어 같지요(조크). 만일 여러분이 죽은 사람들에게 예수의 이름으로 말하여 그들을 다시 살리게 되면, 아마 신문에 여러분의 이름이 대서특필될 것입니다. 여하튼 베드로는 그녀의 손을 잡고 일어나게 하였습니다. 여러분! 예수님이 아이에게 손을 내밀어 일으키신 것을 기억하시죠? 여기서도 베드로는 손을 내밀어 그 여인이 일어나도록 도왔습니다. 그런 후 거기에 있던 과부들을 부르고 다시 살아난 그 여인을 그들에게 인도했습니다. 이 소문이 온 욥바에 퍼져 그 결과 많은 사람들이 주님을 믿게 되었습니다. 마태복음 9장에 나오는 기사가 가장 잘 된 본문이라고 말하기 어렵기 때문에 여기서 상호 관계는 다소 모호합니다만, 여러분이 마가복음 5장이나 누가복음 8장을 보시면 상호 관련되는 본문을 읽으실 수 있습니다. 그곳에서 베드로가 이 죽은 여인을 치유한 것과 비슷한 과정으로 볼 수 있을 것입니다.

 우리는 마 12:10로 가겠습니다. 여기서 예수님이 치유사역하시는 것을 볼 수 있는데, 한 손이 마른(오그라든) 사람에게 치유 사역하신 것입니다. 사도행전에는 손 마른 사람에게 치유한 기록이 없으나, 아마 비슷하게 절뚝거리는 사람, 즉 발이 오그라든 사람에게 치유 사역하는 두 가지 사례가 있어서, 예수님이 이 여인에게 사역하신 모델(모범)과 사도행전에서 베드로와 바울이 사용한 모델 사이에 상당히 비슷한 관계를 발견할 수 있습니다. 그래서 나는 치유 모델이 이렇게 닮은 것을 여러분에게 말씀드리겠습니다.

마 12:9로 가겠습니다. "거기를 떠나 저희 회당에 들어가시니 한편 손 마른 사람이 있는지라. 사람들이 예수를 송사하려 하여 물어 가로되 '안식일에 병 고치는 것이 옳으리이까?'" 내가 오늘 아침에도 그것이 계속되는 문제라고 말씀드렸습니다. 당시 유대인들 안에서 발전된 전통이 있었는데, 물론 구약성서에서 언급된 것이 아니지만, 그들이 만든 여러 가지 법에는 많은 것들을 실시하는 규례들이 있었습니다. 예를 들면, 만일 여러분이 아기를 낳았는데, 8일째 되는 날이 안식일이면, 그 안식일에 할례를 해도 무방합니다. 왜냐하면 그들은 두 개의 법 시스템을 가지고 있었는데, 어느 한 법이 다른 한 법보다 우위에 있었기 때문입니다. 그래서 그들은 안식일에 그 아기에게 할례를 할 수 있으나, 절대 안식일에 병을 고칠 수 없었습니다. 예수님이 등이 굽은 여인을 치유하시며 하신 말씀을 여러분은 아실 것입니다. 그때는 예수님이 당나귀가 구덩이에 빠진 것을 비유로 말씀하셨습니다. "안식일에 구덩이에 빠지면 너희가 건져내지 않겠느냐? 하물며 이 여인이 원수에 공격을 받아 18년 동안 등이 굽어 고통 중에 살아왔는데, 내가 고쳐주었기로 너희가 나한테 화를 내느냐?"라는 의미로 말씀하셨습니다. 여기서도 그들은 주께서 안식일에 병을 고치시는 것이 율법을 어겼다고 주장함으로 그분을 올무에 씌우려고 애썼습니다.

11절에서 양을 예를 들어 말씀하셨습니다. "너희 중에 어느 사람이 양 한 마리가 있어 안식일에 구덩이에 빠졌으면 붙잡아 내지 않겠느냐? 사람이 양보다 얼마나 더 귀하냐?" 여기서 예수님이 당나귀를 예를 들어 말씀하신 것처럼 거의 같은 주장을 하십니다. "사람이 양보다 얼마나 더 귀하냐! 그러므로 안식일에 선을 행하는 것이 옳으니라." 그리고 그 사람에게 말씀하셨습니다. "손을 내밀라." 여기서 한 가지 내가 지적하고 싶은 것은 예수님이 그 사람과 무슨 대화도 하지 않으신 것입니다. 그가 예수님을 그전에 알았는지도 우리는 모릅니다. 마태복음 9장에 나오는 태어날 때부터 소경인 사람과도 다릅니다. 요한복음 9장도 마찬가지입니다. 본문에 나타난 것만 보면 그가 예수님에 대하여 많이 알고 있지 않았습니다. 그는 예수님이 어떤 분이라고 말한 기사가 없습니다. 그가 예수님을 어떻게 알았는지, 예수님이 치유하시는 것을 알았는지도 우리는 모릅니다. 다만 우리가 아는 것은 예수님이 그를 보시고 "손을 내밀라"라고 하신 것입니다. 어떤 손을 내밀어야 하느냐고 묻지도 않았습니다. 그러나 마른 손을 내밀었을 때, 그 손이 펴지고 치유되었습니다. 아마도 예수님의 말씀의 권세가, 혹은 명령하시는 말씀이 그를 순종하게 하였고, 치유하신 것입니다. 그는 자기의 어떤 상태를 가지고 주님께 고쳐달라고 요청한 것도 아닙니다. 단순히 예수님의 말씀에 순종한 것입니다. 이런 순종이 우리가 생각하는 믿음보다도 더 쉽게 치유를 가져오는 것처럼 보입니다. 순종은 이렇게 기적을 가져옵니다.

* 계시, 혹은 다이내믹 느낌

여러 해 전에 나는 집회 인도하기 위하여 영국 북부에 있는 어느 교회에 갔었습니다. 우리 전도팀 중의 한 사람과 같이 강단에 앉았었는데, 저만큼, 약 10m쯤 떨어져 있는 곳에 한 여인이 좌석에 앉아있었습니다. 나중에 알고 보니 그녀는 어렸을 때 소아마비를 앓았습니다. 그녀의 오른쪽 다리가 오그라든 채 성장했습니다. 그녀의 다리는 뒤틀려 안으로 굽었고, 발가락은 자라면서 발바닥으로 파고들었습니다. 발가락들이 몹시 뒤틀려있었습니다. 발목, 발과 다리가 제대로 자라지 못했습니다. 다른 성한 다리에 비해서 길이가 1/3쯤 되어 보였습니다. 비교적 성한 오른쪽 다리도 잘 자라지 못해서, 그 다리를 보조하는 족대를 둘러야 했습니다. 그녀는 목발을 짚고 걸으며 그 다리를 끌었습니다. 참 어려운 상황이었습니다. 우리는 거기 앉아서 예배를 드리고 있었습니다. 내 옆에 앉아있던 그 형제가 나에게 말합니다. "내 생각에 그녀가 고침을 받을 수 있다는 믿음을 갖고 있는 것 같아요." 내가 보았으나 나는 아무것도 볼 수 없었습니다. 그런데 그녀는 매우 행복하게 보였습니다. 그러나 나는 그녀가 치유받을 수 있을 것이라고 막연히 추측할 수 없었습니다. 그러나 그 형제가 다시 나에게 말합니다. "내가 그녀를 위해서 기도하고 싶은데요. 괜찮겠습니까?" "물론이죠. 가서 기도하세요."라고 나는 격려했습니다. 그다음에 내가 기억하는 것은 많은 사람들이 그녀의 주위에 모였습니다. 그는 기도드렸고, 그녀의 다리는 길어졌습니다. 한참 격렬하게 진동하므로, 그녀는 족대를 벗어 옆에 놔두었습니다. 거의 두 시간쯤 기도했을 때, 그녀의 온 몸이 몹시 진동을 하더니 다리가 길게 늘어났습니다. 얼마나 길게 늘어났는지 자세히 몰라서 내 아내에게 물어봤더니 약 10cm 정도 길어졌답니다. 그 광경을 바라보는 것은 놀라웠습니다. 그것은 마치 어떤 사람이 그녀의 다리를 훅 분 것 같았습니다. 그렇게 되며 길어졌습니다. 다리를 휙 구부리더니 쭉 피고, 이리저리 돌리더니 늘어났습니다. 발가락도 밖으로 나오고 발도 쭉 펴졌습니다. 내가 살아오면서 본 가장 놀라운 모습 중의 하나였습니다. 예배당 안에 있는 모든 사람들이 그 모습을 보았습니다. 우리도 보았습니다. 그러면서 우리는 흐느껴 울기 시작했습니다. 콧물이 흘러내려 얼굴에 범벅이 되었습니다. "나도 그것을 믿지 않았습니다." 우리는 바라만 보았지, "나는 그것을 믿지 않았습니다. 여러분은 그것을 믿으십니까?" "아닙니다. 나는 그것을 믿지 않았습니다." "그런데 그런 일이 일어났습니다." "맞습니다. 그런 일이 일어난 것을 알지요. 그러나 나는 그것을 믿지 않았습니다." 그것이 우리가 경험한 것입니다. 더욱 흥미 있는 것은, 거기엔 그 교회에 다니는 의사들이 많이 있었습니다. 그들도 그것을 믿지 않았습니다. 그러나 그들은 모두 그녀의 주위에서 무릎을 꿇고 그 광경을 바라보면서 우리들처럼 똑같이 울고 있었습니다. 영국에서 있었던 일입니다.

 다시, 예수님은 그 사람에게 말씀하십니다. "네 손을 내밀라."(영어 성경에서 직역). 그 말씀에 의해 그의 손은 펴졌고, 다른 성한 손처럼 완전히 회복되었습니다. 그러나 이때도 바리새인들은 늘 그랬던 것처럼 예수님을 어떻게 죽일까 하고 음모하였습니다. 이제 사도행전 3장으로 가겠습니다. 그래야 합당할 것 같습니다. 그렇지 않습니까? 만일 여러분이 누구를 고치면, 여러분이 고쳤다고 해서 죽임당할 각오를 해야 할 것입니다. 3장에 보면 – 베드로와 요한이 기도하려고 성전으로 올라가다가 – 2절, 나면서부터 앉은뱅이 된 사람을 보았습니다. 그는 성전 미문에서 구걸하기 위해 사람들에 의해서 운반되어 그곳에 와서 앉아있습니다. 베드로와 요한이 성전에 들어가려 할 때, 그는 그들에게 구걸했습니다. 그것이 그의 일(직업)이었고, 그 걸인을 피하여 외면한 채 다른 곳을 바라보는 것은 그들의 일이었습니다. 맞나요? 그들은 다른 곳을 쳐다보지 않았습니다. 성전으로 들어가는 도중에 그가 구걸할 때, 베드로는 그를 주목하여 똑바로 봤습니다. 지금 여러분이 거기에 밑줄을 치지 않았다면, 지금 밑줄을 치십시오. 왜냐하면 오후에 거기에 어떤 개념이 들어있는 것을 알게 될 것입니다. 다른 곳에서는 "시선을 고정시키며", "응시하며"라고 번역되기도 하였습니다. 신약성서 어디서나 그 말이 상용되지 않습니다. 그러나 내 생각에 어떤 구절, 어느 단어기 눈에 확 들어올 때가 있는데, 그런 것은 그때 우리의 믿음이나 깨달음을 불러일으키는 어떤 다이내믹이 있다고 믿습니다. 하나님께서 나에게 어떤 기적적인 일을 하라고 특별히 권세와 능력을 주실 때, 즉각적인 치유가 일어나거나, 평안하던 뱃속이 갑자기 이상하게 느껴지거나, 동정심이 별안간 솟아오르거나 할 때, 내 몸에 어딘가에 별안간에 이상한 느낌이 찾아오거나, 혹은 어떤 개인에게 곧 주목하게 되거나 하는 경우입니다.

 예를 들면, 나는 최근 한 2개월 전에, 캔자스 시티의 마이클 비클 교회에 갔었습니다. 20~30대로 보이는 한 젊은 여성이 나에게 와서 말했습니다. "나는 간질을 앓고 있습니다. 몹시 심한 증상으로 간질 하는데, 크게 발작하면 졸도하고 맙니다." 그런데 "오늘 밤, 하나님께서 나를 고쳐주실 것으로 믿습니다."라고 말하는 것이었습니다. 사람들은 가끔 나에게 "간질은 고쳐지지 않는다."라고 말했습니다. 그들이 오해한 것입니다. 내가 그녀를 보았을 때 그것이 사실인 것을 알았습니다. 내가 그녀를 바라보는 순간에 내 속에서 무엇인가 갑자기 움직이기 시작했습니다. 그것을 무엇이라고 설명할 수는 없지만, 그 순간 내 안에서 무엇인가 변화가 일어난 것을 느꼈습니다. 무엇이라고 말하긴 어렵습니다만... 그 순간 나는 그녀가 치유될 것이라는 믿음을 가지게 되었습니다. 그때 나는 그녀를 주목하며 바라보았습니다. 그녀도 자신이 치유받기 위해 다른 곳을 바라볼 수 없었을 것입니다. 나도 다른 곳을 바라볼 수 없었습니다. 나는 그녀의 두 손을 잡고, 그녀를 바로 쳐다보며 그녀에게 간질을 앓게 하는 귀신에게 명령하기 시작했습니다. 그녀는 심한 발작을 하더니 완전히 졸도하고 말았습니다. 나는 계속해서 그 귀신에게 말하며, 명령했습니다. 그런데 별안간에 귀신이 그녀를 풀어주었습니다. 그 귀신은 떠나가고, 그녀는 그 자리에서 완전히 치유되었습니다.

나는 지난주에 그녀의 목사인 마이크 비클(Mike Bickle)에게 그녀의 상태가 어떤지 물어보았습니다. 그녀는 더 이상 발작으로 졸도하지 않는다면서, 그런 발작과 졸도가 보통 8~10일 간격으로 나타나는 것이 정상인데, 벌써 2~3개월 동안 한 번도 그런 일이 없었다고 말했습니다. 좋습니다. 그러면 그런 일이 5~6차례나 일어났어야 하는데 무사하게 잘 지낸 것입니다. 다시 베드로에게 옵니다. 이 앉은뱅이를 주목하며 바라보았습니다. 그것이 매우 중요합니다. 베드로는 그를 똑바로 쳐다보았습니다. 요한도 마찬가지입니다. 그리고 말했습니다. "우리를 바라보라!" 베드로는 앉은뱅이를 응시하며 명령합니다. 그 사람은 무엇을 얻을까 하며 그들을 바라보았습니다. 자기가 치유받을 것이라는 기대한 것이 아닙니다. 이미 치유될 것이라는 소망도 기대도 없는 자포자기의 상태로 살아가는 사람이었을 것입니다. 그의 오직 바람은 무엇을 구걸하여 물질을 얻는 것입니다. 그러나 베드로는 다소의 물질, 예를 들면, 동전 몇 개를 줄 생각을 하지 않고 그 앉은뱅이의 불쌍한 모습을 보고 마음속에 치솟는 동정심을 느꼈을 것입니다. 그의 근본 문제를 해결해주기 원했습니다. 그때 베드로가 말합니다. "은과 금은 내게 없거니와 내게 있는 것으로 네게 주니... " 베드로는 여기서 자기가 갖고 있는 것을 준다고 말합니다.

그가 갖고 있는 것이 무엇입니까? 자기의 스승, 예수님입니다. 기름부음 받은 분 메시아입니다. 그분의 이름입니다. 그분의 영인 성령입니다. 그리고 성령의 능력이십니다. 그래서 말합니다. "... 곧 나사렛 예수 이름으로 일어나 걸으라."하며 오른 손을 잡아 일으켰습니다. 여기서 베드로는 예수님도 전에 하지 않은 부분을 추가했는데, "나사렛 예수 그리스도의 이름"을 추가했고, 그 이름에 의지해서 치유 사역을 하고 있습니다. 예수님은 한 번도 당신의 이름을 대시며, 당신의 이름을 의지해서 치유하신 적이 없습니다. 그렇지요? 그러나 베드로는 그분의 이름을 의지하여 사역합니다. 그는 전에도 예수님의 "말씀에 의지해서... 그물 내려" 그물이 찢어질 정도로 고기를 많이 잡았습니다(눅 5:6). 주님과 베드로의 사역에서 이런 차이가 있습니다. 그러나 치유한다는 본질은 같습니다. 여기서도 베드로가 명령했는데, 이는 예수님이 명령한 것과 같습니다. 그 명령에는 예수님이 손 마른 사람에게 명령하신 것과 같은 내용입니다. "네 손을 내밀라"와 베드로의 명령 "걸으라"라는 같은 명령입니다.

"뛰어 서서 걸으며 그들과 함께 성전으로 들어가면서 걷기도 하고 뛰기도 하며 하나님을 찬송하니 모든 백성이 그 걷는 것과 하나님을 찬송함을 보고 그가 본래 성전 미문에 앉아 구걸하던 사람인 줄 알고 그에게 일어난 일로 인하여 심히 놀랍게 여기며 놀라니라"(행 3:7-10)

이제 우리가 사도행전 14장으로 가서 바울이 이와 같은 매우 유사한 방법을 사용하는 것을 보겠습니다. 8절입니다.

> "루스드라에 발을 쓰지 못하는 한 사람이 앉아 있는데 나면서 걷지 못하게 되어 걸어 본 적이 없는 자라 바울이 말하는 것을 듣거늘 바울이 주목하여 구원 받을 만한 믿음이 그에게 있는 것을 보고 큰 소리로 이르되 네 발로 바로 일어서라 하니 그 사람이 일어나 걷는지라"(행 14:8-10)

위의 말씀에서 비슷한 광경을 보시죠? 그 사람은 태어날 때부터 다리를 못 쓰는 앉은뱅이였습니다. 한 번도 걸어본 적이 없는 불쌍한 사람이었습니다. 그러나 그가 바울이 하는 말을 들었습니다. 바울이 그 사람을 주목하여 보았습니다. 무엇을 보았습니까? "구원받을만한 믿음이 그에게 있는 것을 보았습니다." 우리가 지난 몇 달 동안 많은 컨퍼런스와 세미나를 하며, 그 숫자를 다 기억하지는 못하지만, 어느 날 나는 마이크 비클이 가르치고 있을 때 그 집회 장소에 앉아있었습니다. 거기에 한 젊은 여인이 앉아있었었는데, 그녀는 작은 산소통을 가지고 코에 호수를 연결해서 숨을 쉬고 있었습니다. 아마 그날 거기에 참석했던 사람들도 여기에 온 신 줄 압니다. 맞지요? 그런 분들은 기억하실 것입니다. 내가 거기 앉아있을 때 그녀를 바라보게 되었습니다. 그녀 주위를 바라본 것이 아니고, 그녀를 유심히 바라보며 생각합니다. "그녀가 치유받을만한 믿음을 갖고 있나?" 이제 그 후의 이야기를 해야겠습니다. 왜냐하면 그녀가 여기 없으므로 직접 여기서 간증을 할 수 없기 때문입니다. 나는 그녀가 자기의 질병으로 괴로워하는 것을 알았습니다. 그녀의 괴로운 심정을 위로하려면 몇 시간의 상담이 필요할 것입니다. 그녀의 질병은 초기 상태에 있었는데 ― 휴스턴에서 보았던 소년과 같은 상태였습니다. 그녀의 모든 면역체계가 다 붕괴되어 최악의 상태에 머물러 있었습니다. 조금도 나아지는 기색이 없었습니다. 벌써 3년 동안이나 그런 상태로 살아왔습니다. 그녀를 치료하는 여러 의사들은 그녀의 질병이 불치의 병이라고 여러 번 말했습니다. 그래서 그녀는 그 말을 믿고 살았습니다. 마치 의사의 말은 반 신앙적 언급 같지요. 그 말을 이해하시죠? 불치의 병이라고 말했기 때문에 소망이 없었습니다. 만일 소망이 없다면, 여러분은 흔히 그것에 순응하고 그대로 자포자기한 채로 살아갑니다. 그런데 내가 그녀를 바라보고 있을 때, 한편으로 그녀에게서 믿음이 생겨나는 것을 보았습니다. 그녀는 믿음을 갖고 있었습니다. 말하자면, 치유되리라는 믿음입니다. 그러나 그녀의 마음 상태가 질병에 억눌려있어 매우 힘든 상태로 되었습니다. 그래서 나는 주께 말씀드렸습니다. "주님. 나는 확실히 나을 것이라는 말을 하고 나중엔 낫지 않게 되어 그녀의 마음을 상하게 하고 싶지 않습니다. 그녀에게 어떤 기대감도 주고 싶지 않고 잠시라도 치유할 수 있기를 바랍니다." 나는 전에도 그렇게 기도한 적이 있습니다. 한 번은 치유받은 사람들이 다시 병들게 되어 나에게 찾아온 적이 있었습니다. 그들은 치유되었으나 그 치유를 계속 유지할 믿음이나 영적인 자세가 되어있지 않았기 때문입니다. 그래서 깨달은 것은 일단 치유를 받으면, 그 치유의 은혜를 계속 간직하는 믿음이 필요하다는 사실입니다.

나는 오랫동안 치유사역을 해오면서 내가 알게 된 사실을 말씀드립니다. 그래서 나는 그녀가 치유될 것이라고 과장된 말로 전혀 부추기고 싶지 않았습니다. 더욱이 그녀가 치유받은 후에 계속 그 치유를 유지하지 못한다면 내가 쓸데없는 말을 한 셈이 됩니다. 그래서 나는 주께 말씀드렸습니다 나는 이런 기도를 자주 하지 않았는데, 아마 지금이 세 번짼가 네 번째가 될 것입니다. 그래서 말씀드렸습니다. "주님, 나에게 어떤 확신이 되는 계시를 주십시오. 그러면 내가 담대히 치유 사역을 하겠습니다." 그리고 나는 일어나 그녀에게 갔습니다. 우리 팀 중에는 예언하는 사람들이 있었습니다. 그래서 나는 그들에게 말했습니다. "하나님의 뜻이 무엇인지 기도해 보세요." 나는 기도했습니다. 그리고 예언하는 사람들은 모두 그녀를 위해 기도했습니다. 그런데 그녀도 예언하기를 원했습니다. 그녀는 일어서더니 어떤 성경 구절을 예언으로 읽었습니다. 지금 그 구절을 기억하지 못하지만, 아주 놀라운 구절이었고, 치유에 관한 구절이었습니다. 그때 내가 생각하기를 "바로 그 말씀이 나에게 확신을 주는 계시다. 바로 내가 간구했던 계시의 말씀이구나."라고 여겼습니다. 첫째, 그녀가 성경 구절로 예언한 것인데, 그처럼 아주 놀라운 구절로 반응하리라고는 나도 미처 생각을 못 했습니다. 그녀가 말하고 있을 때 나는 중간에 끼어들어 치유 사역을 하기 원했습니다. 그래서 그녀에게 말을 걸었습니다. "숙녀분, 어떤 질병으로 고생하고 있습니까?" 그녀는 병명을 말했으나, 의학적으로 아주 복잡한 병명이었고, 나는 지금 그 병명을 기억하지 않습니다만, "그 병을 고치시기 원합니까?"라는 취지로 몇 마디 말을 했습니다. "오, 정말 내가 치유될까요?" 하는 기대감에 그녀의 얼굴 모습이 별안간에 밝아졌습니다. 그래서 내가 그녀를 위해서 기도하게 되었고, 그 질병이 떠나가라고 명령했습니다. 그녀에게 악령이 작용하고 있었습니다. 우리가 기도하며 명령했을 때, 그녀에게서 악령이 떠나갔습니다. 그녀는 즉시 치유되었습니다. 나는 성경공부를 철저히 할 것과 암송할 성구를 그녀에게 말해주었습니다. 그리고 후속 조치로 몇 가지 지시사항을 주었습니다. 나중에 알았는데, 그녀는 샌디애고에 있는 한 빈야드교회에 출석하게 되었습니다. 물론 그녀의 가족들이 모두 그 교회를 다니게 되었습니다. 그녀는 온 집안에 자기가 암송할 성구들을 써 부치며 신앙생활을 했습니다. 그 결과 그녀는 자기가 치유된 것을 계속 유지하기 위한 굳건한 성서적 믿음을 가지게 되었습니다. 최근에 그녀의 담임목사에게 전화를 걸어 알아보니, 현재까지 벌써 여러 달이 지났는데도, 그전의 증상이 재발하지 않고, 아주 건강하게 잘 지내고 있다는 기쁜 소식을 들을 수 있었습니다. 다시 말씀드리지만, 일단 치유를 받으면 그 치유를 계속 유지할 수 있도록 본인이 믿음 생활도 성실히 하고, 주위에서 영적으로 잘 돌봐줄 필요가 있습니다. 나는 이것을 치유 후의 후속 조치라고 부릅니다. 사도행전 3장에서 성전 미문에 앉아있던 앉은뱅이가 치유를 받은 후, 두 사도와 함께 성전으로 들어가면서 걷기도 하고 뛰기도 하며 찬송하였습니다. 아마도 두 사도들이 그를 잘 돌보았을 것이며, 그도 "날마다 성전에 모이기를 힘쓰며 집에서 떡을 떼며 기쁨과 순전한 마음으로... 하나님을 찬미하며... 온 백성에게 칭송을 받는" 그런 사람이 되었을 것입니다. 후속 조치가 잘 된 실례입니다.

5. 바울 : 예수님의 치유 패턴을 따르다

다시 바울에게 옵니다. 행 14:8에서 바울이 그 사람을 주목하여 보니 그가 "구원받을만한 믿음"을 갖고 있었습니다. 직접 주목하며 치유받을만한 믿음을 보고 큰소리로 분명하게 말했습니다. "네 발로 바로 일어나라!" 여기서도 다시 직접 명령하는 것을 보게 됩니다. 아마 여러분은 하나님께서 그런 사역을 하라는 특별한 기름부음이 없으면 걷지 못하는 사람에게 "걸으라"라고 명령하지 않을 것입니다. 이해하시죠? 여기엔 눈으로 주목하여 본 그 이상의 것이 있는 것 같습니다. 어쩌면 바울이 하나님으로부터 무슨 말씀이나 계시를 받았거나, 어떤 확신이 생겨서 그렇게 분명히 사역한 것 같습니다. 예수님께는, 아들은 아버지가 무엇을 하시는 것을 보고 그것을 한다는 의미로 말씀하셨습니다. 하나님으로부터 어떤 계시를 받고, 보며, 들으며 하신 것입니다. 그분은 말씀도 아버지가 하시는 말씀을 듣고 말씀하신다고 하셨습니다. 그러기에 예수님의 말씀은 진리요, 행하시는 것에 역사가 일어났습니다. "아버지가 하시는 것을 보고... , 아버지가 말씀하시는 것을 ..."이라는 두 가지 사항을 명심하십시오(요 5:19, 14:10, 17:8을 보라). 예수님은 아버지의 말씀, 아버지가 행하시는 것을 듣고, 보시며 그것을 우리에게 전하시며, 행하셨습니다.

바울은 주님과 동행하였습니다. 주의 성령의 인도와 기름부음 아래 모든 전도사역을 하였습니다. 그리고 주님에게서 훈련을 받았습니다. 물론 예수님이 육으로 지상에 살아계실 때 제자로 선택받지 못해 직접 교육을 받지 못했지만, 그분은 성령으로부터 직접 교육을 받았고, 사도들로부터도 도움을 받았을 것입니다. 말하자면 2차로 훈련받은 사람입니다. 여기서 그는 그 사람을 주목하여 보며 그의 믿음을 본 것입니다. 바로 그 순간에 치유하라는 하나님의 성령의 기름부음이 임하는 어떤 모델(본)을 마음에 갖고 있었기에, 그가 그 사람에게 명령하며 말합니다. "네 발로 바로 일어서라!" 곧 그 사람이 걸으며 뛰기 시작했습니다. 사람들이 바울이 행한 것을 보고 루가오니아 방언으로 소리치며 환호했습니다. "신들이 사람의 형상으로 우리 가운데 내려 오셨다." 그들이 외친 말에는 문제가 있으나 환호한 것만은 사실입니다.

이제 누가복음 9장에서 보겠습니다. 우리는 지금까지 중풍병자가 치유되는 것을 보았고, 죽은 자가 살아나고 앉은뱅이가 걷는 것을 보았습니다. 이제 귀신들린 사람이 치유되는 것을 고찰하겠습니다. 눅 9:37에서 예수님이 축귀사역하시는 모습을 봅시다.

"이튿날 산에서 내려오시니 큰 무리가 맞을새 무리 중의 한 사람이 소리 질러 이르되 선생님 청컨대 내 아들을 돌보아 주옵소서 이는 내 외아들이니이다 귀신이 그를 잡아 갑자기 부르짖게 하고 경련을 일으켜 거품을 흘리게 하며 몹시 상하게 하고야 겨우 떠나가나이다 당신의 제자들에게 내쫓아 주기를 구하였으나 그들이 능히 못하더이다 예수께서 대답하여 이르시되 믿음이 없고 패역한 세대여 내가 얼마나 너희와 함께 있으며 너희에게 참으리요 네 아들을 이리로 데리고 오라 하시니 올 때에 귀신이 그를 거꾸러뜨리고 심한 경련을 일으키게 하는지라 예수께서 더러운 귀신을 꾸짖으시고 아이를 낫게 하사 그 아버지에게 도로 주시니 사람들이 다 하나님의 위엄에 놀라니라"(눅 9:37)

6. 예수님의 책망 :
"믿음이 없고 패역한 세대여"

예수님이 책망하시며 반응하시는 것을 보십시오. 그 아들의 아버지는 성실한 아버지로 아들을 고치기 위해서 제자들에게 데리고 갔으나 못 고쳤으니 얼마나 상심하였겠습니까? 간절한 마음을 가지고 제자들에게 갔으나 돌아온 것은 실망이었을 것입니다. 그러나 여러분들도 제자들에게 화내지 마십시오. 여러분들도 그런 실패를 할 수 있기 때문입니다. 그렇지요? 여러분들이 고치려고 애썼으나 고치지 못하는 경우가 있기 때문입니다. 잠시 이것에 대하여 생각해 보세요. 그 아버지는 제자들이 마을에 왔을 때 소망이 가득 찼을 것입니다. "오, 하나님. 감사합니다. 이제 내 아들이 고침을 받겠네요!" 그러나 결과는 실망이었습니다.

위의 기사에서 제자들은 어리둥절했을 것입니다. 솔직히 예수님이 책망하셨을 때 몸 둘 곳이 없었을 것입니다. "믿음이 없고 패역한 세대"라고 책망하셨으니 고개를 못 들었을 것입니다. 신약성서에서 누가 병을 고치지 못했다고 책망받는 경우가 유일하게 이곳에 나옵니다. 병든 사람이 책망받는 것이 아니라, 고쳐야 될 사람이 고치지 못해서 책망받는 경우입니다. 이것을 보면 예수님은 제자들이 믿음으로 준비해서 잘 고치기를 바라셨던 것 같습니다. 내 생각으로 솔직히 말씀드리면, 여기의 문제는 제자들이 주님이 하시는 것을 하지 않았던지, 못했던지 한 것입니다. 주님은 아마도 습관처럼 자주 산에 가셔서 준비하시며 기도하신 것 같습니다. 그곳에서 변화된 모습을 보이시기도 하셨습니다. 그러나 제자들은 기도하며 준비하지 않았습니다. 그들은 특별히 믿음의 역사를 위해 간절히 힘쓰지도 않았습니다. 여러분이 성령의 능력으로 사역하기 원하면, 여러분 자신이 혼자 기도하고, 금식하며, 묵상하며, 찬양 드리고 말씀을 읽으며 주님과 함께 하는 시간을 통하여 영적 능력을 회복하시는 것이 무엇보다 중요합니다. 마 17:21(다른 사본에 있는 구절)에 보면 이런 말씀이 나옵니다. "기도와 금식이 아니면 이런 유가 나가지 아니하느니라." 여러분이 이와 같은 책망의 말씀을 듣지 않게 되기를 바랍니다.

 예수님은 그들을 책망하십니다. "믿음이 없는 패역한 세대여, 내가 얼마나 너희와 함께 있으며 너희를 참으리오? 아들을 데려오라." 그때에도 예수님 앞에서조차 귀신은 그 아들을 거꾸러뜨리고 심한 경련을 일으키게 하였습니다. 예수님이 더러운 귀신을 꾸짖으시고 아들을 고쳐주셨습니다. 여러분 이것을 기뻐하십니까? 그렇다면 세 가지 중요한 것을 적으십시오. 우선 본문을 자세히 보면, 이는 내가 여러 해 동안 귀신들을 쫓아내면서 알게 된 것인데, 귀신의 세계, 그들의 영계에는 아주 지능적인 커뮤니케이션 연락망을 가지고 있어 누가 자기들 앞에 오는지를 압니다. 이것은 그들의 본능적 작전으로, 그들은 사람들을 해칠 마음을 갖고 접근하는 매우 잔인한 성질을 갖고 있습니다. 그래서 오랫동안 이 아이를 괴롭히며 지배해왔는데, 이제 예수님과 마주치게 된 것입니다. 그분이 어떻게 하셨나요? 그 아이에게서 귀신을 쫓아내신 것입니다. 바로 이것이 성경에서 반복해서 보게 되는 하나의 패턴입니다. — 이것이 첫 번째 사항입니다. 둘째로, 예수님은 악한 영을 꾸짖으셨습니다. 마가복음 1장에서 보십시오. 예수님은 가버나움 회당에서 귀신들린 사람을 처음 만나셨습니다. 그분이 어떻게 하셨나요? 귀신을 꾸짖으셨습니다(막 1:25). "꾸짖다"라는 말의 의미는 "그것을 멈춰라! 그 일을 그만두라! 이젠 충분하게 했으니 그만하라!"라는 뜻입니다. 그런 내용으로 꾸짖으신 것입니다. 이렇게 그것에 마침표를 찍는 것입니다. 그분은 귀신에게 권세를 행사하십니다. 귀신으로 하여금 "해치는 일을 멈추고 단념하라"라는 말씀입니다. 즉, 네가 하고 있는 일을 멈추라는 뜻입니다. 예수님의 꾸짖음에 귀신은 떠나고, 그 아이가 치유되었습니다. 이제 여기서 이런 경련을 일으킨 것이 귀신이 아니라고 말할 수 있습니까? 즉, 귀신이 이 질병을 가져온 것입니다. 귀신들은 이런 경련뿐만 아니라 다른 많은 고통스러운 것들을 우리에게 가져다줍니다. 때로는 귀신에 들린 것 자체가 질병이요, 다른 질병을 일으키기도 합니다. 만일 귀신이 가져다준 질병이라면, 우선 귀신을 내쫓으십시오. 그러나 때로 질병이 남아있는 경우가 있습니다. 그래서 여러분이 귀신을 내쫓은 것과 질병을 치유하는 것 사이를 잘 구별하도록 배워야 합니다.

지난 며칠 동안 이 소년과 같은 사람들을 만나 기도했습니다. 캔자스 시티에서 만난 여인과 같은 질병을 가진 세 사람들을 위해 기도했습니다. 병명은 간질병이었습니다. 그날 저녁 치유가 잘 되었습니다. 처음의 두 경우도 간질병이었습니다. 귀신이 일으킨 것으로 믿습니다. 그들은 귀신에게서 구출되었습니다. 세 번째 사람은 귀신이 일으킨 질병인데, 그 소년은 귀신이 나간 다음에도 또 경련했고, 다시 졸도하게 되었습니다. 나는 그가 어떻게 졸도했으며, 어떤 졸도인지 모릅니다. 그는 몬타나에 살고 있는데, 그 소년에게 더 사역할 수 없었습니다. 사역을 많이 못 했습니다. 9일간 계속되는 집회 마지막 시간이라서 우리는 매우 피곤했습니다. 하루에 14시간씩 계속해서 9일간 집회를 인도했으므로 더 이상 계속할 에너지가 없었습니다. 내 생각에 우리가 귀신을 내쫓았는데, 질병은 치유를 못했습니다. 이제 우리가 다시 가서 질병 치유를 위해서 기도할 것입니다. 때로 이렇게 많은 시간이 걸리는 경우도 있습니다.

사도행전 16장으로 갑니다. 우리는 여기서 바울이 귀신을 내쫓는 것을 보게 되는데, 여기에는 우리가 예수님과 그 소년 사이에서 보았던 그런 질병과 귀신의 상호관계가 있습니다. 그러나 바울이 귀신을 쫓아내는 거기서 이와 같은 하나의 상호관계를 발견하게 될 것입니다. 행 16:16입니다.

"우리가 기도하는 곳에 가다가 점치는 귀신 들린 여종 하나를 만나니 점으로

그 주인들에게 큰 이익을 주는 자라 그가 바울과 우리를 따라와 소리 질러 이르되 이 사람들은 지극히 높은 하나님의 종으로서 구원의 길을 너희에게 전하는 자라하며 이같이 여러 날을 하는지라 바울이 심히 괴로워하여 돌이켜 그 귀신에게 이르되 예수 그리스도의 이름으로 내가 네게 명하노니 그에게서 나오라 하니 귀신이 즉시 나오니라"(행 16:16-18)

"소리 지르며... 여러 날을" 쫓아다녔습니다. 아마 며칠 동안 하루에도 몇 시간씩 쫓아다니며 괴롭게 했을 것입니다. 사람들이 나에게 물었습니다. "왜 바울이 그 귀신을 즉시 쫓아내지 않았습니까?" 내 생각엔 귀신을 쫓아내는데 어떤 기름부음이 있어야 되는 것 같습니다. 아무 때나, 아무 장소에서 마구 하는 것이 아니라, 사역자에게도 어떤 심령의 준비가 필요하며 마땅한 시간이나 사역할 공간이 필요한 것 같습니다. 예수님도 이런 영적 전쟁의 사역을 위해서 특별히 광야 40일의 기도 시간과 때때로 홀로 기도하시는 시간을 가지신 것 같습니다. 가끔 우리 교회에서도 귀신들린 사람을 보게 됩니다. 어떤 사람은 귀신을 많이 갖고 있습니다. 우리는 가끔 몇 주, 몇 달씩 기다렸다가 그 사람에게서 귀신을 내쫓는 경우도 있습니다. 귀신을 내쫓는 것은 간단한 일이지만 시간, 장소, 기름부음의 역사가 필요합니다. 혹시 여러분이 기름부음의 역사가 있을 때 귀신을 내쫓으려고 수고한 적이 있습니까? 그렇다면 그 일이 어떤 일인지 아실 것입니다. 내 말은, 귀신은 떠나지만, 귀신이 여러분을 몹시 피곤하게 만들 때가 있다는 말입니다. 어떤 땐 시간도 많이 걸리고, 모든 사역자들이 지칠 때가 있습니다.

여기서 여종이 바울을 따라다니며 소리칩니다. "이 사람은 지극히 높은 하나님의 종으로 구원의 길을 너희에게 전하는 자라." 이제 그런 소리는 나쁜 것처럼 들리지 않지요. 문제는 그렇게 소리 지르며, 바울의 사역을 방해하고, 자기에게 관심을 갖게 하는 것입니다. 그것을 보실 수 있습니까? 분명히 이들은 지극히 높으신 하나님의 종들입니다. 그러나 지금 누구에게 권세가 있습니까? 그 여자입니다. 왜냐하면 그들이 지극히 높으신 하나님의 종들이라는 사실을 그녀가 보았기 때문입니다. 그래서 그녀는 그런 말을 통해 그곳에 모인 사람들의 인정을 받고 그녀가 마치 그런 것을 식별할 수 있는 권위가 있는 것처럼 자신에게 주의를 집중하게 하는 것입니다. 그래서 그녀는 여러 날 동안 따라다니며 소리를 지르는 것입니다. 어쩌면 며칠씩 오전이나 오후에 가리지 않고 따라다녔을 것입니다. 참 괴로운 일이었습니다. 마침내 바울이 몹시 괴로워해서 돌이키며 그 귀신에게 말했습니다. "예수 그리스도의 이름으로 내가 네게 명하노니 그에게서 나오라" 하니 귀신이 즉시 나갔습니다. 그 여종의 주인이 이제 더 이상 그 여종을 통해 돈을 벌 소망이 사라지니, 그들은 바울과 실라를 잡아가지고 저자로 관원들에게 끌고 갔습니다.

7. 우리 : 예수님처럼, 제자들처럼
– 말씀과 사역으로

요약해서 말씀드리고자 하는 것은 – 예수님의 사역으로 본을 보여주신 것(modeling)과 사도들이 행하는 모델 사이에 상호 관계가 있습니다. 어떤 땐 어느 것이 다른 것보다 더 뚜렷이 나타날 때가 있습니다. 그리고 예수님으로부터 제자들, 바울... 이렇게 시간이 지나면서도 치유 사역과 그 모델 사이에는 서로 관련되어 있는 것을 볼 수 있습니다. 우선 그 사역의 패턴에 닮은 꼴이 있습니다. 제자들과 바울이 "예수 그리스도의 이름으로" 명령했지만, 명령하는 점에서는 예수님과 같은 모습입니다. 그래서 중요한 것은, 예수님의 메시지가 말씀으로만 모두 전파된 것이 아니라, 또한 그분의 행함으로도 전파하신 것입니다. 그래서 우리가 주 예수 그리스도께서 전한 복음을 온전히 이해하려면, 예수님의 말씀을 통해서뿐만 아니라 그분의 행함을 통해서도 이해해야 합니다. 그분이 말씀으로(by words) 전하신 것처럼, 행함으로(by works)도 전하셨습니다. 여러분에게는 새로운 가르침이 아니겠지만, 전에 이런 가르침을 들어보지 못한 사람들에게는 땅이 진동하는 것같이 들릴 것입니다. 진리는 예수님은 말씀, 즉 메시아이셨고, 전달된 메시지이셨습니다. 오늘도 여전히 예수님은 메시지이십니다. 이와 같은 치유의 다이내믹을 통해서도 다른 방법으로는 전파할 수 없는 하나님의 자비와 동정심과 사랑을 우리는 전해야 합니다.

치유하는 교회

예수님은 우리의 삶을 온전하게 만들어(wholeness) 주시려고 오셨다. 하나님께서 우리를 위하여 준비하신 온전한 삶을 우리가 살 수 있게 하기 위하여 오셨다. 그분은 개인적으로나 사회적으로 우리의 삶의 모든 분야에 치유를 가져다주신다. 그분의 자비와 사랑 안에서 그분은 아버지의 사랑과 치유를 가져다주시기 위하여 그분이 만드신 자연법칙을 때로 어기기까지 하신다. 풍랑의 위기에 빠신 제자들을 구하시려고 물 위를 걸어오셨다.

1. 치유의 증거

1) 어린아이 기도의 능력

한 작은 소녀가 입술을 움직이며 조용히 기도하고 있는 것을 아무도 보지 못했다. 그러나 갑자기 뜨거운 느낌이 프레드의 어깨를 타고 흘러내렸다. 프레드는 그것을 믿을 수 없었으나 자기 어깨의 통증이 사라진 것을 느꼈다. 이것은 도저히 불가능한 일이었다. 프레드는 어깨의 수술을 하기로 날짜를 받아났고, 그 수술의 전망은 좋지 않았다. 의사는 25살의 프레드의 어깨 관절에 칼슘이 축적되어서 이미 팔을 제대로 움직일 수 없다고 말했다. 자유롭게 움직이는 것은 고사하고 거의 조금도 움직일 수 없었고 조금이라도 움직이면 통증 때문에 견딜 수 없었다.

그래서 다음에 의사를 방문하게 되면, 의사는 어깨 관절에 쌓인 칼슘을 수술로 제거하기를 원했다. 하나님께서 이 작은 소녀의 기도를 들으셨다. 프레드의 어깨는 치유되었다.

2) 비형식적인(informal) 기도도 치유를 가져온다

스테파니가 소파에 길게 누워있을 때 그녀의 고통이 얼굴에 가득했다. 그녀는 3명의 친구들과 함께 매주 모이는 모임을 좋아했다. 친구들은 그녀의 집에 와서 함께 찬양하며 기도하고 성경공부를 했다. 그리고 자연스럽게 그 주간에 일어난 이야기며 뉴스들을 서로 나누면서, 크리스천으로 매일 살아가는 일상의 이야기를 나누고 서로 격려했다.

스테파니는 척추가 심히 아파서 거의 움직이지 못했다. "당신을 위해서 기도하겠다."라며 친구 중의 한 여인이 제안했다. 잠시 기도를 마친 후, 스테파니는 자기의 척추에 변화가 온 것을 느꼈다. 통증이 사라졌고, 다시 똑바로 앉을 수 있었다. 물론 서서 걸어 다니게 되었다.

3) 곧 죽는다더니 13년 넘게 살았다

데이빗은 희귀한 불치의 혈액 암(terminal blood cancer)으로 고통당했다. 의사들은 그의 병은 현재 의학으로는 치료할 수 없고, 치료가 된다 해도, 다만 사망을 지연시킬 뿐이라고 했다. 이런 절망적인 말을 의사로부터 들은 후, 데이빗은 어느 날 극장에 갔다. 영화를 보고 있는 중에 그 영화 안에서 휘트니 유스턴(Whitney Houston, 2012년 봄 약물중독으로 사망 – 역자 주)이 노래를 부르고 있었다. "내가 항상 너를 사랑하리"(I will Always Love You – 휴스턴은 복음성가를 자주 불렀다 – 역자 주). 이 노래가 비록 소망 없는 상태에 처한 데이빗으로 하여금 하나님의 사랑을 다시 기억하고 신뢰하도록 고무시켰다. 데이빗은 그의 질병과 싸우기로 결심하고, 자기의 병을 고쳐달라고 하나님께 기도하기 시작했다.

그 후 13년이 지난 현재 데이빗은 그 질환을 여전히 갖고 있지만, 어떤 고통이나 증세도 별로 느끼지 않고 지내고 있다. 그는 자기와 같은 암을 앓는 사람들이 몇 년 안에 모두 사망한다는 사실을 알게 되었다. 데이빗은 드문 예외가 되어 지금까지 잘 지내고 있다. 아마도 어떤 질병의 증상 때문에 고통받지 않으면서도 그 질병을 가지고 잘 살아가는 것이 가능한 것 같다. 데이빗은 이 질병으로 인해 내면적으로는 예수 그리스도의 깊은 사랑과 돌보심을 더 의지하는 깊은 신앙을 갖게 되었다.

4) 어린아이 같은 믿음이 할 수 있는 것

라첼은 다음과 같이 간증한다.

아버지가 돌아가시던 날 충격으로 인해 나는 화장실에서 내 뱃속의 아기가 유산된 것을 알게 되었다. 아기를 잃어버린 것이다. 그 고통은 말할 수 없었다. 나는 같은 날에 내 아버지도 잃고, 내 아기도 잃었다. 나는 완전히 낙담했다. 얼마 후에 의사는 먼저 내가 임신한 것을 확인하고 두 번째로 태반을 발견했다. 그는 이 두 번째 아기가 정상적으로 성장할지 장담할 수 없다고 말했다. 육체적으로나 정신적으로 나는 절망의 구렁텅이에 빠져 있었다. 나는 이 아기가 뱃속에서 잘 자랄 수 있다는 굳건한 믿음을 가질 수 없었다. 내 몸 상태가 건강한 아기를 가질 수 없을 뿐만 아니라, 특히 아기가 유산된 경험이 있기 때문이었다. 그 후 3주 동안 나의 다른 아이들이 마치 세계 챔피언이 되기 위해 기도하는 것처럼 기도했다. 뱃속에서 자라는 작은 아기의 손가락 하나, 하나, 아기의 모든 부분 하나하나가 잘 보존되고 완전히 성장하도록 기도했다. 여러 달이 지난 후, 딸 베티나를 순산하게 되었다. 자포자기 상태의 절망 중에도 하나님께서는 나에게 새 생명을 선물로 주셨다.

이 이야기는 내가 살아오면서 경험한 삶과 죽음, 축복과 슬픔에 대한 이야기다.

이런 모든 것이 나의 신앙을 형성하게 하였고, 하나님의 돌보심과 선하심을 간구해야 하는 다른 상황에서도 나를 위로하고 격려한다.

5) 깨어진 결혼의 치유

사라와 폴은 여러 해 동안 결혼생활을 유지했다. 그러나 사라는 남편이 자기를 잘 이해해 주지 않는다고 느꼈다. 완고한 남편은 때로 몹시 그녀에게 거부하는 태도를 가졌다. 그녀는 결혼생활에서 생기는 이런 여러 가지 문제를 해결하지 못하고, 옛 남자친구와 사랑에 빠졌다. 그녀는 꿈의 궁전을 짓기 시작했다. 갑자기 그녀는 자기를 잘 이해해주고, 사랑하며 돌봐주는 남자친구의 깊은 사랑에 매료됐다. 그 사랑이 오랫동안 비밀로 지켜지지 않았다. 남편 폴이 이 사실을 알고 몹시 화를 내며 별거를 주장했다. 사라는 완전히 망가졌다. 그녀는 이 은밀한 사랑에 그녀의 모든 삶과 가족을 걸며 도박한 것을 깨달았다. 갑자기 그녀는 아무것도 바라지 않고, 결혼생활이 다시 회복되고, 남편과의 관계가 치유되기를 바랐다. 그러나 이런 일이 어떻게 일어날 수 있을까?

그때 폴은 주일예배와 가까운 친구들과의 대화를 통해 하나님께서 그에게 말씀하시는 것을 느꼈다. 그는 아내에게 부드러운 마음을 가져야겠다고 생각했다. 갑자기 폴은 사라가 왜 자기를 이해해주지 못한다고 느꼈을까 하고 깨닫기 시작했다. 그는 다시 아내인 사라에게 연락해서 사랑의 말을 하기 시작했다. 시간이 좀 지난 후, 그들은 새롭게 치유된 관계와 결혼을 확인하기 위하여 두 번째 결혼식을 가졌다. 물론 결혼 서약도 다시 했다. 하나님의 치유의 능력이 그들의 삶을 회복시켰다.

6) 놀라운 소생

코스모스는 망명자 신분으로 스위스에서 얼마 동안 살고 있었다. 그는 베를린 빈야드 교회의 전도로 하나님을 믿게 되었다. 후에 그는 교회를 개척하기 위하여 자기의 고향, 토고(Togo)로 돌아갔다. 거기서 교회를 개척하여 복음을 전하는 일에 전념했다. 그와 함께 동역한 토메니크라는 사람이 있었다. 어느 날 회교를 믿는 부부가 울면서 그들에게 왔다. 이 부부는 얼마 전에 죽은 아들을 매장할 돈이 없어 돈을 달라고 요구했다. 그들은 가진 돈이 없었기 때문에, 토메니크는 이미 죽어서 굳은 아이의 시체를 그의 팔에 안고, 두 사람이 한 시간 동안 기도했다. 죽은 아이의 차가운 시체가 다시 따뜻해지기 시작하더니 아이의 생명이 다시 돌아왔다. 이런 일이 있은 다음, 200명이 넘는 회교도 가족들이 그 교회에 와서 예수 그리스도를 믿게 되었다.

2. 치유하시는 하나님

"이르시되 너희가 너희 하나님 나 여호와의 말을 들어 순종하고 내가 보기에 의를 행하며 내 계명에 귀를 기울이며 내 모든 규례를 지키면 내가 애굽 사람에게 내린 모든 질병 중 하나도 너희에게 내리지 아니하리니 나는 너희를 치료하는 여호와임이라"(출 15:26)

처음부터 하나님께서는 치유, 건강과 온전함의 하나님으로 그분 자신을 계시하셨다. 하나님의 말씀을 따르기로 마음에 작정하는 사람들은 그분의 축복, 보호와 공급하심을 경험할 것이다. 모든 것을 지으신 창조주와 그분의 가르침에 돌아오는 모든 사람들은 이런 긍정적 결과를 소유할 수 있을 것이다. 이렇게 주께로 돌아오는 것은 어느 군대의 압력이나 정치적 수단에 의해서 이루어지는 것이 아니다. 이는 각 개인의 자발적인 변화가 있어야 한다. 이런 변화는 하나님과의 개인적 사랑의 관계로 이뤄진다.

치유는 언제나 사람들과 그들의 환경에 관심을 갖는다. 그리스도의 초림으로 시작된 하나님의 나라가, 그분의 재림으로 완성되는 오는 시대에서 우리는 완전히 온전하게 되고, 건강하게 살며 온전해진 환경 가운데 살게 될 것이다. 성서는 그 시대를 새 하늘과 새 땅의 시대라고 말한다(계 21:1). 그날이 올 때까지 믿음 안에서 우리가 경험하는 모든 형태의 치유는 오는 그날의 표적(표시, 징조)이다.

"또 내가 새 하늘과 새 땅을 보니 처음 하늘과 처음 땅이 없어졌고 바다도 다시 있지 않더라 또 내가 보매 거룩한 성 새 예루살렘이 하나님께로부터 하늘에서 내려오니 그 준비한 것이 신부가 남편을 위하여 단장한 것 같더라 내가 들으니 보좌에서 큰 음성이 나서 이르되 보라 하나님의 장막이 사람들과 함께 있으매 하나님이 그들과 함께 계시리니 그들은 하나님의 백성이 되고 하나님은 친히 그들과 함께 계셔서 모든 눈물을 그 눈에서 닦아 주시니 다시는 사망이 없고 애통하는 것이나 곡하는 것이나 아픈 것이 다시 있지 아니하리니 처음 것들이 다 지나갔음이러라 보좌에 앉으신 이가 이르시되 보라 내가 만물을 새롭게 하노라 하시고 또 이르시되 이 말은 신실하고 참되니 기록하라 하시고"(계 21:1-5)

1) 예수님 : 단순한 치유만이 아니라,
모두 온전케 되기(wholeness)를 위함이다

"끝 요한이 그 세례를 반포한 후에 갈릴리에서 시작하여 온 유대에 두루 전파된 그것을 너희도 알거니와 하나님이 나사렛 예수에게 성령과 능력을 기름 붓듯 하셨으매 그가 두루 다니시며 선한 일을 행하시고 마귀에게 눌린 모든 사람을 고치셨으니 이는 하나님이 함께 하셨음이라"(행 10:37-38)

예수님께서 사역을 하신 것을 보면, 치유가 단순히 육체적인 치유에만 국한하지 않은 것이 분명하다. 치유와 온전케 하는 것은 서로 밀접하게 연결되어 있다. 성서에서 "온전케 됨"이란 말의 뜻은 한 사람의 온전한 "완전"(allness)을 의미한다. 하나님께서는 이 삶의 "완전"과 "온전케 됨"을 우리에게 주시기 위하여 사람의 형상을 취하사 그분의 아들, 예수 그리스도 안에 자신을 계시하셨다. 그리고 예수님께서 보내주신 성령은 사람들 안에 이런 갱신과 변화를 가져다주신다. 하나님께로 돌아가는 것은 돌아온 사람에게 치유와 온전케 됨을 주실 뿐만 아니라, 그의 환경에도 온전케 하는 변화를 주신다. 우리가 궁핍한 사람들에게 우리의 물질을 나눌 때, 치유가 이 세상에 임한다. 이는 하나님의 성령이 질병에 걸린 사람을 치유할 때, 치유가 일어나는 것과 같다. 깨어진 결혼이 치유되는 것은, 불치의 암을 치유하시는 하나님의 치유와 같은 것이다. 전자는 관계 치유라고 말하고, 후자는 육체적 치유라고 달리 말하는 것뿐이지 다 같은 치유의 범주에 속한다.

잠시 나사렛에서 전도 사역하시는 예수님을 상상해 보자. 평소처럼 그분은 안식일에 회당에 앉아 계신다. 그분은 이미 40일간의 광야의 힘든 시간을 가지셨다. 금식하시며, 그분의 아버지께 기도드리는 기간에 사탄의 유혹을 받으셨다. 이 안식일에 이사야서 두루마리가 그분에게 전해졌고, 그분은 읽기 시작하신다(예수님이 오신 목적 - 역자 주).

"주의 성령이 내게 임하셨으니 이는 가난한 자에게 복음을 전하게 하시려고 내게 기름을 부으시고 나를 보내사 포로 된 자에게 자유를, 눈 먼 자에게 다시 보게 함을 전파하며 눌린 자를 자유롭게 하고 주의 은혜의 해를 전파하게 하려 하심이라 하셨더라 책을 덮어 그 맡은 자에게 주시고 앉으시니 회당에 있는 자들이 다 주목하여 보더라 이에 예수께서 그들에게 말씀하시되 이 글이 오늘 너희 귀에 응하였느니라 하시니"(눅 4:18-21)

예수님은 그분의 아버지로부터 사명을 받으셨다. 그 사명은 아버지의 사랑을 모든 사람들에게 가져다 주는 것이고, 말씀과 행함을 통하여 사랑을 나타내 보이시는 것이었다. 그래서 예수님은 구원과 사랑의 말씀을 전하시면서, 병든 자를 고치시고 소외된 자를 위로하시며, 덫에 걸린 사람들을 풀어주셨다.

3. 치유란 무엇인가?

빈야드 운동을 시작한 존 윔버는 하나님나라 안에서 다양한 종류의 치유에 대하여 가르쳤다. 그는 치유를 육체적 치유에만 국한하지 않고, 인간 존재와 환경이 온전케 되는 맥락에서 치유를 이해하였다(치유사역을 원하는 독자는 본사 발행, 존 윔버의 "치유"와 "표적과 기사와 교회성장"을 읽기 바란다 – 역자 주).

1) 치유는 죄의 용서다

예수님은 세상의 죄를 없이 하려고 오셨다. 이 죄의 세력은 하나님으로부터 사람을 떼어 놓는다. 이 세력은 우리와 하나님의 관계를 단절시키고, 우리가 하나님의 예비하심과 인도하심을 받지 못하게 한다.

"그가 우리 죄를 없애려고 나타나신 것을 너희가 아나니 그에게는 죄가 없느니

라" (요1서 3:5)

눈물로 예수님의 발을 씻기고 기름을 바른 그 여인은, 그분의 용서를 통하여 정서적, 사회적 치유를 경험했다.

"이러므로 내가 네게 말하노니 그의 많은 죄가 사하여졌도다 이는 그의 사랑함이 많음이라 사함을 받은 일이 적은 자는 적게 사랑하느니라 이에 여자에게 이르시되 네 죄 사함을 받았느니라 하시니 함께 앉아 있는 자들이 속으로 말하되 이가 누구이기에 죄도 사하는가 하더라 예수께서 여자에게 이르시되 네 믿음이 너를 구원하였으니 평안히 가라 하시니라" (눅 7:47-50)

2) 치유는 귀신의 영향에서 자유롭게 하는 것이다

본질적으로 예수님은 사탄의 역사(works)를 무력화 시켰다. 그분은 마귀의 일을 멸하려고 오셨다(요일 3:8). 사람들이 귀신의 세력에서 구출될 때, 우리는 하나님의 나라와 사탄의 나라가 몹시 격렬하게 충돌하는 것을 보게 된다.

"그 때에 귀신 들려 눈멀고 말 못하는 사람을 데리고 왔거늘 예수께서 고쳐 주시매 그 말 못하는 사람이 말하며 보게 된지라 무리가 다 놀라 이르되 이는 다윗의 자손이 아니냐 하니 바리새인들은 듣고 이르되 이가 귀신의 왕 바알세불을 힘입지 않고는 귀신을 쫓아내지 못하느니라 하거늘 예수께서 그들의 생각을 아시고 이르시되 스스로 분쟁하는 나라마다 황폐하여질 것이요 스스로 분쟁하는 동네나 집마다 서지 못하리라 만일 사탄이 사탄을 쫓아내면 스스로 분쟁하는 것이니 그리하고야 어떻게 그의 나라가 서겠느냐 또 내가 바알세불을 힘입어 귀신을 쫓아내면 너희의 아들들은 누구를 힘입어 쫓아내느냐 그러므로 그들이 너희의 재판관이 되리라 그러나 내가 하나님의 성령을 힘입어 귀신을 쫓아내는 것이면 하나님의 나라가 이미 너희에게 임하였느니라"(마 12:22-28)

3) 치유는 질병에서 회복되는 것이다

예수님은 구원, 치유와 회복을 가져다주기 위하여 하나님께서 보내심을 받은 분으로, 그분 자신을 언급하신다. 그분이 사람들을 치유하실 때 몸과 영혼과 영이 터치된다.

"예수께서 열두 제자에게 명하기를 마치시고 이에 그들의 여러 동네에서 가르치시며 전도하시려고 거기를 떠나가시니라 요한이 옥에서 그리스도께서 하신 일을 듣고 제자들을 보내어 예수께 여짜오되 오실 그이가 당신이오니이까 우리가 다른 이를 기다리오리이까 예수께서 대답하여 이르시되 너희가 가서 듣고 보는 것을 요한에게 알리되 맹인이 보며 못 걷는 사람이 걸으며 나병환자가 깨끗함을 받으며 못 듣는 자가 들으며 죽은 자가 살아나며 가난한 자에게 복음이 전파된다 하라 누구든지 나로 말미암아 실족하지 아니하는 자는 복이 있도다 하시니라"(마 11:1-6)

4) 치유는 죽은 자가 다시 살아나는 것이다

예수님이 재림하시고 그분의 나라가 마침내 완성되면, 더 이상 사망이 없을 것이다. 예수님은 부활을 통하여 사망을 정복하셨다.

누구든지 예수님께 자기의 생명을 위탁하는 사람은, 무엇이 그를 하나님으로부터 분리시켰든 간에 용서받을 것이고, 하나님나라에서 영원한 생명을 선물로 받는다. 그러므로 영생의 씨는 예수 그리스도를 따르기로 헌신한 각 사람들 안에 살아있다. 이 씨가 그리스도의 재림으로 열매를 맺을 것이다.

신약성서와 교회의 삶에서 죽은 자가 다시 소생하는 것을 보는 것은, 예수님께서 사망을 멸하시고 승리하신 것을 보여주는 하나의 표적이다. 이런 까닭에 성령의 인도하심이 있을 때, 예수님이 사역하시면서 행하셨던 것처럼, 우리는 죽은 자가 소생하도록 기도하기를 두려워해서는 안 된다.

우리는 죽은 야이로의 딸이 어떻게 다시 살아났는가를 성경에서 읽는다.

> "회당장의 집에 함께 가사 떠드는 것과 사람들이 울며 심히 통곡함을 보시고 들어가서 그들에게 이르시되 너희가 어찌하여 떠들며 우느냐 이 아이가 죽은 것이 아니라 잔다 하시니 예수께서 그들을 다 내보내신 후에 아이의 부모와 또 자기와 함께 한 자들을 데리시고 아이 있는 곳에 들어가사 그 아이의 손을 잡고 이르시되 달리다굼 하시니 번역하면 곧 내가 네게 말하노니 소녀야 일어나라 하심이라 소녀가 곧 일어나서 걸으니 나이가 열두 살이라 사람들이 곧 크게 놀라고 놀라거늘"(막 5:38-42)

5) 치유는 가난하고 불쌍한 사람들에게 나누어 주는 것이다

구약성서에서, 우리는 불쌍하고 소외된 사람들을 긍휼히 여기시는 것을 읽는다. 그리고 그의 백성인 이스라엘 사람들로 하여금 그런 사람들을 향하여 그들의 마음을 바꾸라고 요청하시는 것을 본다.

"네 하나님 여호와께서 네게 주신 땅 어느 성읍에서든지 가난한 형제가 너와 함께 거주하거든 그 가난한 형제에게 네 마음을 완악하게 하지 말며 네 손을 움켜쥐지 말고 반드시 네 손을 그에게 펴서 그에게 필요한 대로 쓸 것을 넉넉히 꾸어주라 … 너는 반드시 그에게 줄 것이요, 줄 때에는 아끼는 마음을 품지 말 것이니라 이로 말미암아 네 하나님 여호와께서 네가 하는 모든 일과 네 손이 닿는 모든 일에 네게 복을 주시리라 땅에는 언제든지 가난한 자가 그치지 아니하겠으므로 내가 네게 명령하여 이르노니 너는 반드시 네 땅 안에 네 형제 중 곤란한 자와 궁핍한 자에게 네 손을 펼지니라"(신 15:7-8, 10-11)

가난, 굶주림과 비참하게 되는 것은 근본적으로 인간이 에덴동산에서 저지른 죄의 결과에서 오는 이 세상 고통의 한 부분이다. 그러나 하나님의 나라는 예수님과 함께 왔다. 그분은 가난하고 불쌍한 사람들에게 치유하시는 하나님의 섭리와 구원의 복음을 전하러 오셨다.

"그런즉 너희는 먼저 그의 나라와 그의 의를 구하라 그리하면 이 모든 것을 너희에게 더하시리라"(마 6:33)

사도행전에서 우리는 신앙공동체 안에서 이것이 어떻게 역사하는가를 읽는다. 그 당시 가난하고 병들고 불쌍한 사람들을 소외시켰던 오래된 사회의 기성 구조가 예수님과 사도들에 의해 분리되었다. "그 중에 가난한 사람이 없으니 이는 밭과 집 있는 자는 팔아 그 판 것의 값을 가져다가"(행 4:34). 가난한 사람들을 도와주었다.

6) 치유하는 공동체는 치유의 한 형태다

교회 공동체 안에서는 온전하게 되며 치유하는 관계가 모든 종류의 사람들 사이에 활기차게 넘쳐야 한다. 예수님께서 이것이 가능하게 하셨다. 그분은 모든 종류의 그룹의 사람들 사이에 막힌 담장을 모두 허물어 내셨다.

> "또 십자가로 이 둘을 한 몸으로 하나님과 화목하게 하려 하심이라 원수 된 것을 십자가로 소멸하시고 또 오셔서 먼 데 있는 너희에게 평안을 전하시고 가까운 데 있는 자들에게 평안을 전하셨으니"(엡 2:16-17)

> "너희는 유대인이나 헬라인이나 종이나 자유인이나 남자나 여자나 다 그리스도 예수 안에서 하나이니라 너희가 그리스도의 것이면 곧 아브라함의 자손이요 약속대로 유업을 이을 자니라"(갈 3:28-29)

예수님 안에서 그 어떤 사회적 차이는 문제가 되지 않고, 사랑의 친교 관계를 얼마든지 형성할 수 있다.

하나님께서는 그분의 교회가 치유 공동체가 되기 원하신다. 그곳에서 소망 없고, 상처받고, 좌절되고 실망한 사람들이, 주 예수님을 따르는 사람들과 친교 하면서 위로받고 치유받게 된다. 예수님의 사랑과 영접과 용서가 우리로 하여금 배척과 두려움과 수치심으로부터 자유하며, 그 안에서 사랑의 관계를 누리며 살아갈 수 있게 만든다. 교회가 정직하고 투명한 사랑의 관계를 가지고 언제나 치유하는 공동체로 활짝 열려있을 때, 사람들은 치유를 충만히 경험할 것이다.

7) 세속적 행위로부터의 치유

예수님께서 재림하시면, 그분은 그분의 백성들과 함께 이 땅을 다스리실 것이다.

그때는 예수님으로 시작하는 하나님나라가 완성될 것이다.

이 "미래의 하나님나라"는 성령의 능력이 사람들로 하여금 예수님이 사셨던 것처럼 살아갈 수 있게 한다. 이것은 예수님처럼 다른 사물들을 취급하는 것뿐만 아니라, 그분의 창조인 – 환경에도 관계를 갖게 한다.

하나님과의 온전한 관계를 통하여 한 개인이 하나님을 닮는 온전한 모습으로 성장해나가는 성화는, 예수님처럼 기꺼이 살아가려고 노력하는 성품의 변화뿐만은 아니다. 그 성화는 또한 적극적인 사회 발전에 참여하는 것으로 삶의 환경에 책임을 잘 감당하는 것을 포함한다. 이것은 하나님이 우리에게 선물로 주신 세계와 자원을 잘 보존하고 선용하려는 결정에 참여하는 것을 의미한다.

예수님을 점점 닮아가는 것은 승리의 삶을 경험하며 살아가는 것이요, 우리의 연약함과 패배에 복종하는 것이 아니다. 이런 승리의 삶이 우리의 사회에도 똑같이 적용된다. 우리가 어떤 것이라도 변화시킬 수 없다고 생각하면서 운명론에 빠지는 데로 후퇴해서는 안 된다, 우리는 예수님이 기뻐하시는 세계를 만들어나가도록 도울 수 있다. 그러므로 온전한 하나님나라가 도래하는 것을 누구에게나 상기시켜야 한다.

하나님나라는 이미 시작되었다. 그러나 아직 다 성취된 것이 아니다. 우리는 현재 이 세상과 미래의 온전한 하나님나라의 도래 사이에 살아가고 있다. 온전한 하나님나라가 성취되는 날에는 모든 사람들이 다 치유되고 건강한 삶을 살겠지만, 우리가 이곳에 살며 치유사역을 해도 어떤 사람들은 낫지 않던지, 혹은 부분적으로 치유되는 경우를 보게 된다. 그래서 우리는 많은 사람들이 치유되고 승리하는 것을 보지만, 또한 여전히 만족스럽지 못할 때가 있다. 이는 하나님나라가 우리에게 아직 온전히 성취되지 않는 이유로서, 우리의 한계를 느끼며, 다시 하나님나라의 크신 신비에 순종한다.

4. 치유하는 교회 공동체

예수 그리스도의 교회는 하나님나라의 연장이요 도구다. 이 공동체를 통해서 하나님께서는 그분을 알지 못하는 사람들에게 치유와 변화를 주시기 원하신다. 교회의 모든 멤버들은 이 하나님나라의 치유 메시지를 갖고 있다. 하나님께서는 우리 각 교회 멤버들을 쓰셔서 우리의 이웃에게 육체적 치유만이 아니라, 전인(whole person) 치유를 가져오기 원하신다.

치유하시는 교회 공동체는 병든 사람들이 전문 의료인의 도움으로 건강을 회복하도록 하는 프로그램을 가질 뿐만 아니라, 병든 자를 위하여 성령의 치료하시는 능력으로 회복되도록 도와주는 다양한 치유 프로그램을 갖는다. 또한 사람들이 현재 모습 그대로 환영되고 사랑받는 평안한 분위기도 개발한다. 그들을 어떤 규범이나 행위의 틀에 맞추려고 무리한 것을 요구하거나 성가시게 할 필요가 없다(예를 들어, 처음부터 십일조나 감사헌금을 내라든지, 장기간 금식을 하라든지 하는 무리한 요구 – 역자 주). 그리하여 그들은 친절하며 신중하고, 품위 있는 대접을 받는다는 것을 알게 된다. 그런 분위기에서 자유를 느끼며, 그런 편안함이 그들의 마음을 열게 해서 하나님의 용서하시며, 치유하시고, 화목케 하시는 능력을 경험하게 한다.

교회 공동체 안에서 마음이 열려있으면, 그 열린 마음을 통하여 하나님의 치유의 능력이 흐른다. 우리 베를린 빈야드 교회의 많은 사람들은 그것을 알기 때문에,

어떤 지도자 팀의 도움이 없이도 도움을 받고 있다. 도와주고 서포트하는 것은 좋은 라이프스타일이다. 우리는 매주 예배를 마칠 때 사람들이 그리스도에게 헌신할 수 있는 기회를 제공한다. 우리는 늘 사람들을 위해서 기도하고 그들의 필요를 위해 기도한다. 왜? 우리는 예수 그리스도께서 질병과 궁핍으로 고통당하는 모든 사람들을 돌보시는 것을 알기 때문이다.

1) 치유하는 친교

> "사랑은 오래 참고 사랑은 온유하며 시기하지 아니하며 사랑은 자랑하지 아니하며 교만하지 아니하며 무례히 행하지 아니하며 자기의 유익을 구하지 아니하며 성내지 아니하며 악한 것을 생각하지 아니하며 불의를 기뻐하지 아니하며 진리와 함께 기뻐하고 모든 것을 참으며 모든 것을 믿으며 모든 것을 바라며 모든 것을 견디느니라"(고전 13:4-7)

치유하는 친교는 우리가 먼저 베풀고 서로 신뢰하며, 다른 사람들이 포기하기를 원할 때에도 사랑의 관계를 유지하는 것이다 치유하는 친교는 새로운 기회를 계속해서 제공한다. 포기하지 않고, 오히려 예수님께서 상실한 삶에도 지속석인 변화를 주실 수 있는 분이라는 것을 알고 그 사실을 굳세 붙든다.

이 세상에는 삶의 스트레스에서 오는 긴장관계로 삶의 관계가 깨어진 사람들이 많다. 교회 공동체는 치유하는 공동체로서, 그런 사람들이 항상 찾고 있는 사랑과 돌봄의 장소가 되어야 한다. 이런 까닭에, 우리가 우리의 집을, 아파트, 가정과 삶을 다른 사람들에게 오픈해서, 구체적인 방법으로 다른 사람들에게 우리의 사랑과 돌봄을 제공하는 것이 매우 중요하다.

2) 치유를 위한 기도

우리는 모든 예배 때마다, 그리고 다른 많은 기회를 통해서 사람들을 위해서 기도한다. 우리는 기도가 하나님께서 어떤 상황에서도 치유를 베푸시기 위하여 쓰실 수 있는 좋은 채널이라고 확신한다. 존 윔버는 다음과 같은 기도 모델(모범)을 소개하였다(존 윔버의 치유사역 5단계 – 역자 주).

i) 우리는 기도 받는 사람에게, 그들이 원하는 것이 무엇인지, 그들의 삶 어디에서 하나님께서 역사하시기를 원하는지 묻는다. 그들의 말을 들으면서, 동시에 우리는 우리의 심령으로 성령께 기도드려 그 사람에 관해서 어떤 계시를 우리에게 주시기를 간구한다.

ii) 우리는 성령께 간구한다: "왜, 어떤 이유로 이 사람이 이렇게 고통받고 있습니까?"

iii) 우리는 이 사람을 위해서 어떻게 기도해야 될까를 결정한다.

iv) 우리는 우리가 기도를 멈춰야 한다는 인상을 받을 때까지 기도 사역한다.

vi) 우리는 기도 받는 사람이 그들의 삶에 책임을 감당하며, 하나님과 성도들과의 좋은 관계를 유지하여 양육 받는 친교를 하도록 권면하거나, 혹은 잘못된 행동이나 습관으로부터 멀리하라고 말한다. 또한 그들이 가능하거나 필요하다면, 의료전문가의 도움을 받으라고 권한다. 하나님께서 치유하셨거나, 긍정적인 변화를 주실 때, 우리는 오늘의 의학적 표준에 비추어 치유된 것을 확인할 수 있어야 한다(의사의 진단서 – 역자 주). 그리고 또한 우리는 하나님께서 의약, 의사와 테라피스트를 통해서도 치유하신다고 믿는다.

3) 치유하는 나눔의 능력

하나님께서 우리에게 주신 물질을 다른 사람과 나누기 시작하는 여러 가지 방법이 있다. 그러나 다시 말하지만, 이것이 서로 자발적으로 돌보는 개인의 책임을 빼앗은 하나의 프로그램이 돼서는 안 된다. 나눔은 삶의 한 방법이다. 프로그램은 우리의 이런 삶을 개발시키는데 도움을 줄 수 있다.

우리는 주일예배에 참석하는 사람들에게 쉽게 상하지 않는 음식과 다른 쓸만한 물건들을 매주 교회에 가지고 오라고 권한다. 교회 내 자원봉사 팀이 이것을 받아, 매 월요일 아침이면 교회 주변의 가난한 사람들에게 나눠주며 그들을 위해 기도해 준다. 교인들이 다른 사람들을 돕는 이 작은 일에 협력할 때 그 효과는 놀라운 결과를 낳는다.

또한 우리는 재정적으로 어려운 사람들을 위해 돈을 현금으로 마련한다. 우리 팀은 그 사람들이 빚을 갚도록 도와준다. 무이자 대부금이나 현금을 선물로 제공하면 많은 사람들이 다시 자립하는데 도움을 준다. 많은 감동적인 스토리가 있으나, 역시 어렵고 실망스러운 일을 경험할 때도 있었다. 우리는 그들이 다시 오거나, 우리 교회에 출석하기를 기대하고 나누지 않는다. 우리는 우리에게 예수님이 이렇게 하라고 말씀하셨기 때문에 우리의 물질을 나눠주는 것뿐이다.

5. 몇 가지 질문

1) 여러분은 여러분의 삶에서 하나님의 치유하시는 능력을 체험하였는가?
2) 여러분의 삶의 어떤 부분에 지금 치유가 필요하다고 느끼는가?
　육체적인 부분이나 영적, 혹은 정신적인 부분에서.

3) 치유가 여러분의 교회사역의 한 부분인가? 치유를 위한 구체적인 프로그램을 실시하고 있는가?

4) 온전히 치유되고, 치유가 실제적 현실이 되기 위해서, 여러분의 교회에서 무슨 일이 일어나야 하는가?

* 부록은 독일 베를린 빈야드 교회를 섬기는 마틴 뷸만(Martin Buehlmann)의 글에서 인용했다.

1980년부터 전 세계 교회의 갱신과 부흥운동을 주도한 진솔한 이야기를 읽으셨습니다. 매우 단순한 이야기들입니다. 그들의 사역은 신학교에서 배운 것이라기보다 실제 전도사역을 하면서 주님께 직접 배우고 그대로 순종한 지극히 평범한 사람들의 이야기입니다. 왜 하나님께선 이 평범한(ordinary) 사람들을 쓰셔서 놀라운(extraordinary)결과를 초래하셨나요? 그들에겐 오직 순전함과 그리스도에 대한 깊은 사랑이 있었기 때문입니다. 오늘도 하나님께서는 그런 사람들을 쓰셔서 세상을 변화시키고 역사를 창조하십니다. 무엇보다 중요한 것은 하나님이 그들과 함께 하신 결과입니다. 이는 그들이 말씀과 성령안에서 하나님과 동역(co-working)하였기 때문입니다. 예수님의 마지막 당부의 말씀이 요한복음14- 17장에 나옵니다.

> "보혜사 곧 아버지께서 내 이름으로 보내실 성령 그가 너희에게 모든 것을 가르치시고 내가 너희에게 말한 모든 것을 생각나게 하시리라"(요 14:26).

> "진리의 성령이 오시면 그가 너희를 모든 진리 가운데로 인도하시리니 그가 자의로 말하지 않고 오직 듣는 것을 말하시며…"(요 16:13).

그들을 진리 가운데로 인도하시고 가르치시고, 그들이 말씀과 성령을 따라 행하던 거기서 실천적 사역이 창조적으로 생겨났으며, 이제는 그들의 사역이 21세기 교회사역의 모델이 되어 현대교회 전통으로 자리 잡았습니다. 성령을 의지하며, 그 임재를 통해 기도사역 하는 방법, 전심으로 경배드리던 중, 인티머시 워십을 통한 은사와 능력의 임재, 역사, 하나님나라 신학의 적용과 실천에서 오는 치유와 표적과 기사와 교회성장… 이런 것들이 세계로 퍼져나가 운동이 되고 역사를 이루었습니다. 세계의 많은 목회자들이 한, 두 주간 내지는 한, 두 달씩, 어떤 분들은 1-2년씩 머물며 배우고 기도한 후, 각 사역지로 돌아가 큰 역사를 이룬 분들이 많습니다. 그래서 그들 중에 영국 HTB의 목사, Sandy Miller는 "존 윔버는 제2의 웨슬리"라고 말했고, 일생동안 선교사로 수고했던, 영국 성공회 츌리우드교회 목사인 David Pytches는 "윔버를 만나고 나의 모든 사역이 변했으며 전도와 성장에 관해 큰 지혜를 얻었다"고 말했습니다. Peter Wagner는 "윔버는 나의 멘토"라고 했고, Charles Kraft는 "그의 강의는 나의 모든 것을 변화시켰다"고 했습니다. 이 두 학자는 윔버의 강의를 듣고 변하여 교회성장과 치유에 대한 책을 60-70권 써서 교회갱신과 성장에 시너지 효과를 더했습니다. 또한 지난 30여 년 동안 2,000만 명 이상이 참여한 세계 최고의 성경공부 교재라는 평을 듣는 Alpha Course의 저자 Nicky Gumble은 "윔버는 나의 영적 아버지"라고 말했습니다.

대표적 청교도 신학자인 James Packer는 "윔버는 20세기에 하나님이 주신 귀한 선물"이라고 말했고, 빈야드를 연구한 감리교 소속 듀크대학, 신학부 교수인 Lester Ruth는 "그들에 의해 새로운 역사가 만들어지고 있다. 그들은 오늘날 루터의 후예들이 일으킨 경건주의와 맥을 같이하며 미국의 복음주의의 맥을 이어가고 있다."라고 말했고, 프린스톤 출신인 신약학자로서 클레몬트에서 가르쳤던 미장로교 소속 허리우드제일장로교회, Don Williams는 "윔버의 사역은 20세기말 초대교회의 재현"이라고 말했습니다. 대표적 근본주의 신학교인 웨스트민스터신학교 출신, 조직신학자, Wayne Grudem은 "윔버의 성경이해와 사역은 내 신학에 깊은 영감을 불러 넣었다."고 말했습니다. 그는 빈야드교회를 사랑해서 트리니티신학교에서 가르치던 침례교 목사임에도 불구하고, 시카고 지역에 두 개의 빈야드교회를 개척한 후 크게 성장시켰습니다. 명문 USC의 Donald Miller 교수는 빈야드를 연구한 후 "빈야드는 미국의 개신교를 재창조하는 새로운 패러다임의 교회"라고 말하며, 윔버의 사역을 제2의 종교개혁이라고 말했습니다. 500년 전 루터의 제1의 개혁은 복음교리의 개혁이고, 20세기 후반 웜버의 제2의 개혁은 복음전달 방법의 개혁이라고 말했습니다. 존 웜버로 인하여 전 세계 교회에 "컨템포러리 워십"이 출현, 정착되었고, 그로 인해 오늘날 전 세계 수많은 교단, 교회에서 그의 예배방식을 따라 예배드리며... 그 결과 교회의 얼굴/모습을 변화시켰다고 말합니다. 오늘날 한국교회에서 빈야드 찬송을 부르며, 기타, 키보드와 드럼을 통해 경배드리는 것도 존 웜버의 영향입니다.

현대 미국교회 영성을 연구하는 한 목회자는 말했습니다. "빈야드는 집합점(convergence, 꼭지점)의 교회다. 빈야드에서 성서의 영성을 비롯하여, 사막 교부들의 영성, 중세 개혁자들의 영성과 복음주의 신학과 영성, 오순절주의 신학과 영성의 좋은 점들이 집합된 모습이 나타낸다. '신령과 진정으로'(요 4:23) 드리는 예배는 물론 행2장의 성령의 능력 공동체의 모습이 20-21C에 재현되는 것 같고, 바울이 언급한 성령의 은사와 능력의 예배를 볼 수 있다(고전15:26). 나아가 천상에서 드리는 미래의 경배의 모습을 오늘 여기서 맛 볼 수 있는... 미래의 현존(The presence of the future)을 나타내는 교회다.", 본원에서 발행하는 자료가 21C 목회자에게 깊은 지혜를 드려 21C 교회가 하나님나라를 더욱 다이내믹하게 확장시킬 수 있기를 소망합니다.

단원마다 다시 읽으시며, 이 레시오 디비나(Lectio Divina, 거룩한 것을 읽음)로 여겨 반복적으로 묵상하고 기도하시며 실제 사역에 적용하시면, 하나님께서 더 풍성한 은혜를 베푸실 것입니다. 21세기 컨템포러리 목회원(21cmi.com)은 여러분으로 하여금 이 시대에 땅끝까지 이르러 세상을 변화시키는 귀한 주의 증인이 되도록 돕기 원합니다. 성령의 손에 붙잡혀 ordinary한 사람이 extraordinary한 일을 가능케 하시는 하나님의 섭리를 찬양하며, 그 손길에 붙잡힌바 되는 우리가 되기를 축원합니다. 감사합니다.